U0104858

古典文獻研究輯刊

三八編

潘美月・杜潔祥 主編

第19冊

年羹堯滿漢奏摺全輯
——平定青海羅卜藏丹津之亂史料之一（中）

蔡 宗 虎 輯註

國家圖書館出版品預行編目資料

年羹堯滿漢奏摺全輯——平定青海羅卜藏丹津之亂史料之一
（中）／蔡宗虎 輯註 -- 初版 -- 新北市：花木蘭文化事業有限
公司，2024〔民113〕
目 20+192 面；19×26 公分
（古典文獻研究輯刊 三八編；第 19 冊）
ISBN 978-626-344-722-6（精裝）
1.CST：史料 2.CST：清代 3.CST：青海
011.08   112022590

古典文獻研究輯刊
三八編　第十九冊　　　　　　　　ISBN：978-626-344-722-6

年羹堯滿漢奏摺全輯
——平定青海羅卜藏丹津之亂史料之一（中）

作　　　者　蔡宗虎（輯註）
主　　　編　潘美月、杜潔祥
總 編 輯　杜潔祥
副總編輯　楊嘉樂
編輯主任　許郁翎
編　　　輯　潘玟靜、蔡正宣　美術編輯　陳逸婷
出　　　版　花木蘭文化事業有限公司
發 行 人　高小娟
聯絡地址　235 新北市中和區中安街七二號十三樓
　　　　　　電話：02-2923-1455／傳真：02-2923-1400
網　　　址　http://www.huamulan.tw 信箱 service@huamulans.com
印　　　刷　普羅文化出版廣告事業
初　　　版　2024 年 3 月
定　　　價　三八編 60 冊（精裝）新台幣 156,000 元　　版權所有·請勿翻印

年羹堯滿漢奏摺全輯
——平定青海羅卜藏丹津之亂史料之一（中）

蔡宗虎　輯註

目

次

中　冊

〔150〕川陝總督年羹堯奏陳渣克旦藏匿財產惟有原山西藩司森圖家一處作何查追請旨遵行摺[2]-[31]-681

臣年羹堯謹奏。

渣克旦〔註135〕於其親族素不照顧，惟出格懼內，而其妻則原任山西布政司森圖之女也，渣克旦貧窘時仰藉衣食於森圖，其可藏匿財產者止此一處，伏祈聖裁，作何查追，庶不致漏脫，至渣克旦仍留陝鎖拿，交臣審追為便，不必解入京城，又增一番見聞，聖諭實為明透也，謹奏。

硃批：森圖目今追賠銀庫一案，此案若能隱慝，其女亦不能追出也，等你此處看查克旦〔註136〕光景，有當及其妻者再作道理，若即追審不嚴無益，若嚴恐有論罪及於妻者，有辭得理時奏聞，朕自有道理。

〔151〕川陝總督年羹堯奏報署西安將軍普照到陝日期片[2]-[31]-682

署理西安將軍印務宗室公普照已於六月二十一日〔註137〕到陝，因山西雨大，多走數日，今已署事，臣自當逐件明白說與，竭力料理，以報天恩，合併奏聞。

〔152〕川陝總督年羹堯奏請將臣題參河東鹽政廢弛摺子發九卿公議片[2]-[31]-683

河東鹽政廢弛已極，臣再四籌算，若不參破，終難料理，是以詳奏此摺，以臣愚想聖主即將此摺發令九卿公議，使人人知題參緣由，省卻無限閑言也，臣冒昧謹奏。

硃批：甚是，已發於九卿矣。

〔153〕川陝總督年羹堯奏報郎中佟智借勢招搖片[2]-[31]-684

郎中佟智〔註138〕向在西寧為大將軍〔註139〕信用，後因其招搖過甚，遂疏遠之，及大將軍保舉理藩院各官內無佟智之名，佟智憤怒，揚言大將軍亦無如之何，蓋從前實有一二拉縴之憑據故也。至大將軍移駐甘州，又復與佟智體面，

〔註135〕《清代職官年表》部院滿侍郎年表作兵部左侍郎渣克旦。
〔註136〕即本文檔前文之渣克旦。
〔註137〕雍正元年六月二十一日。
〔註138〕常作通智，《清代職官年表》部院大臣年表雍正十三年為兵部尚書。
〔註139〕指清聖祖第十四子胤禎（允禵）。

雖不似從前，而佟智之藉勢招攬仍如前日。至其為人見小利而必趨，遇小強而即折，臣在四川即知其人，理合據實覆奏（硃批：如今未必敢了，若有招搖據實跡參奏，朕觀此人尚小有用）。

噶爾弼隨帶家人甚少，伊有謝恩摺子（硃批：是），臣代為附進，謹奏。

〔154〕川陝總督年羹堯奏明劉袞劉常捐銀修城摺[2]-[31]-685

臣羹堯謹奏。

劉袞、劉常所捐銀兩原係臣子年熙未曾辦完之事，因本人不肯領回此銀，臣前在京奏明，奉旨准其捐輸修城之用，臣謹繕摺奏聞，謹奏。

硃批：已諭部議矣。

〔155〕川陝總督年羹堯奏陳妻病月餘暫留長子年興在署請寬給假期片[2]-[31]-686

臣子三等侍衛年興叩蒙聖恩給假三個月，隨臣回陝，因今年入夏以來天氣甚為炎熱，臣妻抱病月餘，暫留年興在署，八月內始能到京銷假，伏祈恩諭管領侍衛內大臣暫寬期限，免其參奏，則臣父子均沐天恩於無既矣（硃批：已有旨了，不拘限期，明春來亦使得，無用他處），謹奏。

〔156〕川陝總督年羹堯奏告假翰林即四川庶吉士董新策此外再無他人片[2]-[31]-688

臣所奏告假翰林即四川庶吉士董新策，已於七月十五日〔註 140〕具摺奏明，此外再無他人，謹奏。

硃批：原問的即此人。

〔157〕川陝總督年羹堯奏陳宜以田畯陞補涼州總兵等事摺[2]-[31]-689

臣羹堯再奏，武備為天下要務，整理兵馬固督撫提鎮之責，而將弁得人，又為整理武備之要務，臣前遵旨具疏所保參遊都守十六員，除遊擊王嵩暫留督標辦事，遊擊張元佐留川辦事外，其餘十四員惟憑聖主陞用他省皆有可觀。又臣向在四川即聞川陝督標中軍副將田畯之名，去年臣至巴里坤，見其人材壯健，年力富強，愛恤兵丁，料理營伍實為難得之器，且十年口外，從無營私之

〔註140〕雍正元年七月十五日。

事，若以之陞補涼州總兵，必能勝任，兵馬事竣再令到任。遊擊王嵩現有卓異在身，越缺二等與例相符，若以之陞補督標中軍副將，臣獲收臂指之效，而標營自此不愧為通省之領袖矣，臣謹據實奏明，伏祈聖恩特諭施行。

硃批：知道了，少待數天，依你所請諭部。

〔158〕川陝總督年羹堯奏陳趙之垣賠補伊叔虧空銀兩可否就近交至西安藩庫請旨遵行摺[2]-[31]-690

臣羹堯再奏。

原署直隸巡撫趙之垣奉旨准其回籍料理賠補伊叔任內虧空，今趙之垣到省見臣，云已措備銀二十萬兩，求臣代懇天恩，就近交西安藩庫，少遲再當交納等語。臣近日始知其家自趙弘燮身故之後，其姬妾家人各將細軟轉盜藏匿，趙之垣此次回籍，盡力搜查，僅得此數，其餘財物或可措變十萬兩，若令運送保定，不特腳價多費，而其家人皆不可信，倘有疏失，又是一事，是以望恩甚切，可否准其交納西安藩庫，臣移咨直隸巡撫報部抵補虧空，伏祈批示，以便轉飭遵行，謹奏。

硃批：已有旨諭部矣。

〔159〕川陝總督年羹堯奏報陝西全省雨水收成糧價等情摺 [2]-[31]-691

臣羹堯謹奏。

陝西全省惟甘州蘭州雨未霑足，是涼州少旱，其餘各處不時得雨，麥秋收成皆有八九十分不等，目下西安一帶麥價甚賤，臣正擬回省後於西安延安兩府多買小麥，俟秋收易穀以為積貯之計，至於各省吏治民生容臣儘其所知陸續奏達，修人事以迓天和，此第一要政，臣敢不竭盡心力，仰助高深，以圖報稱耶，謹奏。

硃批：大慰朕懷，前者延信奏甘涼肅十分光景，覽此奏他處尤勝，到收成時可知矣，寔欣悅之至。

〔160〕川陝總督年羹堯奏陳海禁宜嚴及雜職人員宜迴避本省摺 [2]-[31]-692

臣羹堯謹奏，海禁宜嚴，再無他議（硃批：省得矣），所謂有害而無利，船頭增闊，目下似乎便民，而慮及久遠則端不可開，聖諭誠明且確也，此事以廷議（硃批：主見定矣）為是，謹奏。

臣羹堯謹奏，用人不迴避，本省在教官則可，在雜職則不可也，教官多讀書之人，而其所管悉係生員，即有苛求誰肯甘受，師道尊而不預民事，是以可行，若雜職微員其中豈無才品，而出身既多卑微，所辦皆民間瑣細之事，即非本府聞見所及，若以貪利之人，又熟悉其鄉里之貧富長短，百姓之受其利者一，受其累者九，善求多而弊求少，仍用舊法為妥，至於赴任之艱窘可以不問，而歸籍無力者則有現行之例，皆督撫藩司查實資助，亦現無流落異鄉之人，謹奏。

硃批：所論公通之至，寢此不行矣。

〔161〕川陝總督年羹堯奏陳貝子允禟家口目下不宜西來摺
[2]-[31]-693

臣羹堯謹奏。

貝子允禟家口目下尚未可來，俟進勦涼州莊浪賊番事情將完之日臣具摺奏聞，然後令其西來為妥（硃批：甚是，候你之奏），至禁止貝子之人不得遠出，必有印文開載人數，指定處所，乃許行走，聖諭甚為周詳，俟貝子允禟家口到日（硃批：朕還從部諭）臣自當宣旨遵行，謹奏。

〔162〕川陝總督年羹堯奏覆岳鍾琪之子岳濬以文職補用並請令允禟家眷起身西來等事摺[2]-[31]-694

臣羹堯謹奏。

提督岳鍾琪之子岳濬蒙聖恩令臣酌量或文或武於陝省遇缺題補，臣與岳鍾琪面商，並細看岳濬材質，儘可以文職補用，但初入仕途，惟佐貳事簡，可以學習行走，俟陝省有同知缺出，臣當具疏請補也，謹奏。

硃批：甚好，看此子甚老成結實，怡親〔註141〕甚說他好，光景大有可望。

大兵進勦賊番之事月內可以告竣，伏祈飭令貝子允禟家眷起身西來，並諭部行文（硃批：已諭起身，部中行文與你），凡貝子允禟一切隨從官員人等不得任意遠行，臣以便遵行也，謹奏。

王景灝所辦軍需現在上緊造冊，西寧會盟事畢臣帶王景灝同至寧夏經歷二三日，伊已無事，俟臣奏報西寧起程摺子到京，伏祈聖主發旨令王景灝赴京陛見，正其時也（硃批：好），臣起程大約在端陽前後，謹奏。

〔註141〕即怡親王胤祥（允祥）。

查弼納之為總督，臣時刻留心，凡有自江南來者云伊作官並無不好處，但江南江西二十年來未得一出色督撫，地方事務當整理者甚多，惜查某無此才也，人言大率如此，臣於此時不能定其優劣，謹奏。

硃批：有可行事宜得閑隨便寫數條，朕諭問他看。

〔163〕川陝總督年羹堯奏參允禵隨員渣克旦奸頑可惡並報貝子允禟家眷至今未到等情摺[2]-[31]-695

臣羹堯謹奏。

渣克旦跟隨貝子允禵之在陝西，一切行事，惟伊言是聽，地方官吏以及各營伍受其需索，今既不効力，又不悔罪，動輒云抄了我的家就完了，觀其形狀，已將所有貲財轉移藏匿之故耳，人既奸頑，情復可惡，臣是以具摺參奏也，謹奏（硃批：此人原屬甚可要者，滿字摺暫留未發，如今必將伊藏躲之物盡行追出方暢快，發旨拿問交與你嚴追或交與延信嚴追，或解京審擬，如何與事有益，朕意交與你，恐你為難，交與延信恐其皮軟瞻顧不能，送到京未免又生一□事，駭人耳目，朕意未定，和你商量，朕意交與你，權巧相機活動些，候你回奏到來發旨）。

又據何廷圭供出京城得伊銀兩之人，謹開寫呈覽，此事應如何辦理，伏祈批示，以便遵行，臣羹堯謹奏。

貝子允禟家眷不知何故，至今尚未到陝（硃批：據發旨日算來若少遲悞，尚早些），謹奏。

〔164〕川陝總督年羹堯奏報允禟家眷到陝日期及其帶來銀兩頗多等情摺[2]-[31]-696

臣羹堯謹奏。

貝子允禟家眷於七月初六日〔註142〕至西安，臣因其跟隨之人與太監等於山西之平定州水頭兩處打傷民人（硃批：如卿如此待朕者未必有二也，朕寔嘉之），臣嚴諭其辦理家務之杜賴六、雅圖兩人，若於陝省如此狂為，即便鎖拿問罪，絕不輕恕。又此次貝子家帶來銀兩頗多，皆用大餙餙匣子裝貯，箍鎖堅固（硃批：可笑人做可笑事耳），而託言食物，究不能瞞驟夫也。再額駙永福臣叫至署中，其衣服藍縷，面目病瘦，細問始知合貝子家上下人等無不作賤永

──────────────

〔註142〕雍正元年七月初六日。

福者，呼為奸細，其所與飲食腳髁皆不堪已極，蓋將有致之死地之意，殊為可憐也，謹奏。

硃批：若果如此，寔屬可憐也，覽奏朕寔惻然，據卿意此子如何發落好，但永福甚狂頑無知，聖祖乃其祖孫父子大恩主，大事出時他一點淚也沒有，二者恐允禟得其利用之故，從前並未深獲罪於朕處，他若恨怨其岳情真，不論如何開恩皆可明白寫來。

〔165〕川陝總督年羹堯奏報允禟之婿額駙永福病故請飭永壽照管其子女摺[2]-[31]-697

臣年羹堯謹奏。

前永福到陝之日因其並無家奴，臣遣一人尾隨前往，今據臣所遣之人稟報帶來，云永福（硃批：真其命也，奇）於七月二十四日〔註143〕行至靜寧州病故矣，伊有一子二女，伏祈聖恩嚴飭永壽與其家人安三加意照管，否則萬難保全也，謹奏。

硃批：永福子女如今在何處去了。

〔166〕川陝總督年羹堯奏報允禟之女與永福不合及待商永福子女交何人撫養摺[2]-[31]-698

臣年羹堯謹奏。

臣前與永福相見時，備細問伊，五六年來允禟之女或三五日或十餘日必與永福尋鬧角口，無些微夫婦之情（硃批：若如此，則永福可謂苦命也矣，亦其前生之業也），是以此次西來，永福將其一子一女留於家中，而格格止帶一女在此，臣已行文與貝子允禟，令將格格留住西大通（硃批：是），不必隨柩來省，至永福之子女應交何人撫養之處，容臣面奏明珠合家備細情形，再為施恩，亦易事也，謹奏。

硃批：見面再定。

〔167〕川陝總督年羹堯奏呈滿文摺以憑發旨摺[2]-[31]-699

臣年羹堯謹奏。

臣前開寫何廷圭所送各處銀兩之摺，蒙聖恩逐條批示，臣凜遵聖諭分別料

〔註143〕雍正元年七月二十四日。

理外，其有於京中問者，若無所憑據，難以發旨，臣謹具一清字奏摺呈覽，若已經發旨，則臣此摺可以不用矣，謹奏。

硃批：已有旨矣，此摺未用。

〔168〕川陝總督年羹堯奏報噶世圖才性及其所辦奏銷事宜摺
[2]-[31]-700

噶世圖原自武職出身，其人才性只可副都統，非侍郎之選，若天恩優渥，或禮工兩部，不甚相遠，兵部似不可也，至其所辦奏銷與此無干，一切冊子俱已現成，惟採買價值當日原係上下講明，供應十四貝子等三十餘萬，噶世圖自用以及官吏分肥皆出於此，今欲核減，而銀已用去，是以一時不能完結，若陞補侍郎，則無所恐懼，悉照原講，貴價報銷矣，謹奏。

〔169〕川陝總督年羹堯奏陳明年進勦西海及派人監視允䄉等情摺
[2]-[31]-701

臣羹堯謹奏。

明年勦滅西海賊彝之事，臣另具清字奏摺，伏祈聖恩俯照所請，則一切軍務機宜、邊防汛地皆可無慮，臣之所以不請調京城滿兵者，路途遙遠，所費錢糧太多（硃批：如果可以不用，妙不可言，未免擾動京師人心），而臣既不親冒矢石，帶領滿兵殊難得人，徒有其名，於事無益，此次用兵所最重者馬駝火藥兩種耳，恩准所請，此外更無難辦之事矣。九貝子現住西大通，臣已留人在彼監察，若少有不妥以及別有可慮之處，臣自一面奏明一面搬移，不敢一刻忽略也，謹奏。

硃批：是。

〔170〕川陝總督年羹堯奏請批示聖躬起居情形並將范時捷實授陝西巡撫摺[2]-[31]-702

臣羹堯再奏，臣前往西寧料理軍務，雖有御塘凡事可以不時奏達，而西寧去京較之西安更遠，聖躬起居伏祈天恩，但有批摺，即使臣得知，此是臣心第一要事。再臣自任川陝以來，深知捏造訛言莫甚於西安者，署撫臣范時捷為人老成持重，明於大體，臣既遠行，似應於此時將伊實授巡撫，以資彈壓，伏祈聖主准允，於地方實有裨益也，謹奏。

〔171〕川陝總督年羹堯奏進羊羔酒藏香等物摺[2]-[31]-703

臣羹堯前奉密諭，取用羊羔酒，查此酒產於汾州府屬之孝儀縣，每年於十月製造，彼處連年米貴，賣者甚少，即有亦不甚佳，今覓得四罎，因止一種，難以進呈，臣新得藏香九束，確係扎什隆布廟內所製之佳者，又兼以白唵吧香、葡萄等物，以足八樣，非盡好物（硃批：朕正要怪你行套□，不想爾果有此奏，辦得好），使人不覺耳，臣謹據實奏明。再進呈飲食等物，以潔為要，臣因市賣之酒終不愜意，已覓得上好匠人，俟到，十月於臣署內依法製造，另當專進（硃批：不必太多），此次奏單內所開秦酒即羊羔酒，合併聲明，謹奏。

硃批：知道了。

〔172〕川陝總督年羹堯奏報羅布藏丹津騷擾內地及擬於來年青草將出前進勦等情摺[2]-[31]-704

臣羹堯謹奏。

從前虧空錢糧人員之子弟勒令解任一事，現今部文已到，紛紛離任，藩司詳請委署，臣是以有此摺奏，伏祈聖主或將臣摺發部，或下特旨（硃批：看此奏似另有一奏摺光景，未見來，所以有旨諭部，將你陝省人員暫停離任矣），庶幾省無限交代案件，錢以塏原奏未在臣處，合併奏明。

沿邊百姓為賊番騷擾，受累實甚，臣雖已委官齎銀查賑，又得上諭（硃批：好），頒發慰示，實安撫邊黎之至計也。

羅卜藏丹盡自敗回後未嘗不欲遠去，而搶掠插漢丹進之時以為西寧唾手可得（硃批：原一險事），是以不惜馬力，往來馳騁，侵犯內地，及其敗歸而馬已無膘，茶煙炒麵所餘無幾，其部落人人抱怨，伊亦惟恐有意外之變，凡三十人放一頭目，晝夜稽察防逃散耳。敖拉木胡廬在柴達木之東不及二百里，凡蒙古所云木胡廬者皆絕地也，止有進路更無出路，三面避風為過冬之處（硃批：羅卜藏丹盡應當尋往此一條路上去），或奔伊里〔註144〕或入西藏，此歧路也，近有自西藏來寧買賣兩起，沿途行二千餘里不見一蒙古，蓋羅卜藏丹盡之意，若我兵此時進勦，伊之肥馬駱駝尚可攜千人遠遁，若來年青草出時我兵進勦，計算我兵到彼，伊馬已得草十餘日便可逃脫，臣是以傳布遠近的於閏四月進兵，使之不動，而竭力籌畫，務於來年青草將出之前十日大兵啟行（硃批：妙

〔註144〕即伊犁，今新疆伊寧市，時為準噶爾汗帳處。

不可言，怡、佟〔註145〕之外，不曾宣露一人），賊即能逃，亦不過三五親屬而已，其部落不能不為我有也，此皆臣數十日各處探訪參對之實情，伏祈聖主勿以為疑也。

　　硃批：今方不疑也。

　　自肅州口外以至布隆吉一帶地方肆行悖逆者，現有庫勒喇嘛〔註146〕、巴素臺台吉、諾爾布台吉、圖虎爾台吉、公丹晉，又有阿爾布坦之妻父阿爾薩朗台吉，共六家，近聞阿爾布坦自北川敗賊後亦前往布隆吉矣（硃批：此一事天恩更覺浩蕩也）。孫繼宗兵力止可防守布隆吉，而柳溝所、靖逆衛、赤金衛一帶兵既單弱，又乏謀略之人，是以再三嚴飭，令其固守，勿得擅動，而守備胡上才無知輕舉以致殞身，殊可痛恨（硃批：爾大將軍法令應當如是，此時用兵之際，暫不可施恩，但其忠勇二字泯滅他不得，事平之日還當另請旨，以軍功議敘可也）。今巴里坤所調兵馬已到一千四百，而到來之日恰逢孫繼宗與賊打仗，不謀而合，大敗賊眾，臣已行文獎勵，錄其功績（硃批：孫繼宗此人亦不尋常也，朕要用他別省總兵，事平之日再令赴任），且聞其兵眾甚為窮苦，復傳旨賞給每兵銀三兩，以鼓其氣（硃批：少些了，若可以增添，再添賞些，此一處兵將寔在又苦些，當賞獎之），現在彼處之侍衛等三人臣深知其不堪，今伊等行文到臣要管彼處兵馬，此斷不可留彼，致滋事端，臣已行牌調其來寧効力，理合奏聞。

　　硃批：甚是，原是不中用不通人性的人，調來甚好，即朕發來的人來春進兵可用者用可留者留，如不可留與用者或令往延信處，或令回來，都說有旨說與他們，不然白白費你照看他們，若留用時冒險衝鋒處只管用，不可因近御之人，又不能領眾又不使冒險出力，着他們來作什麼。

　　臣與策王〔註147〕書稿在不即不離之間，一人有一人之地步，臣前次所與書信並向伊前次使者所說之話口氣，前後相合，庶於事有濟，臣知此次與之書物為有益也，謹奏。

　　硃批：前次若有此口氣，先後照應則可，□□□他好，策王來使甚妥當，求和情真，今西海局面又如此大概，似天作之和也，朕不勝慶喜。

〔註145〕似乎指隆科多。
〔註146〕本書第三部分第一二二號文檔譯作庫倫喇嘛額爾克鄂木布。
〔註147〕即策妄阿喇布坦。

肅州口外驛路已斷，赤金衛無事，現今行文飭令補安塘站，謹奏。

硃批：如今還有得什麼講了，放心矣，放心矣。

〔173〕川陝總督年羹堯奏報恒德阿錫鼐擅將有臕官馬售賣所送馬匹難濟進勦摺 [2]-[31]-705

臣羹堯謹奏。

蒙聖恩揀發八旗官馬各二千匹，令恆德〔註148〕、阿錫鼐〔註149〕等解送寧夏，臣因寧夏道單疇書係忠厚書生，止令率其屬員牧馬，而以喂馬之事另委洮岷道黃焜、署寧夏同知即〔註150〕廷槐辦理，郎廷槐於公事用心竭力之人。但阿錫鼐給臣書信內稱門生，臣已不勝駭然，而書內備敘口外雪大，馬匹所以疲瘦之由，臣料此書必有緣故，隨批令郎廷槐細查稟覆，今將其原稟附呈御覽。恆德、阿錫鼐等既帶餘馬，而當此用兵之際，將有臕者得價售賣，殊為可恨（硃批：此番據實之明奏寔寔可嘉無比，有旨嚴加議處矣，此等事眾知畏懼，將來之一切要緊之事甚有益也，何可比倫，若仍然通同蒙隱，朕實不能如聖祖之威德福澤也，干係不小，朕不但嘉賞，寔寔竟感激你們幾個實心待朕之人矣，大笑話，那有如此一起無知負恩的糊塗業種也），聖明在上，而若輩之習氣仍然如舊，此漸不可長，且此馬不能濟進勦之用，臣已遣副將王嵩、侍衛博爾綽前往挑選可以上料者一千一百二十五匹，緩緩牽至西寧拴喂，以備添換，其餘已令黃焜等分別料之多寡喂養，以為將來補賞官兵之用，理合據實奏聞。

阿錫鼐所送之馬瘦小不堪，生馬駒子甚多，又奏。

硃批：通盤交與議政，嚴查議處，實實可惡之極。至於阿錫鼐誠所謂下愚不移者也，二者造業深重，天不起心也。

〔174〕川陝總督年羹堯奏報羅卜藏丹津動向及起程前往西寧摺 [2]-[31]-706

臣羹堯謹奏。

羅卜藏丹盡之事連次捧接清漢字上諭，臣皆一一凜悉，九月十九日〔註151〕

〔註148〕郎中辦理藩院事務。
〔註149〕《清代職官年表》部院滿侍郎年表作刑部左侍郎阿錫鼐。
〔註150〕「即」為「郎」之誤。
〔註151〕雍正元年九月十九日。

河州探來消息云，羅卜藏丹盡尚在插漢丹進營上駐扎，俟黃河冰凍然後回巢等語，此其驕橫膽大之明證，而因以知其今冬尚無志於西藏也，臣現今兼程前往，起程日期除另疏題報外，俟至西寧相機行事，斷不敢輕忽大意，略有定局，即當繕摺詳奏以聞。

〔175〕川陝總督年羹堯奏覆擬旨一段添入兵馬起程摺內以便存案摺[2]-[31]-707

臣年羹堯謹奏。

前奉聖諭，令臣於兵馬起程時敘入遵旨緣由奏來，以便發部存案，臣是以擬旨一段添入也，謹奏。

硃批：已諭存案矣，靜候上天垂佑，以聽佳音也。

〔176〕川陝總督年羹堯奏呈河州副將岳超龍稟帖摺[2]-[31]-708

臣年羹堯謹奏。

九月二十日〔註152〕臣起身西行時奏摺已封，又接到署河州副將岳超龍送來稟帖，臣繕寫不及，謹將原稟封呈御覽，稟內稱呼與臣奏單草率之罪（硃批：此是亙古天下通行之常禮，何足為怪），伏祈天恩寬宥，謹奏。

硃批：奏摺原為達辭，不要在這些小上留心。

〔177〕川陝總督年羹堯奏謝頒給撫遠大將軍印信並請賞西寧總兵黃喜林孔雀翎子摺[2]-[31]-709

臣年羹堯謹奏。

臣以駑鈍之才荷蒙聖主委任，料理西海事情，又復洞悉軍機關係重大，給臣撫遠大將軍印信，自今法令得以畫一，調遣得以無悮，此大將軍之事也，臣敢不竭盡心力圖報萬一，俟貝勒延信遣官送印至日另疏恭謝天恩。臣更有請者，凡大將軍無坐名敕書者，皆加署理字樣，人亦因署理而輕視之，西海之事數月可完，臣有料理軍情之處，竟以撫遠大將軍官銜行文，於事誠有裨益，合並聲明以聞。

硃批：此奏甚是，已諭部矣。

西寧總兵黃喜林竭力整理營伍，深為難得，其人材漢仗實是出眾，伏祈聖

恩賞以孔雀翎子，鼓其氣，增其威，以便彈壓邊方也，臣冒昧謹奏。

　　硃批：此奏未到已有旨了，似此相符合處不知省多少次了，真大奇，爾我君臣緣法寔非一生之良緣也，惟有互相勉力，永結生生之好，世世善因，永永利益眾生，同種福田也。

〔178〕川陝總督年羹堯奏報抵寧日期及調兵布防情形摺
[2]-[31]-710

　　臣年羹堯謹奏。

　　臣自十月初六日〔註153〕抵西寧，見鎮標兵馬甚屬不堪，此前任鎮臣王以謙罪不容逭也（硃批：事成自有斟着），今總兵黃喜林自秋至冬雖竭力操練，惟鳥鎗略有可觀，弓箭尚屬生疏，臣所調之西安固原兵馬未到，而西寧南北西三面皆連西海，各處隘口甚多，臣因嚴飭將弁加意防範。十月初二日侍郎常壽帶鎮標兵一百名於初九日至羅卜藏丹盡營上，十二日羅卜藏丹盡帶兵五千同常壽起身（硃批：奇，寔出意外）十七日至地名火兒，離西寧不及二百里，傍晚下營賊將侍郎常壽之兵衝散，奪其衣服行李，十九日臣得報即遣鎮兵六百名前往南川防守，此兵未到而賊兵數千已將南川看守隘口之兵一百名衝散，進至沈中堡〔註154〕（硃批：兵原少，無備，亦烏足怪），去西寧四十里，與鎮兵遇，鎮兵保守堡內尚在相持，侍郎常壽竟無信息（硃批：想留在他處），其所帶之兵有帶傷回寧者（硃批：回來人如何說）。二十日又據西川報來羅卜藏丹盡帶兵前來侵犯鎮海堡，彼處原有鎮海營兵四百餘名，並西藏撤回之察哈兒兵四百名，又西安滿兵一百名，鎮海城高且堅，足以固守，臣亦飭令官兵，賊來侵犯毋得輕與角逐（硃批：好，是），謹守以衛地方。北川亦報阿拉布坦溫布〔註155〕領兵侵擾北川，臣已先發鎮兵並北川營兵共一千名協同防守（硃批：此一路少弱些），西寧城高堅厚，現有鎮兵，助以民間鄉勇，即賊兵抵城亦萬無失悮，且臣標及固原兵馬即日可到（硃批：為何遲了），臣自當相機調遣應援。但西寧鎮兵既多不堪，而連年歉收，差遣不絕，兵丁貧乏之至，近處調遣則可，萬難進勦深入，臣是以添調蘭州撫標兵五百名涼

〔註153〕雍正元年十月初六日。
〔註154〕今青海省湟源縣有申中鄉，但與此摺所說距西寧四十里不符，是否此地待考。
〔註155〕常寫作博碩克圖戴青阿喇布坦鄂木布。顧實汗圖魯拜琥長子達顏鄂齊爾汗孫，《蒙古世系》表三十八失載。《松巴佛教史》頁五四九表六載其父羅布藏彭措貝勒，其名博碩特拉布坦旺波。

州鎮兵二千名寧夏鎮兵一千五百名，並行文四川提臣岳鍾琪即出口過黃河，先剪羅卜藏丹盡之羽翼（硃批：岳鍾琪兵力略省些，令他着寔慎重），與西寧會合致討，又恐其逃竄赴藏，臣行令駐防叉木多總兵周瑛或領兵進藏，或往達木堵截，並行文阿爾納領兵二千（硃批：已將岳鍾琪〔註156〕奏摺發來，他料理的甚是，達木堵截不善）。再調巴里坤綠旗兵二千至布隆吉，令孫繼宗帶領，彼此會合，由噶斯至柴達木要其去路（硃批：噶思〔註157〕往柴達木之舉，勞而無益，此意錯了）。臣所以堅壁清野，慎重示弱者，以鎮兵既不足恃，而馬匹疲瘦，即大兵進勦，隘口宜防，況賊馬正肥，去來便利，若計不萬全，所關非細，此必四面合圍，分路撲勦，俟至臘月下旬，必能成功矣（硃批：只要萬全，何必期臘月下旬，只要你圖萬全，緩緩立功何妨乎，總在你相機而舉也），恐煩聖慮，用敢備細以聞。西寧鎮兵不堪之處，目下且當忍酌，未可使大眾知之也，又奏。

硃批：怡、旧之外，未令與聞。

〔179〕川陝總督年羹堯奏報於西寧驗看恒德阿錫鼐所送馬匹情形摺[2]-[31]-711

臣羹堯謹奏。

解送馬匹一事蒙聖主交發議政嚴加議處，自此人知畏懼，可以懲一儆百，若處分少有不確，亦不足以服此輩之心，臣遣官於寧夏挑選馬一千二百二十五匹，牽至西寧，臣逐一驗看，內有恆德所送馬一千一百二十五匹臕雖不及，然喂至四五十日皆可備用，阿錫鼐所送馬二千匹內，僅選得九十匹牽至西寧，馬之瘦小已極，而九十匹內只有兩馬許人騎者，阿錫鼐之罪不可與恆德同議，臣已親見馬匹，亦不敢不據實以聞。

〔180〕川陝總督年羹堯奏報西寧周圍寺院藏奸納污等情摺[2]-[31]-712

臣羹堯再奏。

此番西海作亂，蒙古西番顯行悖逆，猶是意想可到，惟西寧周圍數百里之

〔註156〕此處補一「琪」字。
〔註157〕亦作嘎斯，《欽定西域同文志》卷十四頁十一載，嘎斯，蒙古語味之苦者也，其地水苦，故名。清代青海數地均名嘎斯，此處噶斯為今青海省芒崖鎮稍東之嘎斯湖，此地為青海入新疆塔里木盆地之要道口。

內一切有名寺院喇嘛皆披甲執械，率其佃戶僧俗人等攻城打仗，搶虜焚燒，無所不至（硃批：真大奇，再西海普概背判，亦屬奇事，為何至今尚未來歸順者，此等之人如今皆定否），察其根由，蓋每寺皆有喇嘛二三千以至四五千名不等，藏奸納污已非一日，即臣摺內所稱祁家寺、郭莽寺兩處，皆有搶掠民婦在內，而喇嘛之箱櫃內婦人衣鞋不可勝計，殊堪痛恨，惟張家呼圖克圖〔註158〕所住之郭隆寺少勝他處，臣是以加意護持焉，理合附奏以聞。

　　硃批：如有當處處，除小喇嘛一人廟宇之外亦犯不着姑容，此廟內向日與阿爾卜坦翁布〔註159〕甚好，想有奸人在內。再吹拉納木氣〔註160〕未何各處無名，恐往藏去了。

〔181〕川陝總督年羹堯奏明川陝出征兵丁賠補倒馬等事片
[2]-[31]-713

　　臣前在京時有請免陝省三厘三合銀糧一件，又川陝出征兵丁賠補倒馬一件，奉旨令臣交於總理事務王大臣處，候有恩詔添入，今為日已久，事關追徵，而滇省出征兵丁倒馬現已奉旨免其賠補，臣不敢不再為奏明也。

〔182〕川陝總督年羹堯奏報西寧戰守情形摺[2]-[31]-714

　　臣羹堯謹奏。

　　西寧情形自十月十九日〔註161〕以至二十七日內外人情洶洶不安（硃批：何消說得），臣以兼程先來，原未帶兵（硃批：大險，阿彌陀佛），而西寧本處之兵，賊人所知，侍郎常壽到彼，怯懦不敢一言（硃批：亦未必），又西寧城內城外漢番狃子喇嘛不時與賊通信，是以敢於恃眾深入各處隘口，分路並進，其圍南川西川北川也，每處有賊二三千人，以勢驅逐附近番子攻城，放火燒毀民間積聚草穀，搶掠財物，其未受蹂躪者西寧城外十餘里耳（硃批：可憐，羅卜藏丹盡真罪過滔天者，自有冥誅），各處守城官兵見賊攻城施放鎗炮，而番

〔註158〕指章嘉呼圖克圖一系。

〔註159〕常寫作博碩克圖戴青阿喇布坦鄂木布。顧實汗圖魯拜琥長子達顏鄂齊爾汗孫，《蒙古世系》表三十八失載。《松巴佛教史》頁五四九表六載其父羅布藏彭措貝勒，其名博碩特拉布坦旺波。

〔註160〕此人為右翼盟長，顧實汗圖魯拜琥第七子瑚嚕木什之孫，《蒙古世系》表三十七失載，《如意寶樹史》頁七九〇後表五載其父名旺欽，己名曲扎諾木齊台吉。

〔註161〕雍正元年十月十九日。

子在前賊兵在後，打死番子每一處城外堆積數百，厄魯特之死者則不過十分之一，外彝內番肆行劫掠，遍地皆賊，百姓赴城告救者日數十起，然亦奸良莫辨，臣加意撫恤，外示鎮靜，有能拏獲及殺死番子一名者賞銀五兩十兩，拏獲厄魯特一名賞銀三十兩，殺死一名賞銀十兩（硃批：是極）。又暗使人招撫近番，出示各村曉諭，稍稍寧輯，每日有捉獲放火番子及送來厄魯特首級，亦間有生擒者，臣按數賞銀，問明口供即行正法，內有班珠兒台吉〔註162〕家之厄魯特一名揣朱克，因其所知之事甚多，現在看守。二十一日臣激勵將士，遣救南川之圍，沈中堡一戰，頗稱振作（硃批：佛天之大恩），但圍雖解而賊之狂逞如故，二十五日四更發兵一千九百，臣親送至城外，申明紀律，宣示部伍，西川鎮海堡之戰天贊我也（硃批：罔極之深仁），以西海之精銳五六千人，而羅卜藏丹盡等目覩我兵爭先奮勇，鎗炮威利，殺賊六百餘人，並打死羅卜藏丹盡家之厄爾克台吉，臣遣官往驗，血跡五百餘處，其不及帶去之賊屍一百六個，是日賊退關外，我兵撤回西寧。二十六日下晚有賊千餘人來至鎮海堡城外搶取賊屍，又被守城官兵放炮打死六人，內有朋楚克王渣爾〔註163〕家之和碩氣台吉，賊於是日遠遁百餘里矣。二十七日下午於西寧東關內拏獲奸細二起，狪子漢人各三名，皆平日貿易口外，今受羅卜藏丹盡之銀來探我兵信，問明口供即已正法。二十八日二更臣發兵三千，親送出城，令其前往北川救援，蓋北川去西寧九十里，受圍日久，恐羅卜藏丹盡敗歸並力於彼（硃批：朕苦北川尚未得信，意甚懸懸，今始安矣），是以多發兵馬，二十九日辰時我兵到彼，連戰連勝，而賊已奔竄矣。自賊人蠢動以來西寧四面隘口既多，惟東面係我來路，十分緊要，不能不分兵沿途防守，其南西北三面，每一隘口守兵三五十名，既不濟事，悉撤回原營，各處探報星飛火急，而我兵惟養精蓄說，斟酌妥確，乃敢一用，晝則綜核軍務，夜則分班守城，臣之未能就枕者已十一夜矣（硃批：好心疼，真正社稷之臣），自捉奸細，三戰三勝，人心大定，將士鼓舞，一切賞恤槩予從厚，非威不齊，非惠不勸，臣知聖主於此等處不以臣為過費也（硃批：大笑話），臣之秉性恥為張大之詞，而十數日之西寧情形必先奏明者（硃批：朕度量光景，爾之所奏僅一半耳），將來大事安定，所以料理此地者，正須經緯百

〔註162〕《蒙古世系》表三十八有班珠爾，顧實汗圖魯拜琥長子達顏鄂齊爾汗孫，父墨爾根諾顏，是否此人待考。
〔註163〕《蒙古世系》表三十七作朋素克旺札勒，顧實汗圖魯拜琥第六子多爾濟曾孫，父額爾克巴勒珠爾，祖策旺喇布坦。

端也（硃批：也還賴你調停），臣身面微瘦，精神照常，伏祈聖主寬懷，勿為臣慮，謹奏。

硃批：好漢子，鐵丈夫，朕少放寬矣，你一身之係如泰山之重，朕亦無多諭，自初一日聞報以來，惟有虔誠對佛天佑你平安如意之外，亦無暇他及也。

〔183〕川陝總督年羹堯奏陳遲報西海貝勒色卜滕查爾投降緣由摺 [2]-[31]-715

臣羹堯謹奏。

西海貝勒色卜滕查爾〔註164〕投降之事所以遲至半月始行奏聞者，蓋蒙古畏威好疑，而臣於受降一節非十分斟酌不敢信以為實也，色卜滕查爾部落向住西川口外，十月內避匿遠去，十一月十五日〔註165〕伊來寧見臣，除認罪投降外，伊之女自八月內插漢丹進送還貝勒聽其改嫁者，色卜滕查爾務要送臣服侍為妾，蓋惟恐勦殺，以此試探（硃批：聞得色布滕查爾〔註166〕是一個大笑話人，此女他也送給好些人矣，此種光景不知怎樣可笑），臣力教以不可，而伊惶恐之狀不可名言，臣不得已，許以事平之日自當從爾所請，至十九日又遣其女來寧叩見，臣厚賞之而去，二十七日伊之部落始盡歸原處，兼有往勸策冷公等來降之說，臣知其投降是實，是以於二十八日乃敢奏聞也，謹附奏明。

硃批：斟着的甚是，一概都當如是。

〔184〕川陝總督年羹堯奏陳堪布堅參為人詭詐與羅卜藏丹津相依為命摺 [2]-[31]-716

臣羹堯謹奏。

堪布堅參〔註167〕為人極其詭詐，竭力為羅卜藏丹盡用而探聽內地消息，接濟賊人口糧，自知罪惡重大，是以其所屬部落來降，而堪布反與羅卜藏丹盡相依為命，以緩須臾之死耳，臣細問其所屬之綽爾濟，亦如此說，謹奏。

〔註164〕《蒙古世系》表四十三作色布騰札勒，準噶爾部巴圖爾渾台吉孫，父卓特巴巴特爾。

〔註165〕雍正元年十一月十五日。

〔註166〕《蒙古世系》表四十三作色布騰札勒，準噶爾部巴圖爾渾台吉孫，父卓特巴巴特爾。

〔註167〕青海有達賴喇嘛與班禪額爾德尼所屬住牧之牧場，此堪布即達賴喇嘛所派管理達賴喇嘛於青海牧場之堪布。

〔185〕川陝總督年羹堯奏報察罕丹津之婿喇卜坦情願改其衣帽
隨軍効力片[2]-[31]-717

再插漢丹進之婿喇卜坦〔註168〕情願改其衣帽，隨軍効力，臣已傳旨獎勵，並賞與書倫馬掛一件，伊十分感激鼓舞，或可得其力也，謹奏。

〔186〕川陝總督年羹堯奏報察邊安民秣馬勵兵俟來春進勦片
[2]-[31]-718

臣羹堯敬請諭旨，此番兵事與將來完結，情形悉已洞照無遺，臣字字凜遵，目今雪大草枯，非用兵之時，惟巡察邊境，安撫番民，整頓兵馬，籌畫糧餉，俟來春青草將出時趁賊馬瘦，合兵進勦為萬全之舉（硃批：是），羅卜藏丹盡上違天理，下失人心，此數月內伊等黨羽中或有他變（硃批：想來要有），或當乘機招撫，以孤其勢，以及將來大兵出口，留兵防守，臣惟步步謹慎不敢少有忽略，恐塵聖懷，合先奏明。

硃批：西寧大定，其餘朕不憂也，你緩緩圖萬全而為之。

〔187〕川陝總督年羹堯奏報西安瑞雪盈尺並呈所製擦牙散摺
[2]-[31]-719

臣羹堯謹奏，西安地方於十二月初二日〔註169〕酉時下雪起，至初四日辰時止，深一尺有餘，現據各屬報到得雪者已千餘里，天氣狠冷，節候甚正，明年春麥萬無可慮也，謹奏。

臣羹堯謹奏，臣所製擦牙散先儘現有者封進，俟來年槐枝萌動再當多製，並原方錄呈御覽，謹奏。

硃批：知道了，擦牙散留用。

〔188〕川陝總督年羹堯奏報調集西寧各路兵馬已到未到等情摺
[2]-[31]-720

臣羹堯謹奏。

十二月初七日〔註170〕捧讀硃批奏摺，內有應回者，謹逐條陳奏。西寧附近之僧番人等近已安定十之八九，率眾來歸者亦多，皆令其造冊認納糧草，各

〔註168〕　為準噶爾部遊牧青海者，為郡王察罕丹津之婿，《蒙古世系》表四十三作阿喇布坦，父納木奇札木禪，祖卓哩克圖和碩齊，曾祖巴圖爾渾台吉。

〔註169〕　雍正二年十二月初二日。

〔註170〕　雍正元年十二月初七日。

安住牧（硃批：若是假相暫安，終不濟事，只圖永定之謀為上），惟塔兒寺再三化誨不肯輸誠，仍然聚守，少遲示以兵威，便可完結（硃批：強化之貌恭，不如借此更張之，待以圖久安長治之策好）。郭隆寺與阿爾卜坦翁布交好，誠如聖論，臣已將其坐床喇嘛達克媽呼圖克圖拘留在城，目下且無事也。

吹拉克諾木氣〔註171〕現隨羅卜藏丹盡前往敖拉木胡廬，賊馬已瘦，今年無進藏之能矣，黃喜林勦滅僧番所帶之兵係三千名（硃批：此人在彼，朕為藏之事大放心矣，但前滿字上云羅卜藏丹盡處只有五六小宰桑，未道及吹拉克〔註172〕諾木氣之名也）。

四川提督岳鍾琪前曾遣人來寧，臣是以知其所帶番兵馬瘦，且裹帶止有四十日口糧，臣心十分懸念，本月初七日河州署副將岳超龍所遣探信之人報到，於十一月二十日行至哈拉什哩地方，聞知川兵不遠，先遣一人報信，臣即令副將宋可進帶兵一千五百名並茶米炒麪牛羊前往迎接去訖（硃批：好爽快事）。臣所調集之兵已到西寧者督標一千三百名固原一千名寧夏一千五百名西安滿兵三百名，尚有未到之督標兵八百名西安滿兵三百名，除現在分防各處隘口，西寧城內以及北川共有好兵五千名，西寧本標亦在此內。阿爾納尚未到布隆吉，計算時日還未能到（硃批：已應到了），惟前次所調之巴里坤兵二千名至今亦未到布隆吉，臣已行催五六次，不能不令人無所不想也（硃批：想因驛路少隔，未為能連也，朕亦如此）。

恩頒皮馬褂十件臣已傳旨賞蘇丹、黃喜林、達鼎、王景灝、彭振翼、宋可進、王嵩各一件（硃批：與朕意甚同），尚存三件以待有功者，此次用兵蒙聖主委任專重，毫無掣肘，現今一切力量俱已足備，惟有一面料理附近僧番一面餵養馬匹，以待來年進勦。至於莊浪涼州永昌一帶被賊騷擾者，臣已委官一面確查一面賑濟，事完另行奏報。至馬匹無庸再添，地方所產草料亦不能再供添馬之用，米糧一項任用多少，皆不得慁（硃批：真正奇人奇才），臣於今年夏秋以私財於各處買米三萬石故也。

阿爾泰兵馬二千移駐巴里坤一事，以理論之，調為是有備無患也（硃批：如此好，放心些），以時勢論之似可不必，巴里坤駐兵者防策王也，勦滅西海正所以消策王之逆謀，其使者留至西海，事有定局，再遣回巢，此第一妙策，

<hr>

〔註171〕此人為右翼盟長，顧實汗圖魯拜琥第七子瑚嚕木什之孫，《蒙古世系》表三十七失載，《如意寶樹史》載父旺欽，己名曲扎諾木齊台吉。
〔註172〕「克」字輯者補。

俟其使者過去，再將阿爾泰之兵撤入口內也（硃批：甚好）。

　　川省用兵不多，既已奉旨撥解五十萬兩，而岳鍾琪所領兵馬既已到陝，自當取給於此，蔡斑所請之銀暫且不必，其所奏修城一件竟動正項錢糧，但料估須與臣會同核定，或不致多費也（硃批：朕原有此意），謹奏。

〔189〕川陝總督年羹堯奏報岳鍾琪已統兵抵西寧並請委令那沁暫署四川提督等情摺〔註173〕[2]-[31]-721

　　臣羹堯謹奏。

　　岳鍾琪自川來陝，因統領兵馬恐有行文之處，是以將提督印信帶來，今至西寧，去川窵遠，明春進勦與料理邊防一切善後事宜，未可限以時日，而四川全省兵馬豈可無人統轄，臣查護軍統領那沁〔註174〕現在成都，應將提督印信臣於此處遣官送往，令那沁暫行署理（硃批：好，亦諭部知道矣）。明春勦賊事關重大，凡係滿兵皆阿爾納總統，而彼現有協理將軍印信，岳鍾琪總統漢兵，伏祈聖主頒發將軍印信一顆，存貯臣處，俟進兵時交給岳鍾琪掌管，則滿漢兵馬各有總理，體統既協，而大功可成矣。至定西將軍印信從來不甚順利，臣不敢隱，伏祈聖主另發一顆，則西海之事指日告竣，臣謹候旨遵行。岳鍾琪到寧，精神壯旺（硃批：真正好的，上天自然令他壯旺平安的），其所領漢土官兵法度森嚴，意氣踴躍，臣出城迎之，不勝愛羨，謹附此奏明。

　　硃批：法度森嚴猶可，意氣踴躍寔出望外，真名將也，豈止愛羨而已。

〔190〕川陝總督年羹堯奏報留用巴忒瑪達什以誘羅卜藏丹津等情摺[2]-[31]-722

　　臣羹堯再奏。

　　侍郎常壽所奏羅卜藏丹盡求要丹仲之宰桑巴忒馬達什位政哈什哈，此人乃丹仲家第一得力之人，插漢丹進虜其妻子家口數百人，又必欲得此人而除之，是以巴忒馬達什情急逃至松潘，目今現在臣處，臣在四川伊常往來，深得其心，臣所以留此人者，欲用此人以誘羅卜藏丹盡也，理合先行奏明（硃批：好，但其妻子家口甚屬可憐）。再駐扎又木多之總兵周瑛効力心切，未識

〔註173〕《年羹堯滿漢奏摺譯編》第一六七號編譯者註，此奏摺與同書滿文奏摺第六十一件內容相比較，可知此奏片為雍正元年十二月所奏。
〔註174〕《欽定八旗通志》卷三百十八內大臣年表雍正三年作護軍統領那親，六月革。

大體，招撫得爾革一事，提督岳鍾琪具摺奏明，奉旨令與臣會商極妥而行，煌煌天語，洞如觀火，蓋無故而收一大部落，必啟外藩之疑，今羅卜藏丹盡之母果因此事行文與常壽，咨移到臣，臣已行蒙古文書回覆訖，謹將來文回文抄呈御覽。

硃批：此事原不得理。

〔191〕川陝總督年羹堯奏陳招撫西海番回以便川陝邊地長治久安摺〔註175〕[2]-[31]-723

臣羹堯敬讀諭旨，內有沿邊番狃必屬內地，方是平靜西海永遠之良策數句，臣既中心凜服，又不勝其駭異，臣與岳鍾琪兩人皆留心十數年方敢確有此見（硃批：你二人乃發願來助朕平治天下，利益蒼生的人，自然與朕意相合者也），而我聖主臨御萬幾，一年之間川陝邊地情形洞如觀火，片言扼要，籌邊之策盡於此矣。查自西漢設立河西五郡以來，歷代之兵未必盡強，西海亦未嘗無彝，而守土之臣一線孤懸，亦能保固疆圉，撫有斯民者，蓋五郡邊堡土著番狃原屬內地，即以西寧而論設有四衛，無事則為我編氓，受其租賦，有事則為我藩籬，資其捍禦，遠禁互市，近稽奸宄，千百餘年不能外此法也。本朝自三藩平定以後招撫西海者商南多爾濟〔註176〕、阿南達〔註177〕等不知大義，惟圖利己，虛張外彝之聲勢（硃批：起首乃石圖之錯，聖祖先前時常悔恨此事，總無機會，所以遲延至今，賜你我君臣成此大功也，勉之），糜費百萬之帑金，犒賞無休，貢賦未聞，以數十萬之番狃委而棄之於蒙古，歸之於喇嘛，以我赤子為彝佃戶，以我民人為彝爪牙，若所謂禪師國師者，領我印信，聽彝調遣，納彝田壩〔註178〕，西寧一衛奉我政令者方圓纔數十里耳，所幸國家威福太平無事，內無可啟之釁。而天不佑彝，十九家台吉地醜德齊，無傑出之才（硃批：若本能相尚者，寔寔干係不小），蠅營狗苟以至於今，而猶福薄者自作孽矣，發速者其禍淺焉，羅卜藏丹盡之作亂於今日，聖主無量之福也，臣受恩深重，委任既專，勦賊之事小而安邊之事大，勦賊之事易而安邊之事繁，自當通盤籌

〔註175〕《年羹堯滿漢奏摺譯編》第一六六號文檔編譯者註，此奏片從內容分析，應為雍正元年所奏。

〔註176〕《平定準噶爾方略》卷一頁一作喇嘛商南多爾濟。

〔註177〕招撫青海蒙古在昭莫多之戰後康熙三十六年，《欽定八旗通志》卷三百二十四作蒙古正黃旗副都統阿南達。

〔註178〕「壩」疑為「賦」之誤。

畫，來年夏秋勦賊事畢，一面奏聞一面會同岳鍾琪料理川陝邊地以為久安長治之謀。至於喇嘛一項，臣凜遵留意，外作十分興隆黃教之詞，內則設法清剔奸宄之計，不致蒙古藉口也，謹奏。

〔192〕川陝總督年羹堯奏報察罕丹津部落敗散及委員安頓情形摺 [2]-[31]-724

臣年羹堯再奏。

蒙古性情惟強是懼，此固無足怪者，而插漢丹進部落素稱強大，不應易敗至此（硃批：前論已明），或羅卜藏丹盡因其所遣使者自側亡阿喇布坦處回來，不令人見，捏造訛言惑亂恐嚇，皆事之未可定者，臣現在飭令西寧總兵黃喜林將鎮標兵馬預備，若羅卜藏丹盡止於如此，仍按兵不動（硃批：即止於如此，亦不可緩也），以待來春，若敢干犯內地（硃批：恐有遲悞，事關不小），則一面堵禦一面飛報到臣，臣親往調遣勦殺，雖深冬亦所不顧（硃批：力若可動，備若全足，當速行矣），今先遣達鼐前往河州安頓插漢丹進部落，並查其如何打仗，如何敗散，此外有何信息，俟其詳悉報到，臣一面奏聞一面相機料理，謹奏。

〔193〕川陝總督年羹堯奏陳都統席倫圖所帶滿兵應撤回柴達木原處摺 〔註179〕[2]-[31]-725

臣年羹堯謹奏。

兵馬久駐口外，一旦撤回心意懈弛，此萬萬不可再用者，西藏撤回之兵臣到西寧親自看閱，量留若干以備調遣，若不可用臣亦令其盡行撤回，耗費無限錢糧，待其整理衣服器械，添買馬匹，喂養臕壯，而我之大事已畢，不如撤之為愈（硃批：你自然知道，但此一支兵是好兵，朕意蒙古地方他們到底熟練些，你所奏情理亦甚是，你着量就是了）。都統席倫圖既不受人節制，又不能約束官兵，自柴達木退回插漢陑羅海，屢次給臣文書要撤兵進口，臣嚴切移咨終不肯聽，今已退至丹噶兒寺，離西寧八十里，此五百滿兵馬匹器械既已不堪，驕不受制，又不如撤回原處，量留西藏之兵之為愈也，用兵無法令，徒足以搖動人心，相率效尤而已，臣受茲委任，不能不專擅行事，伏祈天恩寬宥，臣冒死謹奏。

〔註179〕《年羹堯滿漢奏摺譯編》漢文摺第二一二號編者註，參照《清世宗實錄》卷十二元年十月戊申和十月壬戌所記，可知此奏片為雍正元年十月所奏。

硃批：此何為專擅，正爾分中當為者也，想你有此等令不行處，所以急將大將軍印信賜你，總在你合宜料理就是了。

〔194〕川陝總督年羹堯奏報撤回額駙阿寶等兵馬並參都統席倫圖粗莽昏庸摺〔註180〕[2]-[31]-726

臣羹堯再奏。

滿洲蒙古兵馬應撤應調者已具清字奏摺，惟是西藏撤回兵馬器械情形實為疲敝，所喜者察哈兒人甚可用，是以選留四百名，額駙阿寶現有胸脹之病，其兵馬不願與西海之人打仗，公策旺諾爾布〔註181〕人固忠厚，管兵之事全然不曉，是以一併撤回（硃批：好，況與羅卜藏丹盡大不和，恐與善罷之事無益），都統席倫圖駐扎插漢陀羅海七十日移營五十二次，日以放鷹走狗為事（硃批：原係一介武夫，人甚平常），離家未久已買三蒙古婦人，語言輕率，舉止粗莽，實令人無可指教，是以臣不敢令入議政（硃批：如何使得），而止令其管領先鋒四十名也，合併奏明。

硃批：甚是，與朕意甚合。

〔195〕川陝總督年羹堯奏覆遵行阿寶額駙與鄂爾多斯兩事摺
[2]-[31]-727

臣羹堯謹奏。

阿寶額駙與鄂爾多斯兩事，臣謹遵旨而行，謹奏。

硃批：朕使鄂賴來，有許多小古事皆口傳諭他矣，到時可着他幫你料理。

〔196〕川陝總督年羹堯奏報達賴遣使來為羅卜藏丹津求和並擬羈留達賴之父摺[2]-[31]-728

臣年羹堯謹奏。

從來唐古特不可倚信者，其種類性情貪而多疑，懦而好詐（硃批：兼無恥無理）。自陝省用兵十年以來，青海西藏皆有輕視內地之心，是以羅卜藏丹進

〔註180〕《年羹堯滿漢奏摺譯編》漢文摺第一七八號編者註，此奏片內容見於《清世宗實錄》卷十二雍正元年十月壬戌，可見此奏片為這時所奏。

〔註181〕《平定準噶爾方略》卷三頁二十二作公策旺諾爾布，《蒙古世系》表三十一作策旺諾爾布，喀爾喀蒙古人，扎薩克鎮國公托多額爾德尼嗣子。《欽定外藩蒙古回部王公表傳》卷七十二有其身世之簡介。

肆行叛逆。如康金鼎〔註182〕、阿爾布巴〔註183〕等固不願丹進〔註184〕之為藏王，然合西藏之人心皆不信我兵之必能殺賊也（硃批：不但西藏，天下人皆不料此事如此完結也），因見周瑛，鄂賴俱已到藏，勉強威武以飾觀聽，其隱衷固甚怯也。達賴剌麻遣使到臣，為羅卜藏丹進和解求寬，此不過兩處討好騎牆之見，聚族而謀乃有此使，非達賴剌麻一人之意也（硃批：一者如此，二者出家人不識大體，將此以夸慈悲，大槩此輩皆俗謂放火救火之流輩也）。再達賴剌麻之父索諾木達爾扎，其人昏鄙好利（硃批：又有人說他甚好），一切委放第巴、堪布，惟圖些須銀物，任人指使，此人若在西藏，終不免於有事。且與羅卜藏丹進最厚，即丹進必欲佔拉叉布之妻以為小妻者，亦因此結為姻婭，藉為西藏之內援耳。來使回日臣已令達鼐密囑，只作達鼐之意寄信與索諾木達爾扎，令其親來請安謝恩，此大禮也，兼可以得厚賞。若伊果來，當設法羈留之以安西藏，此亦大有關係之一條（硃批：此事大難之事，即便來時，只恐亦難羈留，彼若不願，恐達賴剌麻難以為情，若願從喜留，朕想無此理，候他來時，此事要大費商量，此一舉朕心不然），至達賴剌麻來使，人甚明白，彼見我兵威如此，歡喜之狀時溢眉宇，其胸中亦別無他意也，謹奏。

　　硃批：西藏人，此一番事後自然畏威，若再令其懷德，普概蒙古可保無事矣。藏巴札布〔註185〕庭議斬，再二人擬剮，奏上，朕因古什漢之子孫，但難

〔註182〕　康濟鼐，後藏南木林人，拉藏汗時期任阿里總管，準噶爾蒙古侵西藏時堅守阿里抵抗準噶爾，康熙五十九年清軍定藏，詔封貝子，任職噶布倫，雍正元年命為總理藏事，招阿爾布巴之嫉，雍正五年被謀殺。《欽定西域同文志》二十四頁三載，康臣鼐索特納木佳勒博，轉音為康濟鼐索諾木扎爾布，初為阿里噶爾本，封貝子，辦理噶卜倫事，後為阿坡特巴多爾濟佳勒博所害，按康臣鼐為索特納木佳勒博所居室名，蓋人以地名者，漢字相沿止從轉音稱康濟鼐。

〔註183〕　藏史一般稱噶倫阿沛，西藏工布江達人，任拉藏汗噶倫，康熙五十九年清軍定藏，車凌端多布遣其率藏軍至察木多拒四川入藏清軍，其揚言身死，潛赴青海迎清軍入藏，告以藏中虛實，工布亦以二千軍護七世達賴入藏，受封貝子，任職噶倫，雍正元年康濟鼐受封總理藏事，忌之，雍正五年謀殺康濟鼐，遣軍赴後藏欲殺頗羅鼐，與頗羅鼐戰，及至頗羅鼐率軍入拉薩，為喇嘛擒獻頗羅鼐，查郎阿率清軍入藏，磔之。《平定準噶爾方略》卷八頁二十二作阿爾布巴。《欽定西域同文志》卷二十四頁四載，阿坡特巴多爾濟佳勒博，轉音為阿爾布巴多爾濟扎爾布，封貝子，辦噶卜倫事，後以叛誅，按阿坡特巴為多爾濟佳勒博所居室名，漢字相沿止從轉音，稱阿爾布巴。

〔註184〕　即羅卜藏丹津。

〔註185〕　顧始汗第六子多爾濟之孫，父畢噶咱納，《蒙古世系》表三十七失載，《如意寶樹史》頁七九〇後表五作額爾德尼台吉策旺札布，父畢塔咱那。

寬其命，剚不忍，因皆令候斬。問得藏巴札布，他言羅卜藏丹進投藏去，若投藏，彼自然擒送，難道達賴剌麻敢留彼討恕乎。

〔197〕川陝總督年羹堯奏報羅卜藏丹津回書已有善完之機及軍前情勢摺[2]-[31]-729

臣羹堯遣西寧通事送書與羅卜藏丹盡，到伊駐牧處所相待有禮。伊見臣書再三持看，又與其辦事之人商議數日而後發此回書，雖其言未可盡信，然已有善完之機，臣自當相機遣人開導，仍一面遠行偵探，整理兵馬，斷不敢因其柔辭，緩我機宜，謹奏。

數日以來，口外盛傳諄噶爾兵馬已到，此無影之談，而羅卜藏丹盡以此暫固眾心，恐將為遠避之計，我馬既不能追，惟佯為不知，彼亦不肯遠去，此間情勢如此，進擾西藏賊斷不能，臣知之最確，合先奏明。

硃批：朕尚不能全信。

〔198〕川陝總督年羹堯奏報固原提督楊盡信玩忽職守請准其回籍守制摺[2]-[31]-730

臣羹堯謹奏。

固原提督楊盡信自辦事涼州以來，仍踵從前陋習，不特營伍未能整理，即將備千把亦少振作之狀，但提督既係大員，非可輕易轉移，而臣於整頓兵馬之事不敢一日放鬆，實無處可以安頓此人，是以因循未奏，今楊盡信既丁父憂，臣已具疏題報，伏祈聖主准其照例回籍守制，涼州總兵印務現有贛州總兵宋可進、洮岷協副將黃起憲兩人皆能署理，或出自聖旨，或令臣遴委，統祈睿裁施行。

硃批：本到自有旨，楊進信前因補褂一事，朕看此人平常，延信薦此人元〔註186〕在岳鍾琪之上，大槩延信都喜歡如鄂倫岱等這一種守己有盡節的材料而已，不中用的東西，延信薦了許多人，大槩秉性皆相仿。

〔199〕川陝總督年羹堯奏陳來年與策妄阿喇布坦會盟事宜摺[2]-[31]-731

臣羹堯接准部文，敬聆聖旨，令在內在外諸大臣將阿勒泰、巴里坤兩路作何撤兵，作何防守詳議具奏。又接富寧安移文，知側亡阿拉布坦〔註187〕使者已來，

〔註186〕「元」似為「遠」之誤。
〔註187〕即策妄阿喇布坦。

雖未知側亡所奏若何，然既遣使來，恭順可知，西海之事若有善罷之美，俟羅卜藏丹盡悔罪皈誠，臣遵奉訓旨，再將額爾德尼、插漢丹進安頓原處會盟而歸。內地年成，各省豐收，天人協應，皆雍正元年事也，無量之福於此肇端，臣每一念及喜躍欲狂，伏祈聖主將側亡所奏使臣得知，來年與側亡家會盟之大臣，殊難其選（硃批：我君臣惟將此一點對越上帝，以祈天佑也，他不肯會盟，只好遣使，此事往反還得一次，方可大定），以臣愚見，協理將軍阿爾納，再得二人為之副，庶幾可當此任。臣圖報心急，不自知其言之越分，統惟聖慈垂宥，臣年羹堯謹奏。

硃批：阿爾那〔註188〕先已想到，但將軍名聲甚大，恐有覊留之事，與怡、旧、阿因議，大槩以鍾佛保〔註189〕、查使〔註190〕，一為內閣學士，一為副都統差往。

〔200〕川陝總督年羹堯奏陳對策妄阿喇布坦應採取招撫政策摺
[2]-[31]-732〔註191〕

臣年羹堯前在京城議及側亡之事，蒙聖主洞悉情形，無論其使者來與不來，我們儘力為固守邊疆之計，舍遠守近，以逸待勞，此盡善盡美之策，而亦舉國之所仰望者也，今其使者既來，措詞柔順，正可藉此以為完事之局（硃批：朕意定此），臣聞側亡左右並無親信弟侄，此次遣來之使者根敦乃其最近信之人，到京之後厚加賞賚，留至正月緩緩遣歸，亦不必遣人同往，但與約至明年，或夏或秋，於適中之地遣官會盟則大事可了（硃批：他不肯會盟，枉擔擱時日，緩緩遣使答他，料亦可善罷），至於羅卜藏丹盡之為人固不足取信於側亡，然西海之向背大有關係（硃批：甚是），滅羅卜藏丹盡則西海定（硃批：求之者此也），而側亡之異念亦從此息矣，為今之計莫急於自強，兵事不休自強無暇也，伏祈聖主俯納臣言，乾斷施行。

硃批：朕甚厭兵，好好生出羅卜藏丹盡一事來，真奇，就是羅卜藏丹盡朕亦不恨怨他，真可憐耳，但無故傷多少人，甚屬可惜，他不得理於天，我乃應兵，不日自有天鑒也。

〔註188〕　《平定準噶爾方略》卷七頁二十三作散秩大臣阿喇衲。《平定準噶爾方略》卷十頁三作協理將軍阿喇衲。
〔註189〕　《清代職官年表》內閣學士年表雍正元二年作眾佛保。
〔註190〕　《欽定八旗通志》卷三百二十四作蒙古鑲黃旗副都統查史。
〔註191〕　《年羹堯滿漢奏摺譯編》第一六八號編譯者註，策妄阿喇布坦的使者根敦於雍正元年十一月到京朝見雍正帝，見《清世宗實錄》卷一三六，由此可知此奏片也在雍正元年十一月前後所奏。

〔201〕川陝總督年羹堯奏呈與策妄阿喇布坦書稿以供御覽摺
[2]-[31]-733〔註192〕

臣羹堯捧讀諭旨，籌慮周詳，臣與策王書物乃有益無損之舉，謹擬一書稿，繕呈睿覽（硃批：另有諭）。至於羅卜藏丹盡之事，若云聖主不知，豈有此理，知而不言似有別情，天下事如聖主之豁達大度，開誠布信，彼魑魅之技，正須似此潛消之，但立言要得體耳，策王使者回巢之日，一切旨意下完，然後告以羅卜藏丹盡無故興兵，殘噬同類，屢加化誨，怙過不悛，又復恃其頑梗，犯我邊城，大將軍公總督年羹堯三次發兵，殺伊二千餘人，現今逃匿敖拉木胡廬地方，我不忍發兵滅伊，俟其悔罪親來，我仍赦伊命，若終不知罪，青草出時合兵進勦，伊到困窮之時或者逃往伊里去（硃批：大槩事定於此，亦好），他們部落你們竟留下，把他送來，你們那里若有地方，把他安下也使得，這件事情所以說給你們的緣故，因他此番作亂，指稱諄噶兒有兵同他行事，這不過是他自己作禍，要教別人落不是，小孩子的見識，你們果然有兵來，我們豈有不知道的嗎。臣之愚見，以此論之殊為光明正大也，伏候聖裁（硃批：此意甚與朕意相合，大概如此定了，來人明歲二月初間令回去）。

肅州口外現今尚有賊人出沒，俟阿爾納到布降吉之後，兵勢強盛，乃得安靜，策王使者，且俟來年開印後遣之回巢為妥也，臣羹堯又奏。

硃批：出沒情形如何，聞得驛路都斷了，有攻赤金之談，如今阿爾那已到，事已平靜矣。

〔202〕川陝總督年羹堯奏報策妄阿喇布坦使者所帶買賣交易之事已寄信綽奇辦理摺[2]-[31]-734

臣羹堯謹奏。

策妄使者所帶買賣交易之事，臣已寄信與綽奇，並令地方官知悉，酌中辦理，不可太過，不及也，謹奏。

硃批：是。

〔203〕川陝總督年羹堯奏陳心力不佳願進京効力擬舉可代之人摺
[2]-[31]-735

臣羹堯謹奏。

〔註192〕《年羹堯滿漢奏摺譯編》漢文摺第二三二號編者註，此奏片內提到策妄阿拉布坦使著事，可大致推斷此奏片為雍正元年底所奏。

　　臣之左臂患已全愈，數月以來並無辛苦之處，是以無些微疼痛（硃批：因前有一報來□漢字摺，所以問及，見此奏朕甚喜悅，好，當養着），但臣之兩目繕寫摺子非眼鏡不可（硃批：朕寔寔心疼之至，雖然你此一片血誠，上蒼自然保佑，但要自覈量力而為之，事平之後調養數月自然全愈矣，你又不服藥，天王補心丹與心跳不寐甚好，不過是菓子，兼服之有益無損，連方與你帶些來用），而鬚有二十餘根全白者，心跳之甚，非臣之敢不自愛，實以十六年來封疆任重，未嘗一事敢留餘力，目今晝夜思念，惟願早得近聖主左右，君臣團聚（硃批：此四字不但你願，乃朕之喜願者也，但此時朕不能輕出一言，誤你西邊事，即如此平定，亦得你在此彈壓數年，況你立此奇勳，地方未平妥之先調你進來，反令天下後世以為疑你之舉，即便是你的主意，人亦不過加你功成身退之論，我君臣何必存此心跡，當作一個千古奇榜樣與人看方好，但你原不為此，朕亦深知，況你近朕之便益，在外之苦楚朕洞如指掌，朕鑒其輕重用你，你受朕如此知遇，諒你亦不忍辭勞也，若遇能有可代你任之人，那時再從常計議，朕想斷無可代之人，隔周年半載來往陛見，朝中有無切要之政，你我又不老，三四年後你進來，徐圖君臣老景，逍遙之舉方是至理，你此奏朕當暫許，寬汝之懷，但朕生平從不會心口相異之談，總之你也不必急，事定之你自然來京的，候你得可代之人君臣面講就是矣，朕現在主意大槩寫來，用心保養身心，朕自然依你所請的），摩頂放踵，亦所甘心，西陲重任，臣寔寔不能久遠肩荷，聖恩待臣如此，所有衷曲臣又何忍隱而不告，伏懇聖主賜臣一言以定臣心，臣料理兵馬事竣，若不舉一可以代臣之人，是止圖利己，不顧地方，臣之負恩亦莫可比倫矣，理合一併奏明。

〔204〕川陝總督年羹堯奏報策妄阿喇布坦感恩畏威此次不必回書摺[2]-[31]-736

　　臣羹堯謹奏。

　　策妄阿喇布坦之光景，感恩畏威，極其恭順，一切事情指日可定，臣之回書此次可以不必，且亦無可措詞，不如不寄之為愈也，謹奏。

　　硃批：是，與朕意同。

〔205〕川陝總督年羹堯奏報預備料理策妄阿喇布坦使者出口回歸等情摺[2]-[31]-737

　　臣羹堯謹奏。

策王喇卜坦〔註193〕使者回稟，此正其時，臣已遣侍衛工格將書信禮物於甘州等候，凡陝西所屬沿途地方已遣官預備豐富，又令蘭州按察司彭振翼親往肅州買備有臕駱駝馬匹在彼料理，使者出口，但岳鍾琪統領大兵進勦，且夕必有佳音，伏祈聖主於臣此奏到京後少待十餘日，則西海之事便有定局，並可斟酌曉諭策王使者，於事亦甚有益也，謹奏。

〔206〕川陝總督年羹堯奏報策妄阿喇布坦無意與羅卜藏丹津協同進犯摺[2]-[31]-738

臣羹堯至西寧竭力探訪，今年春間羅卜藏丹盡遣人至側亡家，約伊發兵同擾內地，側亡云小孩子家知道甚麼，也不曾經過中國的兵馬利害，我因為發兵到哈蜜走了一走，惹得他多少兵馬在我周圍住着，十來年不肯歇，你要動兵憑着你罷，等你得了大地方大城池，到那時候我自有話說，我是不動的了等語（硃批：此話似真，只恐他還有人在羅卜我丹盡處監視動靜），此一段話幾處探問相同，亦可以知側亡遣使息兵之意，羅卜藏丹盡無故作亂之心矣（硃批：息兵與否在羅卜藏丹盡之存亡也），此賊不滅，兵事未已也，謹奏。

〔207〕川陝總督年羹堯奏報侍郎常壽自羅卜藏丹津處回來所言情形摺[2]-[31]-739

臣羹堯謹奏。

十二月十九日〔註194〕三更侍郎常壽到來，其大略已具清字奏摺，而常壽見臣極力感激羅卜藏丹盡與堪布不殺之好處，語言顛倒，受辱無恥，蘇丹等在傍聞之皆怒目切齒，而常壽恬不為怪，非親王王爺不開口也。臣看來羅卜藏丹盡等作亂以來，三敗於西寧，大敗於布隆吉，漸已窘困，而常壽又代為之謀，以為如此便可休兵，為脫身之計，乃得送歸耳，臣是以一言不答，於其話完微以大義責之，而常壽乃通身戰慄，云羅卜藏丹盡雖此字乃眾人商議為緩兵之策，俟青草出時將往西藏，又似與聞其議者，如此之人辱國實甚，臣因其粧作痰火之狀，令其閉門養病，用兵所關重大，不利有此等人共事也，謹奏。十九日常壽極言羅卜藏丹盡人尚強，馬尚肥，二十日見臣又極言賊勢疲敝，詰之亦無言可答，實不解也，又奏。

〔註193〕即策妄阿喇布坦。
〔註194〕雍正元年十二月十九日。

〔208〕川陝總督年羹堯奏請仍令胞兄家人烏蘭太父子回至粵東摺
[2]-[31]-740

臣羹堯冒死再奏，臣兄希堯家人烏蘭太父子蒙聖恩准臣所奏（硃批：並非因你之奏，朕原另有所聞），令至臣署，蓋恐其有累臣兄官聲也，今臣兄差人包程到臣處，寄來家信，言詞十分激切，臣細問來人，臣兄因此家人寢食俱減，倘憂抑成疾，臣將抱終身之疚，是以冒昧令烏蘭太父子速回京城，謹據實奏明，伏祈聖恩批允，臣仍令其回至粵東，以全臣手足之恩之至。

硃批：此人如今到，賞不得你哥哥了，如今因你之請賞他，這不是先是你奏了朕了，爾兄不但不知感反致怨於你，朕豈有惑亂臣下骨肉之理，爾兄若因此等事至於憂成疾病，亦屬無知可笑之人矣，在你處及〔註195〕不便，爾父處又難□□，朕命在八阿哥府効力當差就是了，你只管與你兄帶信去，只言上不知何所聞，命我如年好一樣，該你教導不來，着我管教，今兄言字懇切，弟已乞恩於皇上，上甚不悅，連弟都怪了，如今送回京聽候發落，兄有何當乞恩處兄另奏就是了，弟意可以不必，如此寄字去，此人再不賜與。

〔209〕川陝總督年羹堯奏覆遵旨代批周瑛二摺等事摺[2]-[31]-741

臣羹堯謹奏。

正月初三日〔註196〕臣捧接聖主諭旨，並發下周瑛奏摺二件，其摺內所奏料理甚為妥當，然為人臣者實心辦事理應如是，乃蒙我皇上獎許備至，受重有加，凡懷才抱藝之士，誰不奮發，共勤至治，臣又安忍不仰體聖衷，加意鼓舞，以收干城之效，臣已遵旨代批兩摺，所擬批辭另繕呈（硃批：甚好）御覽。

知州趙士魁修蓋營房，捐助馬騾，臣亦行牌獎勵，並許其事平之日送部請敘（硃批：何待事平，川省有缺即當題補），臣又行文川撫臣蔡珽，云提臣郝玉麟凡一切接應周瑛之處不時留意，毋得遲悞，所有西海前後情形，臣詳述告示一通，以蒙古字唐古忒字漢字三樣譯寫，遣人送給周瑛，令其張掛曉諭（硃批：甚好，當如此），於西藏一帶之人心事勢大有裨益也，謹奏。

興漢總兵所屬地方臣細加搜查，並無潛藏匪類之處，總兵武正安不過出兵五六月便可回汛，綠旗規矩添一署印之人斷不能不少有所累，周瑞侯臣不知為

〔註195〕「及」應為「極」之誤。
〔註196〕雍正二年正月初三日。

何人（硃批：是此朕過於慎言之意耳），以臣愚見不必遣員署印之為愈也，如有意外之事，臣任其罪，謹奏。

〔210〕川陝總督年羹堯奏議進勦羅卜藏丹津事宜摺[2]-[31]-742

硃批：此等之奏着他們滿文寫寫，何必廢你的精神自寫，多餘矣。

臣年羹堯謹奏。

今年進勦大事，凡有當照應料理者臣不敢一刻懈忽，理合一面行文，一面奏聞，亦明知聖主不以為煩，然臣於事之未曾完結者若逐件先行奏達，拜摺之後仰念聖主候信，每至連夜不能成寐（硃批：何必如此），直至某件某件皆有定局，又復奏明乃能寢食如常，此臣所以竭力料理而未敢逐件預奏之原由也（硃批：是，向後有定局或當奏者奏）。今捧讀聖諭，籌劃西藏與巴爾喀木、布隆吉一帶機宜，聖主因進勦一事無日不經營計算，謹將大槩情形逐一奏明。臣遣人出口遠探，聞羅卜藏丹盡欲攜其部落前往穆魯烏蘇〔註197〕，由彼進藏，一則大眾牛死馬瘦，不能遠行，再則各台吉恐羅卜藏丹盡遠遁，大兵出口惟伊等是問，是以用力攔阻，不令遠去，今於正月初八日〔註198〕阿爾卜坦翁布、班朱爾拉卜坦、吉及扎布〔註199〕、羅卜藏插罕〔註200〕、側冷端住〔註201〕、達什端多布〔註202〕、朋楚克王渣爾、吹拉諾木氣〔註203〕、伊克阿拉卜坦〔註204〕九家共遣宰桑七名，各有文書給臣，皆敘說堪布人回，蒙賞文書茶葉，我們並無異志，為羅卜藏丹盡逼勒行事，今當如何之處早賜明示

〔註197〕 蒙人於金沙江之稱謂。《水道提綱》卷八頁八載，金沙江即古麗水，亦曰繩水，亦曰犁牛河，番名木魯烏蘇，亦曰母薅烏素，音之轉也，岷江最上源也，出西藏衛地之巴薩通拉木山東麓，山形高大類乳牛，即古犁石山也。

〔註198〕 雍正二年正月初八日。

〔註199〕 《蒙古世系》表三十六作濟克濟札布，顧實汗圖魯拜琥第二子鄂木布曾孫，父貝子羅布藏達爾札，降襲輔國公。

〔註200〕 《蒙古世系》表三十六作羅卜藏察罕，顧實汗圖魯拜琥第二子鄂木布曾孫，父納木札勒，祖墨爾根台吉。

〔註201〕 《蒙古世系》表三十七作車凌敦多布，顧實汗圖魯拜琥第七子瑚嚕木什曾孫，父噶爾車木伯勒，祖達爾巴。

〔註202〕 《蒙古世系》表三十七載達什敦多布，顧實汗圖魯拜琥第七子瑚嚕木什之孫，父哈坦巴圖爾，疑即此人。

〔註203〕 此人為右翼盟長，顧實汗圖魯拜琥第七子瑚嚕木什之孫，《蒙古世系》表三十七失載，《如意寶樹史》載父旺欽，己名曲扎諾木齊台吉。

〔註204〕 《蒙古世系》表三十六作阿喇布坦，顧實汗圖魯拜琥第二子鄂木布之孫，父墨爾根台吉。

等語。前此貝勒色卜滕扎爾〔註205〕、公側冷〔註206〕等來降之時臣明知伊等信息相通（硃批：情理之所必然，然亦好事），故待以體面，分給炒麪茶葉，使之聞之也，今九家遣人來寧，而色卜滕扎爾亦於初八日來寧叩賀新年，臣又將岳鍾琪帶來貝子拉叉布之子二人，插罕丹進之婿喇卜坦（硃批：此人聞得大去得之人），其人係中噶兒，心甚明白，皆傳集臣署，與之酒飯（硃批：好不可言），開誠盡歡，告以九家使者前來，而公諾爾布云此來恐有詐（硃批：寔情也，試探也），臣屬色責之，汝等皆固什汗子孫，今伊等人來欲求聖明，汝當幫助（硃批：是當之極），而乃出此言耶，於是色卜滕扎爾等皆代為叩頭請罪，臣又各予重賞，隨令九家使者進見，慰勞其大眾，而令色卜滕扎爾等八人帶領此九家使者於其下處，許其私自說話（硃批：神奇作用，如此方是），乃知此使者之來羅卜藏丹盡不知也，臣發給回文，令九家親來，准為開恩（硃批：但此乃有一二不可赦之人，到臨期見面後再相機而行就是了，這光景必有來者），即於是日賞其使者酒飯茶緞遣之出口，其使者至於淚下（硃批：真的）而去，臣料月內必有的信，九家未必全來，而三五家（硃批：豈止）之來必有之事也，若九家全來，則羅卜藏丹盡勢孤，必將遠遁，臣一面羈留（硃批：朕意可以不必盡留，然總在你調度，不過朕意閑寫來，不可必以為是）九家各台吉，一面收拾精兵四千兼程進勤。據喇卜坦閑時說話云，羅卜藏丹盡斷不進藏（硃批：進藏之說如今光景想不敢矣，目下到要他去），其人馬力量亦必不能前往伊里，惟噶斯西南有羅卜藏丹盡所屬西番，此其退步也（硃批：即往亦非長策，取死耳），蓋喇卜坦前妻羅卜藏丹盡之姊，是以知其情形（硃批：此一節話似真），臣令喇卜坦口說地名形勢，畫出一圖，又令丹仲〔註207〕家宰桑、拉叉布家宰桑隔別問說，皆相符合，似不大謬也（硃批：是），西藏之人好疑而心不齊，所恃者康金鼎，素與羅卜藏丹盡不合，且其兵強而足用，臣已兩次行文與郝玉麟、周瑛、鄂賴，並密寄書信告以進勤之時，令其加意駕馭康金鼎，使之出力，羅卜藏丹盡若果於二三月敗逃進藏，馬瘦路遠，及至到彼即周瑛之兵可以擒之矣，似毋庸添調（硃批：目下光景可以不

〔註205〕　《蒙古世系》表四十三作色布騰扎勒，準噶爾部巴圖爾渾台吉孫，父卓特巴巴特爾。

〔註206〕　《蒙古世系》表三十八作車凌，顧實汗圖魯拜琥長子達顏鄂齊爾汗孫，父墨爾根諾顏。

〔註207〕　《蒙古世系》表三十九作丹忠，顧實汗圖魯拜琥第五子伊勒都齊曾孫，父根特爾，祖博碩克圖濟農。

必矣），即添調亦趕不及（硃批：是）也。

羅卜藏丹盡聞知西藏已有准備，或逃往巴爾喀木一帶亦未可定，巴塘之西北，察木多之東北地名官朱爾﹝註208﹞，乃羅卜藏丹盡所屬西番之一大部落，現有伊之蒙古碟巴在彼管事，臣已令副將張成隆設法誘擒（硃批：好），或令得爾革之番兵前往勦殺，即令得爾革管轄其地，蓋得爾革兵強，素與羅卜藏丹盡不睦也（硃批：得爾革部落若寔心向內，又夙與丹盡不睦，彼不敢南向也，預防的甚是）。又貝子拉叉布現在類烏齊之西北地名充布，前有信來，若羅卜藏丹盡逃至喀木，情願帶伊番兵三四千名跟隨大兵勦殺（硃批：妙之極），以贖前罪，喇卜坦所屬西番在拉里之東北，地名中巴達魯，伊亦情願出兵一千跟隨大兵進勦（硃批：甚好）。臣已行文與拉叉布，准其効力贖罪（硃批：此用甚妥，雖其子作質，但信得及否），跟隨副將張成隆行走，即令其宰桑持文回去矣，喇卜坦亦遣其宰桑由松潘前往中巴達魯，預備番兵，跟隨提督郝玉麟行走（硃批：寔令人暢聞）。以上情節俱兩次行文專人送給郝玉麟張成隆，令其彼此照會，張成隆所帶兵少，又行文調霍耳、得爾革兩家番兵共二千名（硃批：但此二番部落此輩從命乎），令張成隆帶領，以壯聲勢（硃批：以上寔寔妙，好不盡也）。

卜隆吉一路事情有兩件難處，兵馬未到臣早已行文與巡撫綽奇料理口糧草料，而兵馬到後至今尚未支給，若非王景灝預備築城夫役之口糧，運木車騾之草豆暫為那用，事幾不可問矣，雖曰賊彝斷路，而肅州辦事平時全不留心，惟聽何廷圭一人指撥，近准綽奇送來奏銷本稿，已成千古奇文，臣知阿爾納所領官兵之馬趕喂不及，此一難也。臣意欲將何廷圭調離肅州，則將來之綽奇或可有免罪之日（硃批：豈但何廷圭，此一肅州料理軍需，綽綺﹝註209﹞以下一無可留之人，但此輩猶不悔過，即綽綺當日些微所出之私力，朕已報答他至於此極矣，天地神明可以共鑒，爾當如何料理，當用何人更替，只管奏聞，當日之諭如今用不着矣，何廷圭應調離調開應拿問，傳旨革職拿問，一面發嚴旨傳與他本地方封鎖其家，屬第一可恨人也）。再阿爾納給臣書信附呈御覽，其意見猶是蒙古習氣，臣已詳細致書，反覆開導，又恐其受降不慎，已行文令其凡有來降之台吉，將本人由內地送至臣處，以待會盟為之開釋，俟至進勦時臣當

﹝註208﹞ 《欽定理藩院則例》（道光）卷六十二作官覺宗，今西藏貢覺縣，宗址在今西藏貢覺縣哈加鄉曲卡村。
﹝註209﹞ 《清代職官年表》巡撫年表作甘肅巡撫綽奇。

行文應於何處堵截（硃批：此一支兵馬，只好作依孫插漢七落圖〔註210〕等處堵截之用耳，看守卜隆吉要緊，即阿爾納有惧事處亦當奏聞），何人領兵，留守若干，斟酌其兵馬力量而用之，以求無惧而已，目下用人之際，一切俱不說破為是耳（硃批：自然，即有說破者朕必商之與你，放心），謹奏。

〔211〕川陝總督年羹堯奏報官兵攻勦郭莽寺番僧等情摺
[2]-[31]-743

臣年羹堯謹奏。

吹卜仲呼圖克圖〔註211〕即郭莽寺坐床之喇嘛也，阿爾卜坦〔註212〕、班朱爾拉布坦、羅卜藏插罕、茨茨克扎布四人侵犯新城、高古城等處，口糧皆取給於郭莽寺，而阿爾布坦翁布圍我北川時吹卜仲遣其寺內之車臣藍占巴統率僧番助逆圍城，迨至臣遣總兵黃喜林勦滅郭莽賊僧之日吹卜仲率其僧徒數十人潰圍而出，拋石亂打，幾中黃喜林面上，黃喜林怒極，連射四矢斃四喇嘛，皆洞胸穿腦，而吹卜仲死於此四人之內矣（硃批：此等番僧皆尚法衫以惑眾者，佛經所云必遭王難者也），至於小阿爾卜坦犯我新城，殘殺民人，其妻工格太〔註213〕、其岳阿爾薩朗台吉犯我赤斤、靖逆、卜隆吉一帶地方，彼處若無伊父女兩人不致擾亂至此也，是其一家三處犯順，罪與阿爾布坦翁布、吹拉克諾木齊等，而可以赦其死者多此一降耳（硃批：小阿爾卜坦乃是給赤斤三守備書字者，乃大可惡之人，前因偶聽阿寶之言就給你寫來了，後方想起此人亦屬不可赦中者，你着量就是，勢急來降，未必能敵其罪，量輕重而處之），臣深悉其行事詭巧，是以於新城等處挐獲奸細賊彝悉已正法，而獨留四人嚴禁西寧，為將來阿爾卜坦證也（硃批：好），謹奏。

〔212〕川陝總督年羹堯奏請恩賞進勦凍殘兵丁銀米摺[2]-[31]-744

臣年羹堯謹奏。

〔註210〕《欽定西域同文志》卷十四頁二十二載，伊遜察罕齊老圖，蒙古語伊遜九數也，察罕白色也，齊老圖有白石處，地有白石凡九，故名。

〔註211〕《乾隆朝內府抄本〈理藩院則例〉》頁一二八載，青海親王羅卜藏丹晉，奏請郭隆廟垂卜藏呼圖克圖封號，授為黃教額爾德尼諾門汗，給以敕印，即此人。

〔註212〕顧實汗圖魯拜琥第二子鄂木布曾孫，父額琳沁達什，祖墨爾根台吉，《蒙古世系》表三十六失載。

〔註213〕本部分第七十九號文檔作工額。

　　二月初八日〔註214〕大兵進勦，至十四日夜間奇冷異常，川陝各營兵丁內有凍壞手腳已成殘廢者二十九人（硃批：此番進勦兵馬之苦，朕料豈止此也），凡出兵陣亡帶傷與口外病故者統俟造冊送部，例得邀恩恤賞，惟此等致成殘廢之人，無例可援，臣意欲量給賞銀之外（硃批：多賞些），仍准臣宣旨令各該地方官每人每月給米三斗，以終身計，每年多用銀不過百兩，而聖恩之所鼓舞者寧僅千萬人耶（硃批：甚是甚是，應當應當，此外還當察其有子侄者，當入營賞補一分糧纏是，亦不為此，應當如是，天下事凡所有為皆不是也），伏祈批示，以便遵行。

　　硃批：如此方是為朕永遠料理事之大臣也。

〔213〕川陝總督年羹堯奏報官兵平定郭隆寺僧番等情摺
[2]-[31]-745

　　臣羹堯謹奏。

　　郭隆寺賊僧，臣因其坐床喇嘛現在西寧，而數月以來未敢顯有惡跡，是以加意看待，俟西海平定再為清查，分別給與度牒，便可竣事（硃批：朕若前不發明諭，恐你必掣肘為難也，何如），而無故自作其孽，聚集番土一萬餘人抗拒官兵，自辰至申，據蘇丹、岳鍾琪密告臣云，自三藩平定以來未有如此大戰者，彼眾我寡，彼逸我勞，彼在山上而仰攻（硃批：大兵未進之先如此先覺發者，正上蒼之大佑之恩也，朕先已有諭，進兵之先料理，兵出之後更變要緊，如今雖如此，但此類餘黨必清淨無疑，方與進兵不至繫念），將士奮呼，以一當十，直至一千有餘之惡狠喇嘛悉死於當陣（硃批：真屬可嘉），而後敗退，次日又復搜山勦捕（硃批：喇嘛如此，真大奇異之事也），計兩日所殺賊屍六千二百有零，川陝官兵所帶腰刀皆臣所造者，砍缺三四百口，可以知此一戰矣，臣與蘇丹、岳鍾琪三人私心為聖主賀者，不獨消除內患，威震邊疆也（硃批：這數千賊物，若進兵後發覺還了得，但羅卜藏丹進犯西寧時此輩未何不動，今已事平，反如此抗為，真令人不解，天地神明之破格垂照處，朕寔感喜不盡也），如此鏖戰，終日不食，而三軍踴躍（硃批：清理餘黨，一點無疑方好），無絲毫懈志，少加慰勞，皆云這算得什麼，還有羅卜藏丹盡大事在後呢，夫食祿受職，義無所辭，而荷戈之武夫人人心中皆知仰仗聖主恩威，樂其事而不知疲，臣等敢不為聖主賀耶，謹附奏以聞。

〔註214〕雍正二年二月初八日。

硃批：此皆聖祖皇帝六十餘年教養，深仁厚澤，再爾等赤忠，上感天地神明之助之所致此等局面，實非人力之所能，私心之可冀者也，爾等為朕賀，朕亦為爾等幸喜也。

〔214〕川陝總督年羹堯奏報督兵進勦深山番族得到獲小張家喇嘛等情摺[2]-[31]-746

臣羹堯謹奏。

此次進勦賊番，山深林密，賊勢既眾而據險憑高，臣之料理此事較之進勦西海更為加謹（硃批：好），自岳鍾琪以下至千把總，臣皆再三誡諭，務必慎而又慎（硃批：甚是），山內山外各路皆有馬塘、步塘，信息不時往來，恐煩聖懷，故不詳奏（硃批：是）。今十路官兵已有五路遇賊，鑿皆遣人詐降以誘我師，打仗七次，皆獲全勝（硃批：此事朕放心的），已滅賊十之三四，小張家刺麻〔註215〕已為我得（硃批：如何得的，他的舊徒弟中有認識我見過面的人麼，他們如何說）。但山內所有賊人，或郭莽寺、郭隆寺剩餘刺麻並西海各台吉所屬之賊番，頭緒繁多，統俟事竣，將前後各路勦賊情由匯敘一摺奏聞之為便也。

硃批：應當如是，此事朕未欲急聞處，候爾等一總成功，再喜覽捷奏。

〔215〕川陝總督年羹堯奏報小張家呼圖克圖搬往雜隆等情摺[2]-[31]-747

臣羹堯謹奏。

自勦滅郭隆寺賊僧之後，臣恐其餘黨復生他事，遣人不時遠探，現今俱各安靜，蓋其所調番兵皆各處湊集者，經此大創之後潛回巢穴，是以目今無事，然此等番賊皆附近莊浪涼州地方，俟西海平定，自當相機勦撫，務期妥帖，不留後患也。至小張家呼圖克圖聞已搬往雜隆〔註216〕地方，雜隆在大通河之北二十餘里，大通河北岸有廟名朝天堂〔註217〕，住居喇嘛二百餘名，臣於正月二十三日〔註218〕令塔兒寺之喇嘛伊什格隆曾於老張家喇嘛〔註219〕同學經者，又丹噶爾寺之喇嘛達爾漢格隆（硃批：又與朕意合也）等共六人持臣用印之西番字文書，敘說此次進勦郭隆寺僧番之緣由，並請小喇嘛來住塔兒寺，兼與用

〔註215〕指三世章嘉呼圖克圖若貝多吉。
〔註216〕今青海省互助縣巴扎鄉附近。
〔註217〕今常寫作天堂寺，位於甘肅省天祝縣天堂鄉。
〔註218〕雍正元年正月二十三日。
〔註219〕指第二輩章嘉呼圖克圖。

印白旗，凡小喇嘛所屬之人即以此旗招撫之。二月初八日喇嘛伊什格隆等回至西寧，據稱正月二十九日行至大通河，即有番子百餘人將伊等捆綁，馬匹衣服文書悉被搶去，反覆曉諭，置若罔聞，此賊番聚處去朝天堂僅一二里耳，是夜喇嘛掙脫，一人奔至朝天堂，與寺內喇嘛說明，傳集番眾云，此係大將軍差人，若加殺害，則此寺不保，說至再三，乃得解放，朝天堂之僧人送出伊等兩日而回，問及小喇嘛皆云不知。而伊什格隆等於彼處私探，云雜隆離朝天堂尚有二十餘里，小喇嘛現在彼處，此種番子約千餘人，恃其山險，故敢抗阻，臣現今設法務將小喇嘛請出，若萬不得已俟進勦事畢相機用兵，亦必使小喇嘛為我所有，絕不留此後患也，謹奏。

硃批：即小喇嘛亦無甚要緊，但恐落西海人手，借此以搖撼他蒙古之心耳，況先前奈蠻部落又有一個老喇嘛化身，郭隆這一個朕原不深信，此胡圖圖之說真大笑話，豈明理人之信心者，但蒙古溺於此道，亦不能除此惡習，所以前有在京喇嘛奏摺，朕批朱諭發來你看，朕恐喇嘛落人之手，預先有此一諭，不使借端生事也。

〔216〕川陝總督年羹堯奏報涼州莊浪番族橫肆搶掠與調兵懲創情形摺[2]-[31]-748

臣羹堯謹奏。

自涼州以至莊浪西山所有番族素稱兇惡，去年搶掠新城、張義堡、高古城一帶地方，蒙古居其二三而番賊居其六七，但用兵之事有緩有急，方致力於西海之逆賊與西寧附近之僧番，是以未暇及於涼州，而楊盡信自到涼州以來情形未諳，臣不時曉諭西山番族，冀其暫且安靜耳，乃又復橫肆，如此不得不調集民兵官兵略加懲創，雖殺賊六百餘級（硃批：朕亦念及此，前番根尚未除，自然有此蠢動），終久不能安帖，臣已檄行文武官弁嚴加防守，捐發銀兩以為民兵口糧，俟西海事畢再為勦撫，乃得寧謐也，謹奏。

硃批：暫當止得如是，好光景，必至如此而後定。

〔217〕川陝總督年羹堯奏報督兵進勦羅卜藏丹津情形摺
[2]-[31]-749

臣羹堯謹奏。

西海逆賊自相殘殺，人心慌亂，此天與之機會斷不可愆，而臣又遣人遠探，賊以會盟為名倚強吞弱，將於三月初間並力遠遁，是以決意進勦，所有精兵六

千一切齊備，若步騎兼行且恐緩不濟事，選馬六千，每人一馬兼程前進，出其不意，口糧帳房火藥鉛彈另有駱駝騾子馱載（硃批：不但他者，即此萬數馬駝，何暇備辦，寔乃神助也），但出口之後自東而西，先至阿爾卜坦溫布〔註220〕家，次至班朱爾拉布坦，再次至吹拉諾木氣，再次至朋楚克王渣爾，再次至羅卜藏丹盡家，臣已行令分兵三起自北山繞過，同日攻打阿爾卜坦溫布等三家，使其彼此不能相顧，然後再至朋楚克王渣爾家。二月初六日〔註221〕探得一信，朋楚克王渣爾已與羅卜藏丹盡對敵，未知確否，然朋楚克王渣爾乃貝勒色卜滕渣爾〔註222〕之妻兄也，其納款已久，不敢與我兵抗拒者，大兵至彼，若羅卜藏丹盡西遁，臣已備有空牽肥馬一千匹，臨期以精兵換馬追捕，所以止令其追趕五日者，蓋追至七八百里則羅卜藏丹盡即能逃脫亦力窮勢孤，無能為矣，以我大兵收取西海部落，區畫番夷，料理邊陲，為久安長治之計，事孰有大於此者，臣身膺重任，機會已到何敢遲愒，若必以羅卜藏丹盡一人之獲與不獲論此兵事，非臣所料，臣於清字奏摺聲明及此者，亦惟恃有聖恩之高厚也（硃批：原調阿爾納〔註223〕往噶思時，朕即有諭，羅卜藏丹盡獲與不獲無甚關係，此論甚是，應當如是），臣冒昧謹奏。

　　再此次進勦日期臣已密行阿爾納，令其加意準備而不調其前進者，馬匹尚瘦，卜隆吉附近之賊俱未平定，未可輕動也（硃批：甚是，此一起兵，原當坐守），若西海事畢，兵威遠震，以臣愚揣卜隆吉一帶賊黨可傳檄而來（硃批：是），臣羹堯謹奏。

〔218〕川陝總督年羹堯奏報平定羅卜藏丹津之亂並請獻俘告廟垂示史冊摺[2]-[31]-750

　　臣羹堯謹奏。

　　羅卜藏丹盡狂悖作亂，事關重大，今既已平定，一以明西海叛逆之罪，再以消外夷蠢動之懷，且固什汗子孫受聖祖數十年煦育豢養之恩，一旦舉戈內

〔註220〕常寫作博碩克圖戴青阿喇布坦鄂木布。顧實汗圖魯拜琥長子達顏鄂齊爾汗孫，《蒙古世系》表三十八失載。《松巴佛教史》頁五四九表六載其父羅布藏彭措貝勒，其名博碩特拉布坦旺波。

〔註221〕雍正二年二月初六日。

〔註222〕《蒙古世系》表四十三作色布騰札勒，準噶爾部巴圖爾渾台吉孫，父卓特巴巴特爾。

〔註223〕《平定準噶爾方略》卷十頁三作協理將軍阿喇衲，即《平定準噶爾方略》卷四頁十四之散秩大臣阿喇衲授為將軍者。

向，此聖祖在天之靈，所以赫然震怒而默相，我皇上命將出師，聲罪致討，以成此元年即位第一武功也，理合獻俘告廟，垂示史冊，臣原欲將吹拉諾木氣等解赴京城，但以獻俘之禮，大將軍有受賞之例，內外諸臣必將以臣為不知止足，是以逡巡未決，擬於一二日內請旨遵行，今既蒙聖諭，令臣議奏，臣是以一面具摺（硃批：甚好），一面遣官起解，并將臣愚衷附奏以聞。

〔219〕川陝總督年羹堯奏陳俟岳鍾琪旋師後即進勦涼州莊浪番彝等事摺[2]-[31]-751

臣年羹堯謹奏。

西海之事現已告竣，臣先遣人於涼州莊浪所有番賊地方，凡屬險要隘口與出入路徑皆已踩探得其詳細，俟岳鍾琪旋師之後休養半月，整頓兵馬一鼓而滅之，計算月日卜隆吉之事彼時亦有定局，臣然後將安插蒙古，收服西番，料理喇嘛，添設營制各善後事宜一面具疏請旨，一面會盟辦理，斷不敢少留餘憾，致煩聖主西顧之憂也，理合先奏以聞。

硃批：不但今日早無西顧之憂也，但你一番愛君之心，事事現諸筆墨，此一番大事也，總未教朕心煩一點，上蒼自然佑你。

〔220〕川陝總督年羹堯奏報委令岳鍾琪統領漢土兵民進勦涼州莊浪一帶番彝摺[2]-[31]-752

臣年羹堯謹奏。

涼州莊浪一帶賊番怙惡不悛，臣前已奏明，俟大兵凱旋休養半月即當進勦，今於四月十五日〔註224〕臣已調集漢土民兵一萬九千名，令奮威將軍岳鍾琪率同前鋒統領蘇丹等分道進勦，臣於西海大事止用兵六千，而此時則三倍有餘者，番賊不過數千人，然恃其山險，道路叢雜，且以大兵全勝之威滅此番寇，尤當謀出萬全（硃批：是當之極），現今四面合圍，十路並進，一月之內可告成功矣，先此奏聞，伏祈聖主弗以為慮也，謹奏。

硃批：此事甚料理得好，可見掃清青海，尚多餘力如此，以示外夷，極好之事，但云十路，不知相隔可以照應否，兵數雖多，所當者不過二千，恐將弁們趁高興踴躍，若過於從事，覺甚不值，不知你可說與他們只圖萬全否，想來上蒼自然一例賜佑也。

〔註224〕雍正二年四月十五日。

〔221〕川陝總督年羹堯奏報進勦莊涼莊一帶辛勞艱險情形摺
　　[2]-[31]-753

　　臣年羹堯謹奏。

　　此次進勦番賊，自將軍以下，至兵卒感聖主施未有之恩，備極辛苦，無有倦色，入山以後無尺寸平廠之地，日則單衣，夜則重裘，以二萬之眾登高陟險，轉戰五十餘日始得平此數百里之惡番，然後知山林之戰迥不侔於平原曠野，而涼莊一帶聖主可以無慮矣（硃批：惟以手加額外，寔難他念也），謹奏。

　　硃批：大將軍以下兵弁以上，此番勤勞忠勇寔亙古之罕聞希有，不但朕之榮幸，即聖祖在天之靈倍加光明矣，另有滿字上諭諭部外，將底稿先發與你看。

〔222〕川陝總督年羹堯奏報捐銀犒勞打箭爐等地漢土官兵摺
　　[2]-[31]-754

　　臣年羹堯謹奏。

　　川省自用兵以來，凡有徵調土司民人，或貼防隘口，則有口糧塩菜與額外賞需，或輓運軍糧，則給炒麪僱價與棉衣皮襖，計日久遠則准其換班，以均勞逸，臣於本年正月又復捐銀一萬二千兩，委官齎往，自打箭爐以至又木多，不論漢土官兵，較其出口遠近，每人三兩五兩均勻犒勞，是以十年來川省土兵竭誠効力，無不奉令恐後，俟明年各路兵馬撤完之日臣當擬一上諭，密奏頒發，使椎髻左袵之流亦知聖天子憫念於九重之上，於事誠有裨益，若此時止賞土兵，則官兵未免相形，若並官兵而賞之，則恩施頻數，來年撤兵又將何以慰勞之耶，謹奏。

〔223〕川陝總督年羹堯奏報進勦西海所獲戰利品並請免賠補隨征倒斃馬騾摺[2]-[31]-755

　　臣年羹堯謹奏。

　　此次進勦西海，因晝夜兼行，既不及搜查各台吉所有財物，而大兵未出之先，聞各部落將所有細軟埋藏者甚多，是以凱旋之後計所獲銀四千有零，金一百零六兩，驤馬騍馬五千有零，羊六萬餘隻，駱駝三百餘隻。我兵往回五十日惟駱駝未有傷損，馬騾九千餘匹，一則因追奔逐北，行走迅速，再則因出口十五日以後漸不得草，乏棄倒斃者十之七八，今現將所獲馬匹分給各兵喂養，恐將來撤兵之日仍不敷原領馬額，雖為數不多，尚望聖主施恩免其賠補，至於金銀除口外賞給効力蒙古兵丁外，尚存二千餘兩，所得羊隻令人牧放，俟將來川陝各路兵丁回汛之日給為口糧，惟駱駝三百餘隻瘦小不堪，有名無實，已令下

廠，俟過夏秋再為區處，其餘舊衣碎物隨得隨即分賞，無足記算也，用兵事完惟查核財物最有關係，臣於此固能自信，亦仰恃聖主於此等處無毫髮疑臣，臣是以不復具摺明奏，謹繕寫大略附此以聞。

硃批：雖是，酌古準今，攀條引例之奏，在你特小心矣，已另有旨諭部行文來。

〔224〕川陝總督年羹堯奏報阿爾布坦溫布逃往不哈及羅卜藏丹津移住柴旦木等情摺[2]-[31]-756

臣羹堯謹奏。

臣遣人於北川口外探信，行三四百里不見賊蹤，惟沿途收回阿爾卜坦溫布所棄之六七十歲蒙古男婦一百餘口，衣服俱已剝去，殊為可憐（硃批：豈有此理），又阿爾布坦溫布將其部落內之三五歲七八歲之小孩子或三兩個或四五個，以破氈包裹拋於河內，死者甚多（硃批：豈有此理），慘毒已極，即此一端天不赦伊也，阿爾布坦溫布、班朱兒拉布坦〔註225〕等現今已逃往不哈地方，西寧至彼五百里，羅卜藏丹盡又復移住柴旦木，其家口輜重俱已搬入噶斯之南山內，柴旦木至南山須緩行六日，此南山內有水有草，乃往西藏大路傍之一奧區，當年策王遣車凌敦多布〔註226〕先至此南山內養馬半年，而後取藏（硃批：此一事未必真），往來之人俱無知者，總兵周瑛大約正月內必至招地（硃批：上好喜音），合併附奏。再奏者內地人民不見兵革已久，此次羅卜藏丹盡顯行悖逆，陝西通省為之震駭（硃批：應當如此），臣出示通行曉諭後今已安定，近有人自河南山西來彼處，訛傳甚為可笑（硃批：亦當有的），臣隨將西寧勦殺番彝，川兵到處戰勝，布隆吉大敗賊眾各情由行文山西河南巡撫，令其出示曉諭，以安人心，理合奏明。

硃批：甚是，甚好，西藏亦當與一示。

〔225〕川陝總督年羹堯奏請以孫繼宗補用涼州總兵摺[2]-[31]-757

臣羹堯謹奏。

〔註225〕顧實汗圖魯拜琥第二子鄂木布曾孫，父納木札勒。《蒙古世系》表三十六失載。《松巴佛教史》頁五五〇表七作青黃台吉覺丹，父仁欽堅贊額爾德尼黃台吉。

〔註226〕《平定準噶爾方略》卷四頁十八作策零敦多卜。《蒙古世系》表四十三作策凌端多布，父布木。此人為大策凌端多布，以區別於小策凌端多布。

查河西一帶地方惟涼州莊浪四面皆係羌番，孫繼宗向為莊浪參將，熟悉番情，頗能駕馭，自奉調出兵以後，附近番賊漸次跳梁以至於今，孫繼宗涼州總兵材也（硃批：所奏甚是，朕因此處現無空缺，原為鼓勵他之意，如此甚好，已有旨矣），用於他省非其所長，俟布隆吉築城完日以田畯調補新設總兵（硃批：此一缺田畯未必弄得來，何不即補孫繼宗），而以孫繼宗為涼州總兵，則人地相宜，駕輕就熟，目今先加總兵銜以鼓舞之，伊必感激聖主特恩，踴躍立功也，臣因涼州營伍廢弛已極，大為番彝所輕，非素有聲望於此地者不能彈壓，獲有成效耳，謹據實奏明。

〔226〕川陝總督年羹堯奏報將常壽鎖解西安查抄其家產等情摺
[2]-[31]-758

臣羹堯謹奏。

正月十一日〔註227〕臣遵旨將常壽即日鎖解西安監禁，抄其家私，有銀二千三百餘兩，暨衣服等物，查明賞給効力官兵，其兩妾並家人男婦俟開印後部文到日解送伊本旗都統查收，自康熙五十三年常壽來寧辦事，其所用度先係通省俸工，後係巴顏錢糧，十餘年來不下五六萬金，今於其家內抄得歷年自西寧送回銀兩置買田產薄一本（硃批：封送交與刑部），此事應如何辦理，伏祈聖主批示遵行。

硃批：有旨諭部矣。

〔227〕川陝總督年羹堯奏報預備接待策妄阿喇布坦來使摺
[2]-[31]-759

臣羹堯謹奏。

臣前接富寧安來文，知策妄使者於正月十六日〔註228〕自巴里坤起身，臣即行文與綽奇，令其於肅州預備款待來使，並安頓所帶買賣等項事，今復遣筆帖式一員馳驛前往，傳諭各地方官照前料理，並行文於山西巡撫諾岷，令遣官於所經過之處加意預備，謹奏。

硃批：甚好，去歲買賣一事綽綺〔註229〕等料理的少過預些了，你酌量吩咐他們。

〔註227〕雍正二年正月十一日。
〔註228〕雍正二年正月十六日。
〔註229〕《清代職官年表》巡撫年表作甘肅巡撫綽奇。

〔228〕川陝總督年羹堯奏報貝子允禵及其家人在西大通活動情況摺[2]-[31]-760

臣年羹堯謹奏。

貝子允禵近雖不敢顯行多事，而正月二十七日〔註230〕其所遣戈什哈巴牙拉八兒、阿敦達五丫頭、增壽三人以買草料看馬廠為名前至河州，地方文武即時鎖解到臣，臣一面將八兒等監禁，一面行文貝子，近據貝子回文自認不諱，貝子所有之馬不過三四十匹，些微草料西大通採買足用，而遣人往探邊隘，其意難信，臣俟羅卜藏丹盡之事稍有定局，即親自將八兒等夾審，或初次遣人試探，無有別情，亦必參奏（硃批：甚是，應當如是）庶足以儆其將來，其家眷亦稍遲兩月，此間之事皆可清楚，臣當奏明請敕令西來未晚也。勒世亨兄弟兩人不時令家人裝扮於西大通城外探問閑事，近又買民房十餘間，故意使人聞之，若將終身焉，此其山鬼伎倆也（硃批：此等伎倆如何逃得出你的範圍，但絲毫不可輕忽），謹奏。

〔229〕川陝總督年羹堯奏請速議覆允禵遣人前往河州一事並報鎖拿貪贓道員何廷圭等情摺[2]-[31]-761

臣年羹堯謹奏。

貝子允禵遣人前往河州一事，臣現具摺參奏，伏祈敕部速議發回，以警其後（硃批：當如是）。再原任涼莊道何廷圭已到西寧，臣即宣旨，將伊鎖拿，其外省各處產業臣已查問明白，於八日前遣人兼程移咨各省查追，諒無走漏之處，惟伊子原任刑部員外何錫田現在京城，其兌會各處捐納銀兩，皆在何錫田手內，臣於此次發摺之便雖帶有順天府府尹咨文，令其查拿，然此人向來交結太廣，伏祈特旨再行嚴飭順天府府尹速為究追，庶幾神奸巨蠹不致漏網也，謹奏。

臣此處所存奏事黃皮匣止有兩個，伏祈聖主將存內者檢發備用，謹奏。

硃批：不但嚴諭府尹，另着許多人料理，此事更嚴諭浙省矣，何田錫去冬大槩稍覺，已回浙去，已行文拿解去矣，何廷圭此人之惡實不容誅也。

〔230〕川陝總督年羹堯奏報貝子允禵日今情形並請於西大通改設守備摺[2]-[31]-762

臣年羹堯謹奏。

〔註230〕雍正二年正月二十七日。

貝子允禑之為人，外柔詐而內險狠，西大通之兵民尚未得知，但見其不短價強買食物，又不出門行走，竟似守分之人，是以不說允禑不好，此目今情形，若稱為賢王普槃感激，臣實未有所聞，其跟隨允禑之官員人等雖無生事之處，而一種不知畏懼之神情殊不可解。再西大通原有千總一員，額兵六十名，其餘一百四十名乃自西寧鎮標撥來貼防者，小人無知，易於買哄，而堡內地方不大，房屋湊集，難以稽查，終非久遠之策，臣欲以地方形勢為詞，具摺奏請改設守備一員，千總一員，額兵二百名，另於堡外建造營房四百餘間，以居兵弁，則堡內堡外出入之間一目了然，不特楚宗在彼便於約束，而貝子允禑亦無所施其誘惑之計，於事似屬有益，伏祈批示遵行。

〔231〕川陝總督年羹堯奏報貝子允禑及其家人近日行事頗知收斂畏法摺[2]-[31]-763

臣羹堯謹奏。

貝子允禑近日行事光景頗知收斂（硃批：此人奸詭叵測之人，非廉親王、允禵之比，此二人真還望其改悔），臣此次路過西大通未曾見面，蓋自臣參奏之後，恨臣固深（硃批：豈待此事），而其上下人等亦自此始知畏法，臣已留人在彼，凡貝子允禑有何行事之處，臣皆得聞知也（硃批：第一要緊，如此方好），惟勒世亨〔註231〕、吳爾慎〔註232〕兩人接臣十里，其語言神氣純乎詐偽而已，臣惟以大義曉之，令其感恩悔過，亦明知有人使其見臣來探口氣也，謹奏。

硃批：蘇努寔國家宗室中之逆賊，真大花面也，其父子之罪，斷不赦他也。

〔232〕川陝總督年羹堯奏報與貝子允禑行文五件及允禑回文五件摺[2]-[31]-764

臣羹堯謹奏。

臣與貝子允禑從無書信往來，凡有行文與貝子允禑者，伊之回文片子即裝於臣之原行封袋內發來，今查有臣之原文五件，允禑之回文五件，一併封呈御覽，謹奏。

〔註231〕《欽定八旗通志》卷三百二十一作滿洲正黃旗副都統宗室赫世亨。《平定準噶爾方略》卷六頁十三作副都統宗室赫世亨，《清世宗實錄》頁三二三作勒什亨。清太祖努爾哈赤長子褚英後裔，父貝勒蘇努。

〔註232〕《清世宗實錄》頁三二三作烏爾陳。清太祖努爾哈赤長子褚英後裔，父貝勒蘇努。

〔233〕川陝總督年羹堯奏覆遵令阿爾納速至布隆吉統領兵馬相機行事摺[2]-[31]-765

臣羹堯再奏。

阿爾納所領兵馬，臣已欽遵聖諭，行文令阿爾納速至布隆吉，將彼處所有兵馬統行管領，相機行事，謹奏。

〔234〕川陝總督年羹堯奏報貝勒延信已到西安並問貝子允禵在京不肯磕頭一事摺[2]-[31]-766

臣羹堯謹奏。

貝勒延信於二月二十九日〔註233〕已到西安，臣與敘話之間，問貝勒當日在雙山堡遇見貝子允禵，他說到京裡不肯磕頭的話，我忘記了貝勒是怎麼樣以大義責備他的，延信略遲了一遲答臣云，我不知道，臣云貝勒當日到甘州向我說的，難道忘了嗎，延信答云我並不知道，臣見其執定不認，臣亦不復再問，謹據實具奏以聞。

硃批：他不應就難了，即你二人當朕之面朕亦難明矣，不必向他細問了，真還有一處訪此言，且慢。

〔235〕川陝總督年羹堯奏報先行撤回土默忒鄂爾多斯兩處兵馬等情摺[2]-[31]-767

臣羹堯謹奏。

去年所調之土默忒、鄂爾多斯、山西大同兵馬沿途行走，惟馬覲伯領兵整肅，臣兩次行文嘉獎勉勵之（硃批：他亦奏過，朕恐不寔，因問你），若土默忒行走則不及山西之兵，而鄂爾多斯全無紀律，馬匹不堪已極，據延信驗看，回稱鄂爾多斯缺馬太多，現有之馬雖喂至四月亦不濟用，西海事畢，臣將土默忒、鄂爾多斯兩處兵馬先行撤回矣，謹奏（硃批：原係事急時之備用，未料及上天如此之大恩加佑也，如今任你相機料理可也）。

臣摺奏行調永昌副將劉紹宗領兵前往卜隆吉一事，蒙聖主俯念永昌地方緊要，恐其兵力單弱，誠無微不慮之至慮也（硃批：如今即不貼調西安五百兵亦可之事也，況諸料理皆與朕意符合，何罪之有，大笑話），臣於去冬行調西安撫標兵五百名貼防永昌，此摺內未曾聲明，是臣遺漏之罪，謹奏。

〔註233〕雍正三年二月二十九日。

〔236〕川陝總督年羹堯奏請皇上為蒙古人宣說佛法並報料理沿邊喇嘛寺廟摺[2]-[31]-768

臣羹堯謹奏。

蒙古信佛而不知佛法之本源，其見地行事終其身為佛教之罪人而不知改，若得聖主為之宣說，嚴加誡諭，是亦振聾驚聵之一大機會也，臣蒙聖主教導固深，知佛法原不因此為明晦，而治天下之道不能不於此，以施駕馭外夷之法，俟西海事竣，於善後事宜內臣另有一摺，料理沿邊喇嘛寺廟，使蒙古無所藉口也，恐塵聖懷，合先奏明。

〔237〕川陝總督年羹堯奏參江南按察使葛繼孔原翰林徐用錫不可重用摺[2]-[31]-769

臣羹堯謹奏。

國家之事莫大於用人，而人品之清濁邪正，較然兩途，一正人起用而羣邪為止斂跡，一匪人得志而君子為之懷疑，好惡取舍之際，士習民風每視此以為轉移，所謂不疾而速，不言而喻，其關係孰有重於此者。如江南按察司葛繼孔聞其已陞侍讀學士（硃批：此人朕原不是好意調進的，到來自然有處），其人少年時卑污下賤，及入仕途鑽營備至，士大夫之所不齒，而原任福建巡撫陳璸薦之於聖祖皇帝（硃批：此事全曉得，朕即位即問及查訥必〔註234〕，他亦被其愚惑，後何天培到，又着寔信用他，別處多言不是的甚多，聞此人畫吏出身，相貌魁吾，言談俱便，不過調進驗看之意，非欲用也，所奏甚是），臣曾具摺薦陳璸之清操，因此一事臣與陳璸絕往來矣，若葛繼孔者不可使污名器，更不可以玷清班。又廣西巡撫李紱保奏原任翰林徐用錫為書院教授，天下聞之未免駭然（硃批：此奏更是，但總不知此人，他還要以府道題用，朕未準，令其出數年力再看，若如此之人教授亦使不得），此臣之己卯同榜舉人，臣知之甚悉，其人奸僻陰險，外質內巧，原任大學士李光地薦之於聖祖皇帝，用為翰林，招搖作弊，無所不至，李光地又復密劾，乃致罷黜，斥革之日合長安士夫無不仰頌聖祖之神明，此人斷不可以為官，況教授生徒，居然師位乎，臣與此兩人皆無嫌隙（硃批：總不用這些閑話），亦無交情，若知而不言，則不忠之罪大矣，伏祈聖主乾斷，以清吏治，以正人心，臣羹堯謹奏。

硃批：如此方是，已有諭矣。

〔註234〕「查訥必」為「查必訥」之誤。

〔238〕川陝總督年羹堯奏覆程如絲被參一案所發上諭和御批已與石文焯恭看遵行摺[2]-[31]-770

臣年羹堯謹奏。

四川夔州府知府程如絲被參一案，聖主原發上諭一道並御批臣摺一件，臣已遵旨與巡撫石文焯恭看遵行，理合奏聞，謹奏。

硃批：知道了。

〔239〕川陝總督年羹堯奏報川撫蔡珽威逼知府蔣興仁致死等情摺[2]-[31]-771

臣年羹堯謹奏。

四川巡撫蔡珽近日為人性躁而酷刑，居官聲名甚是不好，重慶府知府蔣興仁剖腹而死，夔州知府程如絲因楚民買塩勒要銀兩，打死多人，以致湖廣總督楊宗仁行查，程如絲自縊而死，臣聞其大槩，未得其詳，俟蔡珽題報兩知府身故本章到京之日伏祈聖主特簡大臣前往湖廣之彝陵地方，會同楊宗仁提取家人執法查審，便可得其實情，此兩知府身死，若蔡珽以病故捏報，臣不與之會題也，合先奏明。

〔240〕川陝總督年羹堯奏報知府程如絲自縊係傳誤及蔣興仁身故原由摺[2]-[31]-772

臣年羹堯謹奏。

臣前奏四川夔州府知府程如絲自縊一事，臣遣人查訪，今已回陝，程如絲現在任所，因去年楚省乏塩，入川私販者甚多，該府阻截私販，以賤價勒買，復以貴價賣給楚民，或收價而不給塩，或因楚民不買該府之塩而私買川商之塩者，乃竟聚集獵戶衙役以鎗砲打死楚民前後共數百人，上干天地之和，是以商民有自縊之傳說，臣亦有不實之奏也（硃批：原預奏聞之事，有何不實之奏），臣現已行文川撫，令其查明會參。至重慶府知府蔣興仁剖腹之故，蓋蔣興仁居官尚屬自愛，自見巡撫以來，無一好言相待，凡遇文書告示，皆長篇痛罵，而去年秋冬當面以忘八蛋（硃批：豈有此理，此豈蔡珽為人所為之事也，此本現折在此，原欲等程如絲本到同發，今朕意欲使人問明蔣興仁死不明與蒙混隱奏之故，你意如何）辱之，以致該府憤激，自甘非命也，謹奏。

四川布政使羅殷泰居官為人誠如聖諭，不可以為巡撫，臣竭力誡飭，猶是勉供職守之人，以不更易為是，謹奏。

〔241〕川陝總督年羹堯奏覆蔡珽於川省無益陝臬司王景灝藩司胡期恒皆為川撫好人選摺[2]-[31]-773

臣羹堯謹奏。

蔡珽之在四川一舉一動臣皆得知，其言語行事與當日在翰林時截然兩種（硃批：如此等改常者皆屬手病），臣每念及此通身汗濕，悔臣之不識人矣，以私廢公，臣自信今生斷不犯此，然未至於已甚，臣亦不肯以上聞人才難得，而督撫大吏頻頻更易，非地方之利，半載以來，臣深知蔡珽於川省無益，前具奏時擬欲剴切言之，而川省現有兵事，換一生手恐致遲悞，且現在彼處之色爾圖精神衰憊，布政司羅殷泰打平太重，辦事不及，那親〔註235〕忠厚無才之人也，蔡珽以五千兩餌之，彼受而不卻，不可以當此重任，此外有能勝川撫之任者西安按察司王景灝，布政司胡期恆，皆優為之，而目今皆不能移動，川省届在邊陲，漢番羌夷紛紜錯雜，非虛心明敏之人未易言治蜀也，此臣所以忍而有待之故，今蒙聖恩下問，臣敢不據寔以對，惟懇聖主少待數月，則川省可得一好巡撫，臣亦得以放心矣，謹奏。

硃批：應奏時奏，不可悞遲，崇慶〔註236〕知府竟瞞隱奏來，豈有此理，將此本現留中，候夔州本到來一併差人審理，羅殷泰還將就否，此人朕看還在可用之邊，但巡按去不得。

〔242〕川陝總督年羹堯奏請將在川辦事之江南道馬世烆留任摺
　　[2]-[31]-774

臣羹堯謹奏。

虧空解任一事，臣於雍正元年十一月二十六日具有條奏，臣平日奏摺皆係六行，惟此摺字多，繕寫七行，今蒙聖主特旨，陝省官員暫停解任，浩蕩天恩，臣復何言，惟是江南糧道馬世烆向在川省辦事，臣得其力為多，而打箭爐一路進藏兵馬隨軍輓運兵糧，此一人之功也，若不蒙聖主授以今職，臣幾無以對此屬員，且其父未完河工核減銀兩，伊以糧道羨餘二年可完，若竟解任，不特此銀無有完期，而此難得之才具永無効力之路，深堪憫惻，於公於私臣皆不能不叩懇天恩，特予留任，使得奔走圖報，不啻臣之身受殊恩矣，臣冒昧謹奏。

硃批：馬世烆爾雖不奏，朕亦留他，已有旨，部中記矣。

<hr>

〔註235〕《欽定八旗通志》卷三百十八內大臣年表雍正三年作護軍統領那親，六月革。
〔註236〕即重慶。

〔243〕川陝總督年羹堯奏將恩賞荷包寶石等物賜給岳鍾琪等進勦 得力官員摺[2]-[31]-775

臣羹堯謹奏。

二月初二日〔註237〕蒙恩頒賜荷包四個，寶石四件，以為岳鍾琪黃喜林武正安宋可進佩帶，但此次進勦尚有副將王嵩紀成斌二人，臣不得已將臣所有之小荷包兩個，各裝寶石一件，添給二人，悉傳旨令其佩帶前往以鼓勵之，武正安王嵩宋可進紀成斌因其進勦，亦傳旨令其帶翎，合並奏明。平安丸太乙錠治病甚效，伏祈聖恩再行頒賜，以備軍中之用，謹奏。

硃批：甚好，平安丸太乙錠又發些來備用，黎洞丸亦發些來。

〔244〕川陝總督年羹堯奏覆斟酌可帶翎子之總兵副將名單及 岳鍾琪感激恩賜盔甲摺[2]-[31]-776

臣羹堯謹奏。

臣因奏明賞給四川副將張玉、紀成斌書倫馬褂二件，蒙聖主諭旨，此二人朕亦聞得，若可以賞翎子，以獎勵傳旨賞他帶，若帶翎的特多了，又不辨輕重處，則寢之，回奏，欽此。臣知聖主萬事周到，所慮不無詳盡，臣用兵以來，仗聖主之賞罰以鼓三軍之氣（硃批：理當如是，爾之功即朕之功，爾之賞罰即朕之賞罰，如何分得一二，今日信不及你即朕自疑也，他日不保全你即朕自暴自棄也，放心舒情暢意做去，替朕成功，朕再不負人之人也，自己必保得定，諒你也信得及，勉為之），每戰勝歸營，自副參遊守以至外委兵丁，凡有奮勇効力者皆酌予賞賜以獎異之，凡有違犯軍令者皆申明紀律以懲治之。至於賞給翎子既關重大，而綠旗官兵亦視此為最榮之典，臣已斟酌可帶翎子之總兵副將武正安、宋可進、王嵩、紀成斌，俟有進勦的期，然後傳旨准其帶翎以鼓舞之，其有益於軍務不小也（硃批：甚好，兩個兩眼翎賜你的，其十個與帶領的大小官員等，你着量賜與達鼐之外京裡來的侍衛們，不必為琺瑯管賜來的），伏祈批示以便遵行。岳鍾琪此次勦番歸來，臣親捧聖主所賜盔甲並宣傳溫旨，岳鍾琪跪云，主子待我已十分了，我將如何做臣子纔好，眼淚直傾（硃批：你此奏朕看了都眼紅了，朕也在此想你們力出已十分，朕如何加恩好，一理也，但此時用爾等効力之時，如何算得，恩之一字，他年之報功臣壞良心，又在上蒼之鑒察也，日月正長感將在後，君臣之間情理不重於此者，皆傷倫敗俗之輩，

〔註237〕雍正二年二月初二日。

當如是也），不復能再出一語，聖主之恩，誠所謂淪肌浹髓，感人心脾矣，謹附奏以聞。

〔245〕川陝總督年羹堯奏報遊擊岳含琦隨征表現及岳鍾琪年齡生辰摺[2]-[31]-777

臣年羹堯謹奏。

遊擊岳含琦此次隨征，戰陣勇敢，衝鋒破敵之才也，其胸中才識，至於副參則滿其量矣，臣問岳鍾琪亦如此說，謹奏。

提督岳鍾琪年三十九歲，九月二十三日〔註238〕戌時生，謹奏。

〔246〕川陝總督年羹堯奏報西寧喜得瑞雪人心安定摺[2]-[31]-778

臣年羹堯謹奏。

臣自用兵以來，西寧地方雖間有微雲，而地土未得透潤，不能不晝夜懸念，今於三月初二日〔註239〕巳時起至亥時止，積雪六寸，人心安定，農事有成，正值西海事竣之際，所有邊地靖寧之狀，寔足以上慰聖懷，謹附奏以聞。

硃批：此寔上蒼憐爾忠誠明示昭感者，朕寔喜幸不盡，江南亦覺稍旱，二月二十一二日接連大雨，河水皆長，糧船不阻，山西山東初三同日得透雨，他省尚未報到，真可喜幸者。

〔247〕川陝總督年羹堯奏報岳鍾琪並從征將士凱旋進城宣讀上諭官兵歡聲雷動摺[2]-[31]-779

臣年羹堯謹奏。

臣恭奉欽賜奮威將軍岳鍾琪並從征將士上諭二道，因三月二十八日〔註240〕岳鍾琪凱旋進城，臣禮應迎接官兵，即於郊外大兵齊集之所宣讀上諭，自將軍以下至兵丁免冠叩首，歡聲雷動，當此追奔逐北，遠征辛苦之後，一聞上諭而三軍之氣踴躍百倍，臣料理軍務十年以來未見有如今日者也，除另疏恭謝外，謹先具奏以聞。

硃批：覽奏朕亦踴躍加倍矣，十年以來從未立此奇功，自然不得而見之也，總之皆你一人的好處，朕此生若負了你，從開闢以來未有如朕之負心之人也。

〔註238〕康熙二十五年九月二十三日。

〔註239〕雍正二年三月初二日。

〔註240〕雍正二年三月二十八日。

朕前諭字字出於至誠，朕一切賞罰若有一點作用籠絡將人作犬馬待的心，自己亦成犬馬之主矣，朕從不肯輕人，你是知朕者，可將朕之心不時曉諭兵將等，朕凡為皆出本心的，令他等知道。

〔248〕川陝總督年羹堯奏陳治理各省土司管見並擬呈嚴禁漢奸約束土官上諭摺[2]-[31]-780

臣羹堯謹奏。

自古帝王之治天下也，獨於內地之土司有因時制宜之法，而無一勞永逸之計，蓋國家每當開創之初，掃除羣孽，廓清疆宇，不暇及於深山阻絕之區，而承平安定以後，所以待土司者羈縻駕馭而已，或因小事而懲治之，或因大事而改土歸流者亦有之，若果能畏威守法，俯首聽命，亦斷不肯勞師動眾收此荒山僻壤無用之人，即各省土司種類不一，而性情習俗大槩相同，間或出一兇狠桀驁之人，亦不過於其同類中恃強欺弱，劫掠為事，終無大志耳。惟有內地之無賴流棍略識文義，或曾犯法，無處藏匿，竄身於土司之家，或為主文，或為管事，百般教唆，魚肉土民，無所不至，誠有如條奏所云者殊堪憫惻也，臣今擬有上諭一道，嚴禁漢奸，約束土官，如是而土民之受福者已不知其幾千萬人矣。至於改土歸流之說，必待其罪惡彰著而後可行，若以此為令，則兩廣雲貴湖廣川陝七省之土司人人自危，彼亦世守之祖業，誰肯束手就裁，萬一有漢奸乘釁而煽惑之，所關甚大，不能不計及於此也，謹奏。

〔249〕川陝總督年羹堯奏覆官兵所借錢糧查造清冊宣旨准免扣還摺[2]-[31]-781

臣羹堯謹奏。

官兵所借錢糧臣遵旨現在查明造具清冊，俟造完之日一面宣旨准免扣還，一面具疏奏聞，並將細冊送部查核，至卜隆吉所有官兵俟彼處事完，再當宣旨免其扣還，另行造冊送部，其始終未有行走者自當分別，不得濫予豁免，以啟倖恩之念，謹奏。

硃批：是。

〔250〕川陝總督年羹堯奏覆遵旨設法套問黃叔琳案內人沈竹並錄其話進呈御覽摺[2]-[31]-782

臣羹堯謹奏。

黃叔琳一案兩淮商人賬簿內北費五萬之事，臣遵旨設法套問沈竹至再至三，始據伊說出前後情由，臣謹將沈竹所說之話另錄一單，進呈御覽，謹奏。

硃批：此事已發審矣，將沈竹照部文速速發來，恐他在路上着急，若有他故是你的干係，着寔差的當人押送來，況此事他亦無甚大罪，說明與他，打發來。

〔251〕川陝總督年羹堯奏報派督標守備高勉押送沈竹由驛進京摺 [2]-[31]-783

臣羹堯謹奏。

二月初二日〔註241〕臣接准兵部咨文，即令標下守備高勉押送沈竹於初三日由驛進京，交投兵部，謹奏。

硃批：朕不曾言過，此人必遭大禍，你尚望其改悔後仍可造就，此人朕深悉者，今應朕言也。

〔252〕川陝總督年羹堯奏參副將潘之善在卜隆吉縱兵搶掠現調來西寧片 [2]-[31]-784

副將潘之善乃營伍內廚子出身，昔年聖祖西巡，施恩於潘育龍，令送一子侄入充侍衛，而潘育龍即認潘之善為侄孫送進（硃批：豈有此理，果真乎，向日聞得是一武夫，又吃酒，但不知不堪之於此極），後補遊擊，防守哈蜜，以小事報成大事，遂致用兵不休者，此人實開其端也。臣前年踏勘沙州，富寧安遣伊會同臣往，臣得深悉其不堪，今次領兵至卜隆吉，全無紀律，縱兵攜帶武器搶掠附近客民草束五萬餘觔，又搶官草五千餘束，硬燒官車五十輛，官木數千根（硃批：如何使得），漸不可長，孫繼宗苦口相勸，而潘之善怒氣咆哮，但此時非可參劾執法之際，臣以彼處大員太多，西寧官不敷用，行文調其來寧（硃批：是），將來斷難寬恕，卜隆吉一路漢兵現有副將董紹祖孫繼宗，臨期以總兵李耀副將劉紹宗益之，儘足調遣，臣謹密奏以聞。

硃批：凡有不妥者，再不可姑容以悞事。

〔253〕川陝總督年羹堯奏報千總馬忠孝招撫上下白塔有功令其照遊擊品級辦事摺 [2]-[31]-785

臣羹堯謹奏。

〔註241〕雍正三年二月初二日。

西寧正在用人之際，千總馬忠孝招撫上下白塔，功績可嘉，臣已宣旨照遊擊品級辦事（硃批：好），俟有缺出再行題補，上下白塔地方臣因其新經投順，已分兵二千名駐扎彼處，一則防守邊汛，再則就草餵馬，可保無虞也（硃批：一舉兩得，是當之極），謹奏。

〔254〕川陝總督年羹堯奏陳榆林道朱曙蓀不宜調任河東運使及沈廷正破格出力摺[2]-[31]-786

臣年羹堯謹奏。

河東運使一缺，臣去年原擬以榆林道朱曙蓀調補（硃批：此人非此缺之料也），因其初任外吏且少待以觀其才守，而一年以來臣深悉其人矣，其於一切事情言之娓娓可聽，而行不逮言，非有意推諉，乃其精神心力不能耐煩劇也，且過於怕窮，臣每資助盤費，而伊以榆林清苦，意致為之索寞，此不可任運使者，臣所以斟酌再四，務求有益於鹽政之人乃敢以上請也，至沈廷正（硃批：此人原去得，朕先恐他過於〔註242〕聰明特露，福量差些，今有此好吏治，自然福緣善積也）近日破格出力，寔為可喜，若加以道銜管知府事以鼓舞之，是又格外之聖恩矣，謹奏。

〔255〕川陝總督年羹堯奏報風聞福建民人買鹽私販及奪鹽傷命情形摺[2]-[31]-787

臣年羹堯謹奏。

臣近日聞得福建鹽政因商人無力轉運，將鹽商悉行革退，交地方官辦理，而奉行不善，以致通省無籍小民人人買鹽私販，而私販夥內又有恃強爭鬧奪鹽傷命者甚多，此事關係重大，臣理應查實乃敢上聞，而往返數月，恐至別生事端，臣冒昧具奏，伏祈聖主密問福建督撫確是如何情形，寧可不似臣之所聞之為幸也，謹奏。

硃批：此事朕先亦有聞，問過滿保，他回奏之景不似如此，今見此奏，朕再嚴切問他，今日恰好有滿保奏摺來人在京，因便將滿保奏摺發來你看。

〔256〕川陝總督年羹堯奏陳料理西海蒙古與陝西四川雲南沿邊地方諸項事宜摺[2]-[31]-788

臣年羹堯謹奏。

〔註242〕「過於」二字硃筆塗掉。

　　西海蒙古與陝西四川雲南沿邊地方番子若不趁此機會料理妥當斷斷不可，然各處情形通身大局，統俟臣斟酌具疏奏請施行，今因聖諭所及數條，略為陳奏，則邊地形勢亦可得其大槩。查得枯枯腦爾〔註243〕巴爾喀木、衛、藏原係唐古特之四大國，固什汗逞其兇暴，奄有其地，西海地面寬廣便於芻牧，喀木居民稠密，饒於糗糧，以此兩國隸其子孫，自洛龍宗以東喀木之地納添巴於西海各台吉者也，洛龍宗以西衛與藏之地布施於達賴剌麻、班禪者也，即碟巴〔註244〕、噶隴〔註245〕所云十三萬唐古特布施與達賴剌麻，亦只就衛地所屬而言，若并藏與喀木而計之，又不止於此數也（硃批：此朕不深知，覽此奏明白矣），然則洛龍宗以東當為四川雲南所屬，因西海之悖逆而取之，救十數萬之唐古特於水火之中而登之袵席，其詞嚴其義正，非取達賴剌麻之香火田地所得而藉口者也（硃批：若如此，妙不可言），臣具疏時尚有兩條施恩於達賴剌麻班禪，以明扶持黃教之意（硃批：甚好，必使他們心肯，則蒙古總無事矣）。

　　查此次擒獲蒙古與投降者，其中罪惡輕重不等，若羅卜藏丹盡、阿爾卜坦溫布、班住爾拉卜坦〔註246〕、吹拉克諾木氣、藏巴扎布、達什端多〔註247〕，此六家罪大惡極，其部落中之強狠與我對敵者悉已誅鋤，所有老幼婦女斷無再留西海之理，臣當宣旨分賞此次出兵之滿漢官兵，分頭押解，沿途量給口糧以全其命，以散其勢（硃批：若可如此，有什麼講得），若照察哈兒料理，每年所費太多，不得其力也（硃批：恐在兩間，所以有前諭，此亦舊舊的意思）。

　　查松潘至西寧，由口外行走二千餘里，其水草風土甚為薄劣，若收入內地，安得如許兵馬為之防守，而插漢丹進無處安頓（硃批：地方風土不甚悉，據輿圖上的意見，你自然有主見的，所奏是），且丹仲所屬地方亦甚寬廣，不若將寧夏涼甘肅以北賀蘭山坤都侖一帶所有固什汗子孫如阿寶等移居其地，既以

〔註243〕　即青海湖，這裡代指青海地區，《欽定西域同文志》卷十四頁一載，庫克淖爾，蒙古語庫克青色，淖爾水聚匯處，即青海，地以水名，亦稱庫庫淖爾，音之轉也。

〔註244〕　常寫作第巴，藏人於官之統稱，大者總理藏事，小者一村之長亦稱第巴。

〔註245〕　噶隴即噶隆，《欽定理藩部則例·西藏通制》載其名噶布倫，亦譯噶卜隆，噶卜倫，噶倫等，清制，西藏額設噶布倫四人，三品，總理西藏大小事務，間有僧人一名充任者，其餘時間皆為俗人任之。

〔註246〕　顧實汗圖魯拜琥第二子鄂木布曾孫，父納木札勒。《蒙古世系》表三十六失載。《松巴佛教史》頁五五〇表七作青黃台吉覺丹，父仁欽堅贊額爾德尼黃台吉。

〔註247〕　《蒙古世系》表三十七載達什敦多布，顧實汗圖魯拜琥第七子瑚嚕木什之孫，父哈坦巴圖爾，疑即此人。

分插漢丹進之勢，而陝西北面沿邊可增膏腴之地十數萬頃，於我邊民大有裨益（硃批：但阿寶恐貪舊地乞恩，必得辭預先向他說的樂從方好，但阿保此一部落漢仗強，令住西海，必令永永無能為方好，此一帶是有名的好地方，若可如此，好之極也，徐徐行之，暫密之），至插漢丹進所住地方，此一大灣子內，南有松潘，北有河州，首尾受制之區（硃批：若如此，何妨乎），居此地者，終無能為也。

查西寧北川口外由上下白塔至巴爾陀海、至大通河、至野馬川、至甘州之扁都口，五百餘里土厚水清，草豐林茂（硃批：向日聞得此一帶地利無窮），燒不盡之煤，伐不完之木，芻牧之美，合西海數千里計之無有逾於此者，此前代罕東衛、曲先衛兩之舊地也，因此一番復為內地，裁涼州永昌甘州南山各隘口零星無用之營汛，設一總兵於大通河北，名曰大通鎮，則甘州直走西寧不特涼州莊浪永昌永無夷患，而西寧亦無孤懸之慮（硃批：暢快之極，妙不可言），百世之利也。古人開河西五郡以斷匈奴之右臂，外有大黃山天山以為之限，內有涼甘肅以為之防，使其不得南北馳騁耳（硃批：古人制度自然亦是費番苦心籌畫及此者），今天山以南既為夷有，而卜隆吉一帶又為所據，是夷居其三面而我居一，今悉與更定，大黃山天山之間直至黨色爾騰，有一蒙古敢入我界即擒拿正法，則肅州以西討來川、常馬兒河源等處膏腴之地不知其幾千頃也，又不僅赤斤、靖逆等衛新集戶口得以高枕而臥矣，謹奏。

硃批：覽奏朕皆為之流涎矣，但獲如此大利朕寔畏之，總在上天如何賜佑耳，此一番事朕寔惶恐而過分之至，在你處若有一字裝腔作調，可以發誓，你也曉得朕心的。

〔257〕川陝總督年羹堯奏陳料理西海蒙古不必更改服色及編立牛彔為第一要務摺[2]-[31]-789

臣羹堯謹奏。

料理西海松潘巴塘中甸以及卜隆吉涼甘肅沿邊一帶地方，以為久安長治之計，臣已逐條與岳鍾琪籌畫，擬有疏稿，俟卜隆吉事竣，會盟有期，臣一面奏請，一面辦理（硃批：自然要當的）。惟蒙古更改服色一件，既伊等所不貫（硃批：甚是，前因有一人願改服色，朕偶意及此，閑寫來的），而口外無人之處，陽奉陰違，頗有關係，且與漢人無有分別，難以稽察奸宄，暫且不必。若編立牛彔則第一要務也（硃批：牛彔當兩樣，如羅卜藏丹盡等無主俘虜當如

察哈拉〔註248〕，與他們錢糧好，如插漢丹盡等之有主者當如各扎薩克編牛彔古山好，雖費些錢糧，甚穩當，朕意雖如此，總在你合宜料理），謹奏。

臣岳鍾琪叨蒙曠典，實為過分，寧復更有希冀，但接准部文，岳鍾琪之封公與臣之精奇尼哈番（硃批：自然頭等）皆無世襲字樣（硃批：自然世襲），而精奇尼哈番亦無等地（硃批：發旨諭部誥命上註上），書寫官銜（硃批：只管如此寫，已諭部矣）莫知所從，伏祈聖主明諭部臣，以便遵行，謹奏。

〔258〕川陝總督年羹堯奏報王景灝移交就緒旨令赴京並請以黃焜陞補陝臬摺[2]-[31]-790

臣羹堯謹奏。

王景灝所辦之事悉已料理清楚，伏祈發旨給臣，以便行令赴京（硃批：前見鐲子山事少遲滯，已諭部矣），王景灝既蒙天恩擢用，其所遺西安按察司員缺緊要，臣看得洮岷道黃焜（硃批：此人朕看原好）乃黃國材之長子也，人甚明白，而且老成較之伊弟山東巡撫黃炳則兄勝於弟多矣（硃批：朕之服你識人之處，衷心嘉之），伏祈聖旨以黃焜陞補西安按察司可謂得人（硃批：王景顯〔註249〕到來一同發旨，此缺原要諭部問你）。再寧夏道單疇書人忠厚而操守平常（硃批：奇極，再不想此），以之調補洮岷道事簡之處（硃批：此人恐年老才短不勝此任，用時朕向旧旧說過用去看，如不好你再不容的，今果然矣，但未料到操守也），人地庶可相當，而寧夏道員缺則以奉旨發陝候補道員之董新策（硃批：此人亦恐迂軟，量你不得錯，況深知之人你題補好，黃焜旨下後令部諭問你）補授，或出特旨或令臣題補，統祈聖裁，謹奏。

〔259〕川陝總督年羹堯奏陳西海戰後可用之人甚多請予陞補摺[2]-[31]-791

臣羹堯謹奏。

川陝兩省將弁經此一番用兵行走學習，將來可用之人甚多（硃批：先前經過人員皆已將用盡，而皆已老矣，今此一番人物可足三四十年之用，況先前人選未經你們這兩個好教師，但有一點心胸者，此番甚好），俟秋間諸事大定，臣始能指名開列，某某留陝，某某可用他省也。宋可進生長西北，熟於邊情，是有將略者（硃批：但南贛尚未得人，你可斟着一人同留，宋可進在邊處具本

〔註248〕即察哈爾。
〔註249〕原文如此，即王景灝。

來奏），以之為新設總兵則威行塞外，若用於南贛非其所宜，臣曾親至其地，三省交會，非有將才者不可也。雲南總兵閆光緯〔註250〕缺以漢中副將馮允中當之，河南總兵吳如譯缺以副將紀成斌當之（硃批：好，可密告紀成斌着他預備畢來京陛見，候他到來，朕發旨從都中打發他往任），皆能勝任。廣東總督寔為要缺，若熟於彼處情形（硃批：奇得緊，朕發此諭後楊琳上了遺本，朕因地方要緊亦忘記問你，隨將孔毓珣用兩廣總督，此人亦好，朕自即位來一切奏章與料理事宜，實心任事，至於武備尤加留意，料不錯的，胡期恆大槩配四川，那秦〔註251〕前又奏鼓鑄□鉛一事，蔡珽老大不妥，等你斟着妥當，朕欲即發旨），而又能整理者非范時捷不可，西安巡撫若以布政司胡期恆當之，寔能休養元氣，藩臬皆關係重大，若蒙聖恩如此擢用，臣另當開列可膺藩臬者奏聞。惟是西寧地方窄小，大兵不宜久駐（硃批：甚是，真大奇，朕正欲發旨者），諸物漸貴，時症漸多，俟會盟事畢，臣由寧夏回至西安，清理積案（硃批：甚是甚好），其一切經理番夷事情，非旦夕可了者，臣量留漢兵三四千名，令岳鍾琪以奮威將軍彈壓料理（硃批：好極），無不妥貼，計算日期，不過四個月臣可回署，然後令（硃批：且不必）范時捷赴京面請聖訓（硃批：令他來，想此人平和安靜，可大用者），前往新任，伏候聖裁，仍祈批示臣，以便一切留心備辦也，謹奏。

硃批：李馥雖尚□些，人甚用得，才情去得，辦事認真，去冬朕命他催漕，因漕運徂凍一事，張大有李維鈞同時在京，朕命與怡、舊同□□共議，此數人未議要事，後李馥回來總不與他相干之事條奏，甚悉，一力擔荷，去歲數省糧船未被凍者皆其一人之功，後來嘗與他議論，是個赤心人，朱軾亦說他好，就是性氣些，口直些，人用得，今用了廣西巡撫，想來是好的。

〔260〕川陝總督年羹堯奏報將老張家喇嘛骨殖移厝西寧廟內並處決達克巴呼圖克圖等事摺[2]-[31]-792

臣羹堯謹奏。

前發兵進勦郭隆寺賊番之日臣已密囑岳鍾琪有老張家喇嘛骨殖在此寺內，當為留心，及勦賊事畢，岳鍾琪細問擒獲之僧人，始知老喇嘛木塔係銀皮包裹，為達克巴呼圖克圖〔註252〕剝取銀皮（硃批：豈有此理，大笑話），塔巳

〔註250〕《雲南通志》卷十八頁一三八作開化鎮總兵閆光煒。
〔註251〕《欽定八旗通志》卷三百十八內大臣年表雍正三年作護軍統領那親，六月革。
〔註252〕本部分第一八八號文檔作達克嗎呼圖克圖。

－238－

破壞，臣令王景灝將老喇嘛骨殖移來暫厝西寧城外廟內（硃批：老喇嘛遺身到是甚要緊的，今既得了破損些，重收拾更好何妨乎，再老喇嘛前一背〔註253〕遺身亦在此寺內，亦可請來一處安放好），將來為之製塔掩藏安放塔爾寺，庶幾穩當也，臣因此將達克巴呼圖克圖捆縛，又於其住處搜出銀三千七百餘兩，隨加刑訊，據供遣人剝取木塔銀皮並派斂眾僧銀兩（硃批：寔寔可惡之極），俟大將軍放我回寺便往遠處居住等情是實，如此賊僧誠所謂窮凶極惡之徒，臣是以於取供後即將賊僧正法（硃批：佛法現報也），銀兩亦入官充賞矣。

　　再阿齊奴木汗〔註254〕罪惡最重，解到西寧之日臣原欲將伊即行正法，一則因其所屬三百餘人自去年六月始終從羅卜藏丹盡為亂者，並其兩婦人皆未有着落，臣令其遣人招來，今已有信，二月半後可到西寧，俟其到來擇頭目之兇惡者殺之，其餘分賞軍前有功官員，移之內地。再則西海事平之後務須整頓兵馬，預備周到，將現有之插漢丹進、額爾德尼額爾克托克托奈、索諾木達什並先投降後投降與進勦擒獲之各台吉，卜隆吉一帶謀逆之各台吉齊集會盟處所，分別功罪，施行賞罰，或除或留，安插部落，區畫番夷，清理中外，乃能了此大事，若阿齊奴木汗者於彼時殺之未為晚也（硃批：是當之極）。至諭旨下問吹仲呼圖克圖〔註255〕，臣未知此係何人（硃批：吹卜仲呼圖克圖〔註256〕還是受過封號冊印的一個老喇嘛，前者九家台吉字內還有勅封諾木漢皆受害，我等畏而不敢來之語），遍問亦無知者，伏祈批示，以便查明覆奏也，謹奏。

　　硃批：

　　臣羹堯蒙聖恩諭臣，接見蒙古人等不可恃勇疏忽，臣凜遵防備，時加保重（硃批：即會盟時着寔慎重要緊，再不可忽略），斷不使有意外之虞也，謹奏。

〔261〕川陝總督年羹堯奏報得獲小張家喇嘛等情摺[2]-[31]-793

　　臣羹堯謹奏。

　　達賴剌麻使者係本年二月十六日〔註257〕自藏起身，四月十五日至西寧，

〔註253〕「背」應為「輩」之誤。
〔註254〕此人為察罕丹津之侄，《蒙古世系》表三十九失載，《如意寶樹史》頁七九〇後表四載其名阿其圖諾門罕，父名巴布。
〔註255〕《乾隆朝內府抄本《理藩院則例》》頁一二八載，青海親王羅卜藏丹晉，奏請郭隆廟垂卜藏呼圖克圖封號，授為黃教額爾德尼諾門汗，給以敕印，即此人。
〔註256〕即本文檔前文之吹仲呼圖克圖。
〔註257〕雍正二年二月十六日。

其前後給臣書信三封，皆寫月初一吉日，而不書某月，想亦如內地泛言朔旦吉日耳，謹奏（硃批：剌麻文章原難解）。

前者小張家剌麻為眾番僧引藏雜隆地方，恃其山險林密，任呼不應，岳鍾琪領兵到彼，四面合圍，再三曉諭，而眾番亦自知不能抗拒，始將小剌麻送出，隨將彼處番眾准其投順，並未傷害。現今小剌麻左右有沙昆九人，俱係唐古特，內有名 ⸺⸺（硃批：此人忘記了）者與 ⸺⸺ ⸺⸺（硃批：此人乃不堪的一個人，當日老剌麻時原是一个既近服侍的一人，剌麻所餘之物皆此人獲大半之利）皆服侍老剌麻舊人，而 ⸺⸺ ⸺⸺ 惟藉小剌麻為名騙人財物，今年二月間臣遣其入山迎請小剌麻，遂不知逃往何處，⸺⸺ 向在京中，於各處瞻仰天顏數次，並深知聖主禮重老剌麻之事，惜其人無大知識，每問至此處，但叩頭不已，亦無所言。臣又問小剌麻尚能記憶前身之事否，據云我四五歲時恍惚記得一二件（硃批：觀此答雖算藏拙，非老剌麻也，若是斷不如此答），今不復記憶矣，此言亦善藏拙，蒙古西番每借呼畢爾漢以聳動大眾，今既為我得，亦可省卻無限葛藤也（硃批：既〔註258〕好的事），謹奏。

〔262〕川陝總督年羹堯奏報小張家喇嘛應對敏捷言行坦然摺
[2]-[31]-794

臣羹堯謹奏。

此小剌麻年僅八歲，臣與坐談移時，而目光四顧，應對敏捷，其行動語言皆坦然本色，不必其為老剌麻後身，而確係善根不泯再來人也，惟願其良緣厚福，得一明師教而成之，亦黃教中有用之人矣，謹奏。

硃批：若未出花，不要送到京，近京住下請旨。

〔263〕川陝總督年羹堯奏報自藏撤兵及晉撫諾岷居官行事等情摺
[2]-[31]-795

臣羹堯謹奏。

鄂賴自藏回川是其疏忽處，今既回藏，且聽其在彼料理，周瑛之兵俟會盟後行文撤回，暫駐裡塘彈壓，計算撤兵文書到藏亦已七月，正其時也，至駐藏探信之員外郎常保須至明年青草出時撤回乃可耳，謹奏。

山西巡撫諾岷居官行事盡心出力，惟此次條陳所謂智者千慮亦有一失，部臣駁議，甚為周到，此斷斷不能行之久遠者，若欲防守道路，但使各墩汛原有

〔註258〕「既」應為「極」之誤。

之兵不致廢弛，斯亦無慮矣，謹奏。

臣蒙聖恩所賞精奇尼哈番求給臣妻所生之子名年斌者，俟臣陛見到京具摺奏懇時伏祈聖主勅部施行，或出自特旨施恩，更為榮耀，謹奏。

〔264〕川陝總督年羹堯奏報西藏撤兵後擬令康金鼎兼辦藏務及送回大將軍印信等事摺[2]-[31]-796

臣羹堯謹奏。

西藏撤兵之後令康金鼎往來兼辦西藏阿里克事情，臣與鄂賴會同酌議，於四月初二日〔註259〕具摺請旨，未蒙批發，今撫遠大將軍印信於四月二十四日遵旨齎送回京，所有前摺議奏之事，伏祈批示臣，以便敘明奉旨緣由，即用總督印文行知總兵周瑛遵奉料理，臣謹奏請旨。

硃批：因發庭議，所以未批發，已有旨了。

〔265〕川陝總督年羹堯奏陳內地衛所宜歸併州縣及河東鹽商輸粟領鹽等事摺[2]-[31]-797

臣羹堯謹奏。

西安將軍印務俟臣與蘇丹同回西安之日即當傳旨令其署理，仍具本敘明奏聞（硃批：甚好），以便發部，謹奏。

天下衛所各有不同，若陝省內地之各衛所與州縣所管地方參差錯雜，其弊不可勝言，臣原擬回省時有如此類者三四條具疏請旨施行，今既有此奏，伏祈聖主特下明旨，除邊地衛所現無州縣可歸，與有漕運之衛所，民軍各有徭役，仍舊分隸外，其餘內地所有衛所悉令歸併州縣，事既畫一，官民兩便，若部議所見甚小，且未查舊案，滇蜀兩省曾經裁減衛所，誰云不便也，謹奏（硃批：朕觀此事有理，因廷議如此，朕意未定，你今如此奏，朕諭行矣）。

河東塩商輸粟領塩一事，臣詳閱舊例，此可行之於豐年富商，庶幾獲其利益，若連年之延安榆林米價騰貴，每米輸粟若干，殊難定數，且河東塩商多至五六百家，拖欠歷年課稅大率皆空拳赤手之人，輸粟行塩斷斷不能兼顧，此奏非今日之急務也，料理塩政籌畫積貯，統俟臣陸續奏請，或可少裨萬一，謹奏。

硃批：原是閒寄與你看的，所奏是。

〔註259〕雍正三年四月初二日。

〔266〕川陝總督年羹堯奏報原江西巡撫王企靖捐銀修城等情摺
[2]-[31]-798

臣年羹堯謹奏。

原任江西巡撫王企靖原自願捐修城銀十萬兩，後又送臣一萬兩（硃批：此一萬交的欠通，何必如此），臣令其將此十一萬兩悉交西安藩庫，理應俟卜隆吉築城完日再為奏請撤回，然其人老病無子，而居官原少勝於王之樞張連登兩人，是以臣具有清字奏摺，伏祈聖主敕部施行，謹奏。

硃批：傳旨着他回來，他出此力盡是了，已諭部矣。

〔267〕川陝總督年羹堯奏報委員料理寧夏建築新城以駐滿兵事宜摺[2]-[31]-799

臣年羹堯謹奏。

寧夏城內地勢高低不平，而局面窄隘，當日原有添設滿兵之議，聖祖仁皇帝親至寧夏，覷其形勢，是以中止，至今房價未清也，臣遣官細勘，繪圖斟酌，惟於寧夏城北百步許建築新城，既壯觀瞻，兼合形勢，其衛所現征糧料，除供支綠旗外止可議駐滿兵二千名，臣現已委官前往料理，合布隆吉新城與寧夏滿城兩處官兵衙舍等項，總以張連登、王企靖、王之樞、許兆麟等所捐銀兩盡力節省，必能竣事也，至應撥何處滿兵，如何配定官數，事關重大，容臣會同蘇丹另奏，合先奏聞。

硃批：寔在特難為你，配定多少官員之數你們徐徐議來，撥兵因滿州漸多，都中養不來，所以有此舉，議定時撥京城兵來。

〔268〕川陝總督年羹堯奏報擅自料理協理將軍阿爾納為兵丁借銀一事情由摺[2]-[31]-800

協理將軍阿爾納來文為兵丁借銀一事，若俟請旨，恐致遲悞，臣冒昧擅專，如此料理，伏祈聖恩鑒宥，並將臣清字奏摺敕部存案，臣年羹堯謹奏。

硃批：些須小事，應當如是料理，何為專擅，笑話，摺留，諭部。

〔269〕川陝總督年羹堯奏覆斟酌律例館名一書應更正者十四條並將原書密封進呈摺[2]-[31]-801

臣年羹堯謹奏。

律例館進呈名例一套，聖主以垂示千載之事，務當詳慎，特命臣再加查看，

臣悉心斟酌，其應更正者，粘有浮籤十四條，謹將原書密封呈進，謹奏。

　　硃批：甚好，朕再詳細斟着。

〔270〕川陝總督年羹堯奏覆閱改考試時文並仍入原封內呈進摺
[2]-[31]-802

　　臣羹堯謹奏。

　　考試時文三封共二百四本，臣逐一看完，其有改擬者八本，遵旨另封寫明，仍入原封內呈進，惟一等內之名次先後臣亦略微更改，餘則悉照原擬次序，大槩此次原擬等第皆加意從寬並無屈抑之文，合並奏明，謹奏。

〔271〕川陝總督年羹堯奏陳已令王嵩統領督標兵馬前往軍前請即補督標中軍副將摺[2]-[31]-803

　　臣前奏請以督標中軍副將田畯陞補涼州總兵，兵馬事竣再行到任，以督標後營遊擊王嵩陞補中軍副將，於軍務大有裨益，蒙聖主批，知道了，少待數天依你所請諭部，欽此。臣理應靜候，但現今所調督標兵馬已委王嵩統領前往，用兵之事委署與實授不同，用敢再陳，伏祈聖主即賜施行。

　　硃批：此字未寫已有旨了，所復請者甚是。

〔272〕川陝總督年羹堯奏覆硃批內有交辦事件者曾略節抄錄其他悉皆陸續封緘摺[2]-[31]-804

　　臣羹堯謹奏。

　　臣自去年回陝以後，凡有奏摺蒙聖主批示者（硃批：朱筆封回不存稿本之旨是向他人發的旨意，你即便全留在你處亦使得的事，不要在這樣小關節上費精神），內有交臣辦理事件，臣不得不寫其略節以防遺忘，至於他人奏摺蒙聖恩批示發與臣看者，臣一字不敢抄存，悉皆陸續封緘，即有應錄寫曉諭眾人者，立等曉諭之後其錄寫者即焚燬之，今蒙聖主諭及於此，臣不勝悚惶之至（硃批：大笑話，此等何足介意），謹奏。

〔273〕川陝總督年羹堯奏請裁汰原允禵駐甘隨從人員以節錢糧片
[2]-[31]-805

　　臣羹堯因甘州軍需所請錢糧太多，行文查明軍前人數，甘州尚有跟隨十四貝子之二等侍衛一員三等侍衛一員護軍校三員護軍十名甲兵五十七名，拜唐

阿十名,匠役八名,此皆不在甘州大兵數內,既已留彼無事,而此九十人一年所用錢糧計三萬六千七百餘兩,若輩何功糜費庫帑至於如此,臣已移咨貝勒延信,一面咨部一面撤回,仍行文與巡撫綽奇,此後草料照依時價,不得多開,或可節省錢糧不止一倍也,謹奏。

硃批:甚是,如此等想不到事,盡有可留心處,如此等浪費之舉,裁汰為是。

〔274〕川陝總督年羹堯奏請以楊啟元陞補固原提督王嵩補授寧夏總兵等事摺[2]-[31]-806

臣年羹堯謹奏。

固原提督一缺委人署理,於事無益,且蘇丹駐防將軍材也,於綠旗事務非其所長,聖明洞照,纖毫不爽,以臣愚擬,寧夏總兵楊啟元人品端正厚重寡文,且隨趙良棟進勦雲南之舊人也,以之陞補固原提督,人地相當,其寧夏總兵一缺,則臣標中軍副將王嵩整理營伍嫻於軍旅,以之補授寧夏總兵,仍暫留西寧幫辦軍務,俟西寧事竣再赴新任,甘州提督路振聲已成癆病(硃批:聞得大好了,朕着寔恩慰他,令其調養,此人外象聲名數年軍前頗好,去歲彼已固辭,富寧安光景奏他不似真病,自朕溫留之旨到後屢次奏聞大好了,兵未撤之間此人見不必動好,不便開缺之論是),且不知顧恤兵丁,念其久在軍前,此時不便開缺,請令岳鍾琪暫行兼攝甘州提督印務,駐扎西寧辦事,西寧亦甘州提督所屬地方也,蘇丹則仍令署理西安將軍印務,以省臣心力,統祈聖裁即賜施行,謹奏。

硃批:所開數人甚合朕意,皆已諭部矣,紀成斌大概幾時到京。

〔275〕川陝總督年羹堯奏報西寧會盟情形並籌用兵卜隆吉事宜摺[2]-[31]-808

臣年羹堯謹奏。

五月十一日〔註260〕西寧會盟之事,除額駙阿寶外,凡西海所有王貝勒貝子公台吉等無不畢至,自申明正法八人之罪,宣讀條約十二款,筵宴犒賞,一切進退跪拜,始終成禮,肅靜安詳(硃批:覽奏甚喜),亦從來會盟之所少也。此內惟額爾德尼厄爾克托克托奈〔註261〕十分歡喜(硃批:此人甚屬可憐),插漢丹進強為說笑,恐懼十甚(硃批:朕亦料及此二人情形必如此)。蓋羅卜藏丹進將犯內地之前,凡所搶插漢丹進之馬悉數送還,是以合西海之人有伊兩家

〔註260〕雍正二年五月十一日。
〔註261〕即額爾德尼額爾克托克托鼐。

暗裡勾結之說（硃批：此亦未必），而其所屬之唐古特又皆為我收入內地，無怪其如此（硃批：就其人心胸，自然非其願也）。其餘助逆之輩，初傳會盟時，疑必盡行屠戮，而又不敢不來，及申明罪止此八人，餘皆喜出望外。大槩西海蒙古經此一番，畏威懷德者十有五六（硃批：妙不可言，朕料未必能如此也），其畏威而不知懷德者，其勢已衰。而岳鍾琪之威名既重，現留川陝之兵四千名，悉係精銳，又西寧鎮標之兵亦因此番教練，實有慣戰之精兵三千人，彈壓調遣，莫不足用，此萬無可慮者也（硃批：朕始全放心矣）。惟卜隆吉作亂之六家，除貝子阿拉布坦、台吉阿爾薩朗已正法外，尚有公丹晉、台吉阿爾卜坦〔註262〕、台吉巴素太〔註263〕、台吉諾爾布，合此四家不過一千五六百人，既不敢犯我邊界，又戀其住牧之舊地，不肯遠去，若不進兵搜勦，或擒或竄，終是未了之事，臣亦知噶爾弼非能了此之人，而現在就近之大臣，求其平和而不任性者，又覺噶爾弼為少勝也。總兵孫繼宗（硃批：此人大好），副將劉紹宗（硃批：此人未經事，不深知）兩人才勇足完卜隆吉之事（硃批：好），臣是以親至固原，再三諄囑噶爾弼，令其到彼專心委任此二人而不掣其肘，則卜隆吉之事不過秋中可以告竣矣（硃批：好之極）。臣知蒙古兵馬不可多用（硃批：到底同氣，實有回互〔註264〕之景），又慮卜隆吉所有之漢兵不足調遣，臣以彼處馬廠窄小為名，行令噶爾弼到彼，撤回查哈兒〔註265〕、巴爾虎兵一千名（硃批：甚好），而調甘州喂馬預備之漢兵一千名，令總兵李耀帶領前往（硃批：是），蓋漢兵馬少，滿兵馬多，以此借詞耳。俟噶爾弼報到之日臣另具摺奏聞，發部存案。卜隆吉共有滿漢兵六千名，力量有餘，無足為慮也，謹奏。

　　硃批：你自然量得透，朕全不繫念矣。

〔276〕川陝總督年羹堯奏報西寧至寧夏一帶豐收景象及左腿患病等情摺[2]-[31]-809

　　臣年羹堯謹奏。

　　臣於五月十二日〔註266〕起程，自西寧莊浪中衛以至寧夏一帶村堡水田旱地有吐秀者（硃批：聞得今歲陝省收成乃希遇之年，卿之心卿之行上蒼若不如

─────────────

〔註262〕三多布台吉之子。
〔註263〕本部分第三十三號文檔作巴蘇台。
〔註264〕「互」應為「護」之誤。
〔註265〕即察哈爾之異寫。
〔註266〕雍正二年五月十二日。

是明彰感應，常人熟〔註267〕肯為善也，卿實可為天下後世封疆大臣之則法標樣也，朕實惟以手加額，感服我聖祖大仁大慈大智大勇之君父之知人耳），有結實者，皆九分十分之成也，今發來聖諭，京畿內外接連得雨，十分透足，臣捧讀之下如釋重負，天人既已協和，聖躬自必舒暢，誠無不格，如響斯應，君臣交勉，仰答洪庥，此固不敢須臾或忘者也（硃批：如是如是）。至於臣之微軀，雖添白髮數十根，而精神如舊（硃批：向只知你臂疼，不知腿病，光景是怎麼樣，是疼是不得力，不勞着閑時如何，你此番竭盡忠誠為國家蒼生作此萬年大利益，上蒼再無不加護賜佑你幾生福來，子孫昌盛，闔家平安之理，若不如是誰信報應二字也，凡百據實，即朕躬好歹一字亦不忍欺你），左臂全然不痛，惟左腿止能騎馬二十里，必得略微休息，然後可以再騎，然肢體之累無足為害，聖恩垂念，不敢不據實以對也，謹奏。

〔277〕川陝總督年羹堯奏報阿爾納到卜隆吉後姑息不職並請以噶爾弼更替摺[2]-[31]-810

臣羹堯謹奏。

用兵之事惟勦惟撫兩條，而西海作亂要必先勦而後可用撫者，蒙古性情畏威多而懷德少也，阿爾納自到卜隆吉以來，其意惟在姑息，是以至今不能完事，即當陣所獲賊人子女臣行令分賞官兵者，伊仍賣與蒙古而以價銀分給眾人，又所取賊人口供皆代為捏造好言，且所遣蒙古官兵各處搜捕賊彝，惟知取索賄物（硃批：此種不學無術之人就是這樣）。而彼處坐臺筆帖式（硃批：筆帖式察出名姓當借他事參處）不知因何緣由，凡係孫繼宗報臣文書不為遞送，近有自賊中逃回漢民侯得林馮奇英二人，據侯得林供稱，公丹晉、台吉諾爾布、巴素台等將歷來搶去漢人五六十名盡行殺害，許侯得林以宰桑，配以好女人，令其來探我兵馬羣現在何處，速往當色爾騰地方回話等語。孫繼宗請於五月十二日〔註268〕發兵搜勦，而阿爾納又必欲遲至十八日乃始發兵（硃批：豈有此理，實奏甚是），臣接伊等報文，知其不能勝此重任（硃批：向來聞他甚好，前見給你一摺，朕即知其無知□□也，朕即甚怪之），不若因其患病而更替之（硃批：甚好），臣駐寧夏一日料理已畢，於二十三日兼程前往固原，凡軍機進止，臣面說與噶爾弼（硃批：此人亦恐未有此才），令其到彼遵行，統容臣至西安

〔註267〕「熟」應為「孰」之誤。
〔註268〕雍正二年五月十二日。

逐件另摺奏明大槩，卜隆吉之事易於完結，聖懷無須過煩也，謹奏。

　　硃批：卜隆吉尚然如此抗拒，朕毫不解，但西海新定，青海尊行十二條甚嚴，兼一帶彼部屬之番眾今皆歸內地，恐西海即此一般降眾恐未必五內樂從，不過畏威，勢力不能支持耳，今卜隆吉尚未定，大兵已徹許多，若輩之反覆亦當留心，但朕不知會盟時眾人辭色情形如何也，大清和碩砌〔註269〕、厄爾德呢厄爾克〔註270〕等如何光景，此日阿寶厄駙〔註271〕來否，隨便奏聞。

〔278〕川陝總督年羹堯奏請於王景灝陛辭之日准其頂戴孔雀翎子赴川撫新任摺[2]-[31]-811

　　臣羹堯謹奏。

　　西安按察司王景灝奉旨令其馳驛赴京陛見，已於六月十三日〔註272〕起程，約在本月二十七八日可以到京（硃批：仍令馳驛前往其任），川撫員缺關係緊要，聖主自必令其速赴新任，但邊方重地，以彈壓為先務，而川省向日兵民之於撫提每視翎子之有無以為委任之輕重，伏祈聖恩於王景灝陛辭之日准其頂戴孔雀翎子，以便料理封疆，臣既有所知，不能不為奏請也，謹奏。

　　硃批：應奏的，爾即不奏，此人朕見時自然也要賜他的。

〔279〕川陝總督年羹堯奏報小張家喇嘛現在出痘俟七月初再行起送摺[2]-[31]-812

　　臣羹堯謹奏。

　　小張家剌麻現在出痘，今已十日，痘甚平順，臣已留人在此看視，俟七月〔註273〕初旬再行起送，蓋內地炎熱，恐伊出痘後身弱不便也，謹奏。

　　硃批：甚妥，想來是有福量的，候萬妥時再送入京。

〔280〕川陝總督年羹堯奏覆腿病乃勞苦所致非有他故並報將至河東盤查鹽庫摺[2]-[31]-813

　　臣羹堯謹奏。

〔註269〕即戴青和碩齊察罕丹津。
〔註270〕即額爾德尼額爾克托克托鼐。
〔註271〕厄駙常寫作額駙，《平定準噶爾方略》卷一頁十作阿寶，《蒙古世系》表三十六作阿寶，顧實汗圖魯拜琥第三子巴延阿布該阿玉什之孫，父和囉理。
〔註272〕雍正二年六月十三日。
〔註273〕雍正二年七月。

臣之左腿膝縫隱隱作痛者已三年矣，今年立夏時行走之間不甚得力，自西寧以至寧夏固原頗覺疼痛，今回署十餘日除辦事外，每日得靜坐一二時，而腿已如常，微於行動時不如右腿之有力耳，此勞苦所致，非有他患，因蒙垂問，復敢詳對。至河東盤查塩庫一事，必須親往，目今天氣甚熱（硃批：今歲都中亦甚熱，惟朕躬今年甚好），而臣衙門案件亦須略為清理，俟七月〔註274〕中旬（硃批：再遲些亦不妨）乃得前去，理合一併奏明，謹奏。

硃批：漢臣們盛言捐納之無益，西安三道兩府之捐若可停時奏聞。

〔281〕川陝總督年羹堯奏報延綏總兵李耀已從卜隆吉撤兵回汛等情摺[2]-[31]-814

臣羹堯謹奏。

延綏鎮總兵李耀已於卜隆吉撤兵回汛，所有署理延綏鎮之總兵李如栢臣現在行令回至西安，隨臣學習數月，再當奏明委用，臣謹奏聞。

硃批：知道了。

〔282〕川陝總督年羹堯奏報羅卜藏丹津收集殘部擬督兵往勦摺 [2]-[31]-815

臣羹堯謹奏。

羅卜藏丹盡收集敗亡之餘孽各處逃避，雖目前無足為慮，而西海之人怯而多疑，留其養成羽翼，別生事端，終非善策（硃批：甚是），臣在西寧時已與岳鍾琪再三商酌，預備整齊，俟至七月下旬令黃喜林、王嵩帶領精兵三千前往勦捕，一切糧運皆已區畫停妥，為期不過三個月此事可以告竣也，謹奏。

硃批：自然妥帖的，但不可過遠勞師，指出地名令其必到，着他們相機而行好。

〔283〕川陝總督年羹堯奏報副將紀成斌病痊業經宣旨令其赴京摺 [2]-[31]-816

臣羹堯謹奏。

臣自西寧起身回省之前兩日副將紀成斌自桌子山回，臣見其病瘦氣喘，問之蘇丹始知其連次遇賊皆在山林陡峻之處，伊棄馬步行，奮勇先登，以致腳指流血，後復感冒抱病，臣給假一月，令其調理，賞以藥餌等物，而未敢宣旨令

〔註274〕雍正二年七月。

其赴京者，恐伊着急難以速愈，今聞其病已痊可，臣於六月二十二日〔註275〕行文給岳鍾琪，令其赴京，俟紀成斌到省之日臣一面給咨赴部，一面具摺奏聞以便發部存案也，謹奏。

硃批：紀成斌到來你看他光景，若當令調養些時，此缺未出亦不甚忙，你留他全好時再着他來京。冬間你要來陛見之奏，但目下有擒羅卜藏丹盡之出師，卜隆吉之餘事，兼邊內外一切新定，今歲朕意不要着你來，但你奏中言辭懇切，朕寔不忍不從，況你自然料得透，可以來不可以來朕意兩處，尚未能定，留摺在此，日期尚早，朕斟酌定時隨便再諭來，朕亦甚想你，但朕原有意至明歲一切大定時將你們幾個大功臣怎得同來，那時朕服已滿，賜你們一大宴會，方暢快，若再做一事亦使得，總之定時再諭來。

〔284〕川陝總督年羹堯奏請選補西安理事同知缺出並呈給羅卜藏丹津書底稿御覽片[2]-[31]-817

西安理事同知一官係審理旗民事務，最關緊要，前臣在京奏及此事，蒙聖主問臣，汝有可保題之人麼，臣對云有，又蒙聖諭，俟此缺出了再定，今理事同知傅瑞已陞刑部員外，此缺或自京中揀選，或臣於此處保題，伏祈訓示，以便遵行。臣與常壽咨稿並給羅卜藏丹盡書底及傳諭西海各台吉抄稿共三件附呈御覽。

硃批：爾前在京之奏朕忘記了，前此缺出已揀選補一個好的與你，但非朕深知之人，候他到來若不甚妥再密奏調回，他來就有了。

〔285〕川陝總督年羹堯奏報回署日期及沿途所見田禾茂盛等情摺 [2]-[31]-818

臣羹堯謹奏。

自固原平涼以至西安，沿途所見田禾茂盛，小民無事，有熙熙皞皞之象（硃批：經此一番大事，聞得去冬搶擄之稍少驚慌外，陝西通省總不知有兵，真大奇，皆爾忠誠伎倆之所致者，寔慰朕念，亦為汝慶之，但朕何嘗不人人如是待，如是用，奈不肯如是報，如是心耳，奈何奈何，此皆上蒼垂佑之所致，若心有餘而力不足，亦無可奈何也，朕躬甚喜，從來夏令必有幾天不無苦夏，瘦減些，今歲之好筆不能述，到覺胖些，為異日強四字今寔信矣，總之我君臣賴天地慈悲，永永如是耳），上為聖主慶豐寧，下為一己快遭際，竭力輸誠而無

所疑避，文武兵民之事晝夜兼辦，而不知勞苦，若非聖恩，何以致此（硃批：原是兩是，彼此互成者，上若非朕如此知己的皇帝，外若乏岳鍾琪如此應手一員名將，即爾環掌東西相掣，自難能也，何消說得，應當歡幸者，在爾之歡幸，朕寔料透，朕之歡幸又當如何也），臣實歡幸，莫知所云，今於六月初三日〔註276〕已抵臣署，凡一切應辦應奏者臣自當此地料理，陸續上聞（硃批：凡事次第徐徐料理，天大之事已過，當調養保和精神，不要在沒要緊處浪費精思，此是朕五內之寔論，務必尊旨而行方是答朕之本意也），惟寧夏渠水臣於中衛之河西寨上船直抵寧夏之臨河堡，細加看視，今又蒙上諭諄切指示，臣當具本覆奏也，謹奏。

塗天相條奏一件於事可行，若果有實心奉行之人，可收效於十年之內也，謹奏。

硃批：若有益無損，即功效遲些何妨乎。爾父甚健好，朕時常賜與食物，凡進新鮮之食物朕必念及之，你可一點不必繫念，朕自留心恩養也。

〔286〕川陝總督年羹堯奏陳張鵬翮保薦王景灝知河工事務原由摺
[2]-[31]-819

臣羹堯再奏。

臣與王景灝兩年辦事之暇無所不談，其於河工不算熟練，今年春間臣曾將西安布政使胡期恆留心河務，四川按察使劉世奇三十年河員，允稱諳練之處面奏，而未敢及於王景灝也（硃批：朕因記不甚清前已有諭問你），今次上諭云王景灝知河工事務，此必有人保薦，臣去年在肅州運糧，委王景灝總理其事，伊天性爽直，不肯狗私，未免有碍於三道，而無隙可乘，聞何廷圭鑽求張鵬翮，以河工舊人薦王景灝，使其去陝，彼時張鵬翮之子張懋誠尚在西安，揚言此事，臣聞之不以為意，今則不覺心動，若保薦王景灝出自他人，臣願甘冒昧妄言之罪，若係張鵬翮保薦，則臣不能不服何廷圭輩之深謀巧計矣，臣上賴聖主垂照，凡有隱衷悉得直陳，伏祈天恩示臣教臣，臣不勝幸甚。

硃批：原是張鵬翮奏的，朕只當是你奏的胡期恆劉士奇，所以有前調轉之諭，今見爾奏已諭部不調矣，今歲忽聞河決，朕甚驚懼，所以有前議科抄事，你自然知道，不想出乎意想之天恩神明之賜佑，南北河務總未成大災，全保無虞，普祥情形抄中自亦得知，朕寔深感上蒼之垂佑，皇考聖靈之憐助也，朕惟

〔註276〕雍正二年六月初三日。

有朝乾夕惕，以萬姓為分，仰答我大仁大慈皇父之萬一耳，凡如此等之奏朕寔嘉之，事事皆當如此，不可因煩瀆而減忍也，如朕少有過預之念，自然明白教道你，放心。

〔287〕川陝總督年羹堯奏報蘇州巡撫何天培官聲才守摺
[2]-[31]-820

臣羹堯謹奏。

何天培為人老成持重，謹厚寡欲，此臣所素知者，上年臣遣人於蘇州刻書，歲底回陝，臣細加查問，知何天培居官並無不好聲名，但理煩治劇非其所長，若令久在蘇州，恐難保全，蘇州巡撫實為東南要缺，臣謹據實以奏。

〔288〕川陝總督年羹堯奏報西大通允禵住房情況及在城內添撥兵丁事宜片[2]-[31]-821

西大通城內貝子住房一所外，小房八所，以為跟隨人等居住，城內原有兵民房舍，城外止有民房，臣等因此處向有千總一員，防兵六十名，除分汛外在城兵少，臣用價將城內民房全買，於西寧鎮標撥兵一百四十名合成二百之數（硃批：不要叫允禵買去纔好，若可傳旨不許貝子與兵丁東西就傳旨，若他反托辭有旨不給以寒兵心，暗中買囑反多不便，就罷了），悉住城內，密示千總留心看守，此添撥兵丁之事少遲以邊汛兵單酌量添撥為詞具疏奏明，發部存案，貝子住房圖樣一張附呈御覽，西寧並無畫圖匠人，粗率之罪伏祈寬宥，臣羹堯謹奏。

硃批：是，知道了。

〔289〕川陝總督年羹堯奏請令岳鍾琪酌量帶兵前往南坪壩就便勦撫雜谷土司摺[2]-[31]-822

臣羹堯謹奏。

南坪壩番子之事原不甚大（硃批：此事問蔡珽〔註277〕，他在川南坪番子甚恭順，情願建城僱工，前云因建城起端，大相錯謬，必是監工官弁小人多所生之事也，此事只可撫，不可托勦戰），臣與岳鍾琪因此一事不敢不於各處留心，自上年九月以後，松潘以東之土司如雜谷如大金川小金川等類彼此互相仇殺，時時有之，而雜谷土司恃其地險人眾聚集土兵，漸有多事之狀，臣等遣人

〔註277〕即四川巡撫蔡珽。

探聽，大略相同，此事頗有關係，不敢不早為籌畫。臣查原署理四川提督那親〔註278〕尚未熟悉番蠻情形（硃批：已命張成龍幫他矣，有部諭），而土司之素所信畏者惟岳鍾琪，現今西寧無事（硃批：如何說得無事，聞得西海人眾多有投往策旺〔註279〕處去者，此事宜籌畫西海人養生之計，着寔留心料理，此事非威可服而禁者）。甘州提督印務或另委署理，令岳鍾琪酌量帶領兵馬前往南坪壩就便勦撫，即由彼處或暫駐松潘，或即回成都，相機駕馭，設法彈壓，先聲所至，或可消弭邊患，然先後緩急之間，不能執一而定，伏祈聖恩准臣與岳鍾琪商酌妥貼，一面奏聞，一面起身料理，庶不至有遲悮也，謹奏請旨。

　　硃批：土司間有多事，亦向日常有者，若文武官弁安分和平，不見小生事，大吏不藉此居奇，自然調劑得法，自西海有事以來，你大有過於殺戮之名，即郃陽塩梟一事范時捷奏金奇勳〔註280〕慘傷無數平民，生事邀功，你亦不究問他，想你屬員將生事來迎合你，這還了得，況西海大局初定，此等事不可逼之以兵，凡事太過好不及，慎之詳之，朕已嚴諭王景灝不得生事，並令嚴飭屬員所遣官弁矣，岳鍾琪西海事大，仍宜在西寧彈壓，雜谷等土司俱與岳鍾琪熟識，伊但遣可用之人曉諭開諭，亦是一樣，何在彼回川不回川也，朕亦有諭將此事交在岳鍾琪身上矣，你久辦四川之事，熟知番蠻之情，不可妄動，亦不可他諉，事如妥帖，乃爾之功忠，若少有不妥，責何所歸，兵威不可恃，慎重慎重。

〔290〕川陝總督年羹堯奏報王景灝起身前赴川撫新任日期摺
[2]-[31]-823

　　臣羹堯謹奏。

　　王景灝於七月二十五日〔註281〕起身赴川撫任矣，因自二十日起連日大雨，故稍耽延，卻得將四川民情土俗兵政邊情悉與王景灝說知也，謹奏。

　　硃批：甚好，此人是一個大人物，天下督撫如何能得如卿者，如王景灝這樣人得十數人朕願足矣。

〔291〕川陝總督年羹堯奏報行令蔡珽照築城料價交銀等情摺
[2]-[31]-824

　　臣羹堯謹奏。

〔註278〕《欽定八旗通志》卷三百十八內大臣年表雍正三年作護軍統領那親，六月革。
〔註279〕《平定準噶爾方略》卷一頁一作策妄阿喇布坦。
〔註280〕即金啟勳。
〔註281〕雍正二年七月二十五日。

七月二十二日〔註282〕蔡珽令家人具呈到臣，云伊不諳築城之事，願照料估陸續交銀，要臣轉奏，臣知蔡珽頗有宦囊，而呈內陸續兩字恐將為拖延之計，臣已行令照數交銀，仍面與王景灝說明，到川之日令其交完銀兩，即便給咨回旗，仍宣明此係聖恩，非督撫所敢專擅，築城之事則另派地方好官辦理也，臣年羹堯謹奏。

硃批：是，蔡珽行事件件顛倒，大槩福薄不能擔荷也。

〔292〕川陝總督年羹堯奏請酌量增減邊民上納糧草數字摺
[2]-[31]-825

臣羹堯捧讀頒發上諭，周詳肫摯，實能感動人心，但此次番彝作亂，邊民受害者惟莊浪涼州永昌古浪四處所屬村堡，其甘州肅州地方賊未到也，目下正值上納糧草之時，是以臣冒昧稍為增減數字，即通行曉諭，以慰民心，謹奏。

硃批：增的幾字甚好，原是和你商酌的。

〔293〕川陝總督年羹堯奏請議敍蘇丹黃喜林等十一員西海用兵有功文武官員摺[2]-[31]-826

臣羹堯謹奏。

用兵之事莫大於賞罰，而賞罰之行尤必以至公無私乃足以鼓士氣而服人心也，此番用兵有始終其事者，有獨當一面戰勝攻取者，有料理錢糧轉運借支者，有經管馬駝勤勞倍著者，臣於平時悉已登記檔案，今西海平定，聖主既有從優議敍之旨，自將軍以下至兵丁，臣自當分晰等第，造冊送部，但臣與岳鍾琪已蒙恩施曠典，賞溢於功，其餘大員正在望恩之時，聖主俯念及此，又恐効力有淺深，則施恩有輕重，下問於臣，臣敢不據實開列，以仰副我皇上功懋懋賞之至意。

議政蘇丹竭力辦事，剛正服人，自西安至西寧，管領督標固原兩處兵馬，所過秋毫無犯，休養馬力，料理有法，所以兵馬遠行二千里，不知疲乏，西川之戰，督標之功居多，蘇丹之力也，經理守城事與會勦郭隆寺賊番，自岳鍾琪出口後留守之滿漢兵馬，皆蘇丹一人管理，臣與商辦軍務，服其老成練達，不愧議政兩字，若按議政之例，應給以拜他拉布勒哈番，若曰從優，則當加倍，伏懇聖主念係舊臣，破格施恩，實足以賞一勸百也。總兵黃喜林用兵持重，勇於大敵，凡有征勦，皆伊先往，親冒矢石，此次最為深入，殊屬可嘉，念似應

〔註282〕雍正二年七月二十二日。

給以二等阿達哈哈番。按察司王景灝料理兵馬錢糧，既無遲悮，亦無妄費，辦理卜隆吉寧夏兩處城工，纖悉周到，不辭煩勞，此次大兵行走迅速，而蒙古燒荒千餘里，馬駝無草，何以成功，王景灝與西寧道趙世錫設法運草三十萬，沿途隨軍接濟，此自古用兵於塞外者之所未聞，酬其功績，不在黃喜林下也。侍衛達鼎自有事以來竭力圖報，晝夜守城，凡有彝情皆伊一人審問登記，其勞苦既已倍著，此次出兵前驅深入，似應給以副都統職銜，仍予一拜他拉布勒哈番。副將宋可進王嵩紀成斌馭兵有方，勞於戰陣，其殺賊之功應各給一拜他拉布勒哈番。主事諾穆渾奉令會勦莊浪賊番，已經著有勞績，辦理清字奏摺文書，從無錯誤，因其長於喂養駱駝，是以此次大兵進勦，凡有駱駝皆伊一人總管，一切行走不致遲悮，此軍中要務，給以額外郎中不為濫也。總兵武正安會勦郭隆寺賊番，與此次出口隨征，量其功績，給以拖沙喇哈番。總兵周瑛雖無戰陣之功，然勞苦異域，安定西藏人心，動合機宜，似應予以拜他拉布勒哈番。提督郝玉麟領兵彈壓察木多，招撫中甸唐古特，似應予以拖沙喇哈番。以上十一人若蒙聖主特旨施恩，允洽眾心，至造冊送部議敘時仍將伊等造入，蓋綠旗敘功之例斬首二千級敘功一等，計算此次用兵斬殺番彝可以加功十等，然銜小者至都督僉事而止，即銜大者至左都督加餘功幾次而已，諒不能於聖主額外之恩更有加也。至甘州卜隆吉所有領兵大員亦當開列，然其事尚未完結，俟事竣之日臣再具摺密奏也，謹奏。

〔294〕川陝總督年羹堯奏覆欲行陛見情由懇祈密賜批允摺

[2]-[31]-827

臣羹堯謹奏。

王景灝到來所傳，可否仍令綽奇料理肅州軍需之旨，容臣少遲另行密奏外，臣前摺奏請陛見，一則犬馬瞻戀私衷，再則歲逢大有，軍威遠震，萬無意外之虞，今王景灝傳旨，令臣斟酌奏來，臣於此事通身計算，無些須不放心之處，伏祈聖恩密賜批允臣，以便料理案件，到期踴躍趨覲龍顏也，臣羹堯謹奏。

硃批：朕實實想卿，但有點意見，今歲不欲卿來，明歲朕服滿皇考三周年，卿來仍同朕到陵寢以盡全禮，甚屬兩便，今歲臘月有祖母太皇太后遷葬一事，朕必當親往，所以二周年不便又到，彼此忍此一點好，況賴天地神明之慈，我君臣俱各安寧，來往常知安好，以神相照如會面一般也，雖然此朕大槩之意，主見尚未定。

〔295〕川陝總督年羹堯奏請示明有否令四川副都統赫色回京之旨摺[2]-[31]-828

臣年羹堯謹奏。

王景灝到來云，有令四川副都統赫色〔註283〕回京之旨，臣恐其記憶不確，再三詰問，伊云初一日復行請旨，亦是如是，如此臣再四思維，或彼於法喀〔註284〕、赫色兩名字記憶未明之故，謹再請旨，伏祈批示，以便速寄信於王景灝遵行也，謹奏。

硃批：朕錯記矣，他原斟酌請旨，朕皆言黑色〔註285〕名字，可傳寄與他，着法喀來京。

〔296〕川陝總督年羹堯奏報察罕丹津所造西海丹仲部落戶冊隱匿不實摺[2]-[31]-829

臣年羹堯謹奏。

八月十四日〔註286〕四川提督岳鍾琪移咨到臣，已於八月初二日撤兵起身，目下此事已算完畢，但丹仲部落據插漢丹進造冊止九百戶，據丹仲舊宰桑等密送冊內有二千五百六十戶，而唐古特不在此內，臣素知丹仲為西海強大部落，自必以宰桑之冊為實，窺插漢丹進之意不過以戶口繁多，悉為所有，未免涉尾大之嫌，故隱匿不肯造入，而此不入冊之戶口日久必生枝節，臣現今以息事為主，止據插漢丹進所造具本送部，俟明年會盟臣自當相機料理完結，合併奏明。

硃批：不料羅卜藏丹津又生此事，真無知畜類，今將廷議發來，爾可酌量相機斟酌妥當而行，第一防他往藏，目今藏兵已撤，恐唐烏特〔註287〕未必能拒羅卜藏丹盡也，再萬萬不可寒插漢丹盡之心，近日情形插漢丹津甚屬可嘉，雖恐日後有深謀遠慮，亦當且了目前以緩圖之，朕意如此，總在你就近相機度力而舉，特諭。

〔297〕川陝總督年羹堯奏報欽領孔廟從祀議單持論平正及元儒趙復斷宜增祀摺[2]-[31]-830

臣年羹堯謹奏。

〔註283〕《欽定八旗通志》卷三百二十三作成都副都統赫塞。
〔註284〕《欽定八旗通志》卷三百二十三作成都副都統法喀。
〔註285〕《欽定八旗通志》卷三百二十三作成都副都統赫塞。
〔註286〕雍正元年八月十四日。
〔註287〕常寫作唐古忒、唐古特，即西藏。

孔廟從祀千古盛典，聖主俯念臣之讀書有年，並將臣所議特發九卿，一并參酌，務求允當，此不特崇儒重道，發潛德之幽光，而臣之獲嘗素志，實世世銘心而不能忘者也，今次頒發議單，臣細加體認，大槩持論平正，而確未留心於前賢之書者，且元儒趙復一人斷宜增祀，臣是以有復議兩條，繕呈御覽，臣羹堯謹奏。

硃批：此摺未到九卿已議將趙復入祀矣，因此未發再議。

〔298〕川陝總督年羹堯奏呈孔廟從祀參考及從祀補遺各一篇摺
[2]-[31]-831

臣羹堯謹奏。

臣前在西寧時叨蒙聖恩以孔廟從祀一事下問，臣於倉卒之間既無書籍可以查考，而記憶不能詳博，略據所知繕寫密奏，迄至今日不能釋然，蓋大典所關千載一時（硃批：此一事乃千古盛典，你雖未與庭議，若以讀書一番若未免少缺，朕將你發來之本先密着數人斟着，亦未道及名姓，此摺乃議奏之論，發來你看，今將你奏之本發與九卿入議，或如此摺之論而議，眾議或更有更定者，尚未定，將朕之諭與此議摺發來你看，你意為此論如何），而臣之奏對不能有所發明，則生平讀書殊為可惜，是以於辦事之暇，載稽往事，又與一二讀書之老儒反覆考訂，謹撰從祀參考一篇，繕寫呈覽，又附有《從祀補遺》一篇，則九卿之所未經議及，天固留此以待聖主發潛德之幽光者，伏冀留覽而兼採焉，臣羹堯不勝幸甚。

〔299〕川陝總督年羹堯奏報擬赴京陛見時間安排摺[2]-[31]-832

臣羹堯謹奏。

臣懇請陛見一摺，蒙聖恩詳悉指示，睿慮周到，臣敢不仰體聖懷，無如一月以來，心神已往，實難強忍，且時於夢寐中在帝左右，瞻戀之私不能自解，兼之陝省有四五件大事亟宜陳奏，早為料理，臣於九月二十四五日〔註288〕起身，十月半前到京，十一月半前陛辭回陝，一切妥便，臣東望頂禮，秉誠再懇，伏祈聖慈俯允，臣不勝激切之至，謹奏。

硃批：所奏如此懇切朕實不忍阻卿也，九月二十四日卯時上好日辰來京陛見，路上不必兼程過勞，酌量而行。

〔註288〕雍正二年九月二十四五日。

〔300〕川陝總督年羹堯奏報小張家喇嘛出痘痊癒擬遣官送京摺
[2]-[31]-833

臣羹堯謹奏。

小張家刺麻出痘已經全愈，九月初三日〔註289〕臣已差人接至省城，現住廣仁寺〔註290〕內，擬於九月二十日遣官送其入京，俟將到京城之前，自必先行請旨遵行，理合奏明，謹奏。

〔301〕川陝總督年羹堯奏報經收鹽茶銀兩數目並用於買糧修城等情摺[2]-[31]-834

臣羹堯謹奏。

臣所辦理塩茶兩項，內有商人傅斌代舊商王若綸完銀一十八萬五千兩，又因本年用塩甚多，正引不足行銷，臣以印票運賣接濟，得銀五萬兩，又因變賣陳茶，定價每封三錢，今多賣銀共二萬兩，又拏獲私茶，該犯情願贖罪，交銀八萬五千兩，又原任總督鄂海未曾收完之靖邊榆林兩同知捐規銀六萬兩，以上共銀四十萬兩，於西安所屬買穀二十萬石，甘肅各屬買米麥六萬石，於延安各邊地買米六萬石，以備不時之需，其餘剩銀兩則當解往西寧，以供修城之用，臣曾面奏，俱蒙允准。但積貯與邊城為戶工兩部緊要事務，今米麥已經買足，理當具疏題明，以便發部存案，或將以上各條逐件聲說，或以臣陛見，在京奉聖主發內帑銀四十萬兩，交臣帶回陝西以買米修城之費，如何措辭，伏祈聖訓指示，使臣遵行，再塩茶兩事，儘臣籌畫，全不累及商民，於正項外尚可生發銀二十餘萬，西寧一帶新築邊墻營房，似不須動用庫帑，俟來年事完之日將以上各情節統敘一本具奏，更為簡妥，均祈批示，臣庶有所遵循也，謹奏。

硃批：應據實具題，亦令全天下督撫知自己存心辦事也。

〔302〕川陝總督年羹堯奏覆家人桑成鼎家世履歷摺[2]-[31]-835

臣羹堯謹奏。

桑成鼎人說是臣家人，其事有因，臣父有得力之舊家人名孫七者，住於海子東南之青雲店，臣家祖塋在彼故也，孫七前妻病故續娶之妻桑成鼎之生母

〔註289〕雍正二年九月初三日。
〔註290〕位於陝西省西安市市區內，建於康熙四十四年，為藏傳佛教喇嘛寺，有清聖祖御製碑。

—257—

也，時已八九歲，桑族無人，養於母舅之家，因其生母在此時來看視臣父，念其姿稟相貌，令其讀書，至十五六歲文理清通，做人妥帖，臣兄亦常令其幫辦事情，繼因其生母病故，臣年已二十，決意稟臣父兄，令其自去挣扎，不可輕待，即其未做官時，臣每與坐談竟日，胸中無些微芥蒂，後選授四川知縣，歷任同知知府，居官可愛，而委運松潘進藏兵糧，兼濟陝兵，原名孫成鼎，臣為題請復姓，此誠國家人才，誰敢復有家人之見，是以臣在京中竟未奏及，實係遺忘，今蒙垂問，桑成鼎世世之幸也，臣謹據實以對。

〔303〕川陝總督年羹堯奏報川陝官兵前往南坪壩勦撫情形摺
[2]-[31]-836

臣年羹堯謹奏。

今冬各省督撫陛見一事，原在可行可不行之間，即欲停止亦無不可（硃批：朕欲停止此舉）。至於南坪壩賊番乃新經歸附，野性無知，因築城駐兵（硃批：此事必激成者，你屬員欺隱了你了），敢於橫肆，今川陝之兵已到彼處，而賊番並未抵敵，棄寨潛匿，臣已行令，整齊兵馬蹜探的實，設法擒拿首惡，仍一面招撫無辜（硃批：應招撫者遲數日何妨，速諭不可殺戮無辜，此等事慢慢料理有日，不可速急，只務西海大局要緊），不妨少遲時日，務為一勞永逸之計，俟有就緒，另當奏聞，臣斷不敢疏忽從事也，謹奏。

〔304〕川陝總督年羹堯奏報胡期恒赴任日期及金無極等人起程陛見日期摺[2]-[31]-837

臣年羹堯謹奏。

新補甘肅巡撫胡期恒已將西安布政司任內錢糧交代清楚，於十二月二十二日〔註291〕起程前赴新任矣，新補西安漢軍副都統金無極亦於是日起程入京陛見，再巡撫范時捷遵旨於雍正三年正月初三日起程陛見，寧夏將軍蘇丹的於正月初四日起程陛見，理合一併奏明，謹奏。

硃批：好，甚在行，合朕意，朕正要發旨意，不要着他們同來。

〔305〕川陝總督年羹堯奏覆原西安布政使胡期恒與諾穆渾交代清楚並無虧空摺[2]-[31]-838

臣年羹堯謹奏。

──────────
〔註291〕雍正二年十二月二十二日。

原任西安布政司胡期恆與諾穆渾交代之時，司庫存銀一百四十七萬有零，俱係實貯，並無虧空，四五日內查點抽兌即已清楚，然後出結授受，臣不敢不據實以聞，謹奏。

硃批：朕原亦不信此論，但凡事不如明出來好。

〔306〕川陝總督年羹堯奏報晉撫諾岷病情並薦表妹夫董紳等事摺 [2]-[31]-839

臣年羹堯謹奏。

鞏建豐自四川考試回陝，臣在西寧聞其沿途自稱奉旨，着伊查訪官員賢否，殊失謹慎之道，是以臣面奏及此，然無指名確証，不敢遽以參劾，謹奏。

硃批：再訪，少有可據參奏。

臣年羹堯謹奏。

臣於去年十一月內見山西巡撫諾敏，據伊自說，我的病服藥調理，大約十餘日後可以辦事，臣目覩其語言明白，兩手有力，似無大碍，是以具摺奏明，及臣到蒲州時聞其病較前加重，然終不知其確實，故未敢再奏也，謹奏。

硃批：近來如此等處甚多，草率孟浪。

臣年羹堯謹奏。

平陽府知府董紳係臣之表妹夫，親情原甚疏淡，而表妹亦已病故多年，臣自京赴川，路過山西，始與識面，後因董紳解餉到川數次，臣知其為人謹慎自愛，初見若似不及，而熟悉晉省之土俗民情，且為噶禮、蘇克濟之屬官最久，而無一苟且之事，臣是以薦之，實無一毫〔註292〕私意，謹據實奏聞。

〔307〕川陝總督年羹堯奏覆官兵前往郃陽擒拿鹽梟並無殺傷平民摺 [2]-[31]-840

臣年羹堯謹奏。

郃陽縣塩梟一案，屢經化誨，不得已而遣兵前往，未射一箭，未放一鎗，除挐獲兇犯十五名解省研審外，並無殺傷一人，若果有殺傷平民之事，眾耳眾目萬難掩飾，臣情願甘罪，斷不肯下庇屬員，上欺聖主，謹據實具奏以聞。

硃批：有范時捷与你字，你寫回字與他。

〔註292〕「無一毫」三字硃筆塗掉。

〔308〕川陝總督年羹堯奏陳范時捷蘇丹居官情形摺[2]-[31]-841

臣年羹堯謹奏。

臣與范時捷相與幾二十年，因伊署理甘肅提督印務，正貝子允禵駐甘之日，威權赫耀，任意行事，而范時捷獨能守正不阿，屢經挫辱，未嘗改移，及巡撫西安，操守廉潔，辦事謹慎，非獨臣一人之私言，實通省官吏之所共知，臣之所以薦范時捷者，職此之故，今捧讀聖諭，范時捷之奏對光景，原不能料及於此，但人才難得，伏祈聖主念其以往之居官，另加試用，或不終為廢棄之人也。蘇丹年紀雖有，而精力尚強，臣平日與之閑談，皆勸勉出力並寧夏滿兵事宜，此外並無他言，臣謹據實奏聞。

〔309〕川陝總督年羹堯奏呈寫與范時捷回書摺[2]-[31]-842

臣年羹堯謹奏。

臣遵旨寫與范時捷回書一封，附入匣內呈進，謹奏。

硃批：范時捷說你被人蒙獘，今你此字中言他被人蒙獘，今朕若聽你言，便寢此事不究，則被你蒙獘矣，若聽范時捷之言即治金啟勳之罪則朕被范時捷蒙獘矣，此事你二人中自有一人被人蒙獘，爾等被人蒙獘不過壞一省吏治，若到不可用尚可擯斥而更人，朕若被人蒙獘則天下政務所關，爾等未必能為伊霍之事也，此事你必究明根源復奏，朕必明此事矣，你若不能徹底詳明此事，朕被你蒙獘由〔註293〕可，你蒙獘朕之罪恐當不起天下人之指論也。

附件年羹堯寄覆范時捷回書

川陝總督年羹堯字寄原任陝西范巡撫。

凡督撫之待屬官各有所見不能相同，惟就事論事似為合理，金啟勳之終身為人我如何能保他，但於我任內三次做屬官，不要錢不惧事，我若說他不好卻使不得，至於郃陽一案，金啟勳帶領兵馬到彼天色初明，遠遠將兵馬擺列，自己率同知縣並衙役人等於夏陽川堡子外傳集彼處一連五個堡子內的頭人，曉諭明白，百姓即將歷年為首之田慎幫縛送出，百姓又引了衙役到堡子內將為首之人悉行拿獲，事畢便已撤兵，兵馬往來秋毫無犯，並無殺傷平民，亦無畏懼自盡之人，即此兇犯十五人之家屬亦皆全在，今閱來字惟恐或有欺蔽，又令該知縣周文澤細加查問，並無因兵馬到彼而投崖跳井懸梁之一人，貴院所言或係風聞之惧，金啟勳於郃陽一案實無罪也，專此寄復。

〔註293〕「由」應為「猶」之誤。

三月十二日〔註294〕年羹堯寄。

〔310〕川陝總督年羹堯奏報恭讀訓臣硃諭不勝恐懼感愧摺
[2]-[31]-843

臣年羹堯謹奏。

二月十三日〔註295〕由驛齎到硃筆諭旨，臣敬謹開讀，既不勝其恐懼，又不勝其愧赧，臣與隆科多同受天高地厚之恩，皆不能自己保全，又同受聖主委曲保全之恩，乃上不信聖主之推誠，下不守人臣之大義，更不通前徹後，思想保全之樂境，慮及抄沒，如此行徑，顛倒錯亂，殊堪駭異，亦不知要聖主如何宣示而始肯歡忭樂從也。臣賦性粗愚，無所較長於人，然區區之誠，惟知感激天恩，謹守臣節，益加奮勉，以圖報稱，斷不敢作如此舉動，有負皇上用人之明，謹奏。

硃批：可愧。

〔311〕杭州將軍年羹堯奏覆未曾聞知三江口之謠摺[2]-[31]-844

臣年羹堯謹奏。

三江口之謠臣向日未曾聞知，謹奏。

〔312〕年羹堯奏請垂憐悔罪求饒恩賜生路摺[2]-[31]-845

臣年羹堯謹奏。

臣今日一萬分知道自己的罪了，若是主子天恩憐臣悔罪，求主子饒了臣，臣年紀不老，留下這一個犬馬慢慢的給主子効力，若是主子必欲執法，臣的罪過不論那一條那一件皆可以問死罪而有餘，臣如何回奏得來，除了飯命竭誠懇求主子，臣再無一線之生路，伏地哀鳴，望主子施恩，臣實不勝嗚咽，謹冒死奏聞。

〔313〕附奏鎮海堡外作戰情形片[2]-[33]-955

十月二十五日〔註296〕鎮海堡城外之戰，我兵已將賊人殺敗，城內都統五哥〔註297〕帶領西安滿兵一百察哈爾兵四百開城西門，前後亂跑，尾追賊後搶

〔註294〕雍正三年三月十二日。
〔註295〕雍正三年二月十三日。
〔註296〕雍正元年十月二十五日。
〔註297〕《欽定八旗通志》卷三百二十四作蒙古正白旗都統五格。

掠東西，以致賊人折回，砍傷西安驍騎校一員滿兵一名察哈兒兵二名，都統五哥首先敗回，又復沖礴綠旗隊伍，致鎮海營千總與其兵卒帶傷者十有餘人，其餘行事昏瞶，不知羞恥，而此五百兵馬全無紀律，從來未有，席倫圖輕浮妄言，狂叫無禮，皆軍事之所最忌者，臣是以即行撤回，止留察哈兒兵一百名以為守城之用耳，謹奏。

硃批：豈有此理，若當具本參奏奏來，若乞朕徹，不知□寔，且容明白奏來。

〔314〕附奏戶部奉旨撥解軍餉片[2]-[33]-956

臣接部文，知怡親王奉旨將戶部庫銀發二十萬兩解交臣處，臣雖不知其故，想因預備西寧用兵，所以有此諭旨，但兩年以來陝西錢糧謹慎出入，目今西安藩庫存貯銀兩二百六十餘萬，無不足用之處，理合附奏。

〔315〕奏報西海軍情片（殘）[2]-[33]-957

目今西海情形，插漢丹津經歷事多，頗知利害，不敢明與羅布藏丹津合，而暗中唆撥聳動以觀釁隙，皆所不免，丹仲部落一事不過兩月之內便可完結，誠如聖諭，不致用兵，惟是羅布藏丹津少年孟浪，不知中國之兵力，其所行為不至於加之以。

〔316〕附奏探訪西海口外情形片[2]-[33]-958

臣在莊浪遇見祭河源之副都統廣福〔註298〕等，詢其口外情形，得知西海一帶因羅卜藏丹盡逞兵肆惡，遂有賊人乘間影射搶奪財物，廣福祭河事畢，亦於歸途遇賊劫去衣物等語，今有齎送達賴喇嘛冊印之喇嘛官員人等前往西藏，倘有疏虞所關不小，清字摺內止以雪大草枯為詞，令由打箭爐出口前往西藏，臣意圖穩妥，專擅之罪伏祈鑒宥。再廣福等上下人多，口外驛馬無幾，臣已代為雇騾，於十月初七日〔註299〕自蘭州起身回京，合併聲明。

硃批：要當之極。

〔317〕附奏撤回莊浪勦番官兵片[2]-[33]-959

莊浪勦殺賊番，此事止完十分之七，然西寧所關緊要，是以撤回官兵協防

〔註298〕《欽定八旗通志》卷三百二十四作蒙古鑲紅旗副都統廣福。
〔註299〕雍正元年十月初七日。

西寧，莊浪一帶地方仍留鄉勇土兵相機勦撫餘孽（硃批：急急清理此番子，是極當極，朕寔掛念此一種人，如今好矣），即或根株未淨，俟西海事定臣再當經理完結（硃批：是），其被傷身亡之守備把總，伏祈天恩准其照例優邮，則現今奉調官兵莫不人人思奮矣，謹奏。

　　硃批：已諭部矣。

〔318〕附奏羅卜藏丹津進兵等片[2]-[33]-960

　　羅卜藏丹盡糾合眾力，恃其兵多分頭並進，雖狂逞一時，而彼亦知城堡堅固，無可獲利，以臣揣之，此前進後退之狀，少遲便當逸去，若果如此我之馬力未便追逐（硃批：此來朕寔不解，我備原大意遲了些，既少遲悞，各處遠來兵馬亦不可急用，總相機宜而行，不可勉強），且除其附近羽翼以觀其變，合併附奏，伏祈留中。

〔319〕附奏發兵征討沈中堡等片[2]-[33]-961

　　臣自十月十七日〔註300〕將鎮標兵丁每人賞銀三兩製備綿〔註301〕衣，再三親自撫循，申明大義，覺少有勇氣，是以於二十一日下午發兵一千名並滿漢隨軍效力人員前往沈中堡，此一戰也，內外合力，賊兵敗去（硃批：暫時敗去，未必不來復擾），天明我兵回至西寧，臣又親為慰勞賞恤，伏祈聖主將臣清字奏摺發部存案，下事平議敘之旨，則人各自奮而臣又易於用人矣（硃批：理當的，已諭部矣）。再賊人所行，恃其人眾各處出沒，疲勞我兵，而後別為詭計，臣惟鎮靜謹守以待大兵雲集，然後為進勦之舉，合併奏明。

　　硃批：目下進勦又是可緩，保固內地又其要也，總之不可大意輕視，自然有上蒼賜佑。

〔320〕附報岳鍾琪將抵西寧片〔註302〕[2]-[33]-962

　　臣繕摺已完，而遣探川兵之人到來，知岳鍾琪數日內可至西寧，其勦賊之事云已具摺奏聞，臣恐其奏摺到遲，謹照依寄來摺稿謄寫附呈御覽。

　　硃批：真屬可喜。

〔註300〕雍正元年十月十七日。

〔註301〕「綿」應為「棉」之誤。

〔註302〕原註，根據本書滿文奏摺第六十一件內容，知岳鍾琪於雍正元年十二月十六日抵西寧，此奏片應為岳鍾琪抵達前數日所奏。

〔321〕附奏鄂賴料理西藏事務片[2]-[33]-963

學士鄂賴自西藏行來摺稿，其料理甚為妥當，唐古忒既能感恩奮發，而總兵周瑛又帶領大兵到彼〔註303〕，西藏可以無慮。臣又行文與裡塘、巴塘、乍丫、察木多，並發給告示，令其預備兵馬矣，合並奏聞。

硃批：彼奏已到，發與你看矣，果然料理得好。

〔322〕附奏宰桑造冊送部事宜片[2]-[33]-964

臣所擬旨意，有令將丹仲効力之宰桑等造冊送部以待賞賜之語，一則安慰丹仲部落，二則使插罕丹津知宰桑等姓名已經達部，不致輕加殺害之意，臣已擅專添入，伏祈聖主恕臣教臣，又奏。

硃批：前幾番已有明諭，何專擅之有。

〔323〕附陳認識滿文程度情形片[2]-[33]-965

臣於清字原未深曉，若緩緩看念亦能解識，遇有不解之話，摘出一二句問人，若平常粗淺之事臣妻即能看念，所以要緊旨意從無人見，恐邀宸衷，據實奏明，兵部議敘一件容臣細看，即當覆奏。

硃批：知道了。

〔324〕附進呈羅卜藏丹津回書片[2]-[33]-966

學士鄂賴寄臣書信並羅布藏丹盡給臣回書，統呈御覽，因此可知今年秋冬無甚大事，明春會盟易為料理，臣現今仍不時遣人出口密探，聖懷毋致過勞也，謹奏。

硃批：會盟之事甚屬緊要，着寔籌畫萬全而舉。

〔325〕附陳辦理巴里坤兵馬等片[2]-[33]-967

奉旨令臣等詳議巴里坤、土爾番兵馬事宜，臣與貝勒延信意見無不相同之處，侍郎常壽尚未進口，然此事不宜過遲〔註304〕，是以未列伊之官銜也，合併奏明。

硃批：知道了，所議退兵之策皆是，但此時非回兵之候也，留中，退兵時

〔註303〕松潘鎮總兵官周瑛於雍正元年十二月十八日抵藏。

〔註304〕「事」字後硃筆添「爾」字，「遲」字硃筆塗掉，改為「急」字，故此句硃筆改為「此事爾不宜過急」。

再議。

〔326〕附奏封索諾木達什貝子片[2]-[33]-1002

封索諾木達什為貝子，適中事機之款要，臣即以蒙古字用印文書，宣旨與索諾木達什，並行文與貝勒延信、郎中佟智訖，謹將行文底稿抄呈御覽。

〔327〕附奏曉諭羅卜藏丹津等片[4]-《漢》-169

兵而不止，如西海台吉索諾木達什，乃常來送信於我們者，羅卜藏丹進遣兵擒去，心懷內向者未免自危，又遣兵送貝勒阿爾布坦俄木布〔註305〕至博羅沖魁〔註306〕地方，將蘇爾扎之妻常馬兒恃強姦配，攜之而去，如此等處萬難罷手，惟有行文遣人曉諭申飭，明知其不從，而往返延遲至於明春，則我兵齊備，彼馬瘦弱，一會盟而功罪之案定，庶幾一勞永逸之計也，臣之所以先奏及此者，練兵核餉，甄別武官之賢否，其事甚多，章奏不少，理合聲明，伏祈聖鑒。

〔328〕附奏西安滿營官員不敷片[4]-《漢》-189

西安滿兵現在操練，所有官員狠不足用，伏祈俯如所請，則一切兵事不致遲悞，又奏。

〔329〕附奏四川辦理考試情形片[4]-《漢》-197

四川正主考莊楷、副主考程元章考試公明，深合輿論，附奏以聞。

〔330〕附奏小張家呼圖克圖情形片[4]-《漢》-214

小張家呼圖克圖據挐獲喇嘛供稱半月前移往大通河北之雜籠地方，彼處並無廟宇，止有西番千人喇嘛七百餘人，若聽其在彼恐賊僧等藉此號召番彝，又生事端，容臣探實，作何料理另行奏聞。進勦日期未能預定，將軍印信伏祈頒發馳驛到寧，於事有益也，謹奏。

硃批：人正行正事正理正，即我之師傅，喇嘛少有不端非我的喇嘛。既非

〔註305〕 貝勒阿拉布坦鄂木布，顧實汗圖魯拜琥長子達顏鄂齊爾汗孫，《蒙古世系》表三十八失載。《如意寶樹史》頁七九〇後表一載其父羅布藏彭措貝勒，其名博碩特拉布坦旺波。

〔註306〕 同名河流名，《清史稿》卷五二二頁一四四四三作博囉充克克河，即湟水，作地名應在青海省海晏縣城一帶地區。

我的喇嘛有可瞻顧外，應當如何料理，不用犇一點肘，此七百人內必有當日近老（喇）嘛熟認朕的人，可令一二擒獲的喇嘛內將老喇嘛與朕的恩情說與他，你們如何忍得如此行，着他給人帶小喇嘛來，則無事矣。再老喇嘛的塔那去了。總在你相機度時而舉，大局已定，朕不忙，只要圖萬全而行。

〔331〕奏陳聖駕往謁山陵事[4]-《漢》-235

聖祖皇帝、仁壽太后山陵告成皆在九月〔註307〕，聖主啟行日期，何人隨往總理事務，臣皆無由得知，臣心不禁懸懸（硃批：十八〔註308〕起身，初三〔註309〕回京，少不得要這些日子，廉〔註310〕、旧、裕〔註311〕、馬爾漢〔註312〕留京，怡〔註313〕、馬〔註314〕、馬爾塞〔註315〕、阿卜蘭〔註316〕隨駕，大槩俱好，你為朕放心），伏祈聖主大槩批示，臣不勝幸甚，聖駕往回，萬祈弗過十日，至要至要，謹奏。

硃批：不妨，你放心。

〔332〕附奏代擬序文片[4]-《漢》-236

今年三月〔註317〕臣將所刻《陸宣公奏議》一部恭進，蒙聖恩許賜序文，臣踴躍感激不知所云，伏念萬幾無暇，恭勸節勞頤養，何敢以此上煩聖心，不揣固陋代擬一序，倘得宸翰揮灑頒發，臣之榮耀永永無報，謹奏。

硃批：朕覽爾此奏，比是什麼更喜歡，這纔是，即此一片真誠，必感上蒼之永佑，凡百就是如此待朕，朕再不肯好而不知其惡，少有不合朕意處，朕自然說給你，放心為之，得暇好好寫來賞你，定不得日期。

〔註307〕雍正元年九月。
〔註308〕雍正元年八月十八日。
〔註309〕雍正元年九月初三日。
〔註310〕指清聖祖第八子胤禩。
〔註311〕指清聖祖兄福全子保泰。
〔註312〕待考。
〔註313〕指怡親王胤祥（允祥）。
〔註314〕指馬齊。
〔註315〕《欽定八旗通志》卷三百十八作領侍衛內大臣公馬爾賽。
〔註316〕《欽定八旗通志》卷三百十八作前鋒統領公阿布蘭。
〔註317〕雍正元年三月。

第三部分　雍正朝滿文奏摺

〔1〕署理大將軍事務延信等奏請西藏設第巴總理藏務摺（雍正元年正月初二日）[3]-1〔註1〕

署理大將軍事務宗室公臣延信、四川陝西總督臣年羹堯謹奏。

臣等查得西藏自古以來兵即不到，先前策妄阿喇布坦〔註2〕派兵作亂，先皇天威遠播，遣將軍兵丁分兩路進討，逆賊皆敗亡遠遁，臣延信先前領兵入藏奉先皇之旨，爾進兵平定西藏後倘達賴喇嘛〔註3〕、青海之人未求留兵，大軍全部撤回，事情方可清楚，欽此。嗣後平定西藏，呼畢勒罕〔註4〕、唐古特〔註5〕之人皆懇稱請大軍暫留保護我等等語，故臣等方留下大軍，現今思之賊斷不敢復進藏，派兵駐守二年餘，往數千里地之遙運糧甚難，且錢糧麋費亦多，目今雖令伊等於彼處採買，按兵丁給發，然西藏地方較小，米穀等物價亦漸漲。再我大軍在外日久甚受苦累，而唐古特兵民亦盼望事畢，況且命兵丁久留異域妄加滋事之處亦不可料，惟達賴喇嘛年歲尚小，坐床未久，西藏又無總理事務

〔註1〕此重要之奏摺翻譯不佳，可參見《年羹堯滿漢奏摺譯編》滿文第一號文檔之翻譯。

〔註2〕《平定準噶爾方略》卷一頁一作策妄阿喇布坦。

〔註3〕即七世達賴喇嘛，清廷初封其為弘法覺眾第六輩達賴喇嘛，後默認為第七世。《欽定西域同文志》卷二十三頁二載，羅布藏噶勒藏佳木礎，蒼揚佳木礎之呼畢勒汗，出於裡塘，至衛座布達拉、布賴賁、色拉寺床，賜冊印為第六世達賴喇嘛。

〔註4〕原文作「嗣後平定西藏呼畢勒罕」，誤，今改為「嗣後平定西藏，呼畢勒罕、」，呼畢勒罕即七世達賴喇嘛。

〔註5〕即西藏。

之人，倘不撫慰其心亦不副先皇撫遠至仁，臣等愚意令達賴喇嘛、各地堪布、番目等保舉一名忠厚可靠平素遂〔註6〕唐古特人意者作為西藏第巴，總理其事可也，此第巴並非封給，故嗣後倘不能辦事〔註7〕，即行更換亦不難。目今駐藏大軍於雍正元年四五月內出青草之時將蒙古兵丁經木魯烏蘇路撤回，滿洲綠旗兵丁經巴爾克木〔註8〕路撤回，駐察木多〔註9〕之四川綠旗兵暫駐一千名，簡選賢能副將一員管理，防守西藏地方。再曉諭達賴喇嘛聖主惠愛唐古特至意，命伊等由招〔註10〕至察木多地方沿途修建烏拉，以備報軍機之事可也，萬一逆賊又進藏則作速報至察木多，即可領兵前往救援等語。若如此既能保護達賴喇嘛亦可得唐古特人心，錢糧亦可多有節省，俟策妄阿喇布坦遣使認罪，誠意來投後再將駐察木多官兵全部撤回，惟軍機之事所關最為重大，應否如此辦理之處，俟上指示後臣等再另繕摺奏聞，為此謹密奏請訓旨。

雍正元年正月初二日〔註11〕

硃批：爾等此奏是，朕意尚未定，事屬重大，朕已寄信召年羹堯，若年羹堯前來，地方諸事爾更應勤奮留心，謹慎效力。

〔2〕川陝總督年羹堯奏報出兵降服松潘口外生番緣由摺（雍正元年二月二十五日）[3]-77

四川陝西總督臣年羹堯謹奏，為謹遵上諭事。

據康熙六十一年七月二十三日到行在兵部來文內開，議政大臣與臣所奏招撫松潘口外羊洞〔註12〕、中天山等寨生番一事，經復議議覆，邊界大小事用

〔註6〕原文作「隨」，據《年羹堯滿漢奏摺譯編》滿文第一號文檔改為「遂」。
〔註7〕原文作「事」，據《年羹堯滿漢奏摺譯編》滿文第一號文檔改為「辦事」。
〔註8〕西藏舊分衛、藏、喀木、阿里四大區，巴爾克木常寫作巴爾喀木，以今昌都為中心的藏東地區。巴爾喀木常簡寫作喀木，《大清一統志》（嘉慶）卷五百四十七載，喀木，在衛東南八百三十二里，近雲南麗江府之北，東自鴉龍江西岸，西至努卜公拉嶺衛界，一千四百里，南自噶克拉岡里山，北至木魯烏蘇南岸，一千七百里，東南自雲南塔城關，西北至索克宗城西海部落界，一千八百五十里，東北自西海部落界阿克多穆拉山，西南至塞勒麻岡里山，一千五百里。
〔註9〕今西藏昌都縣，清代此地為察木多帕克巴拉呼圖克圖統治，統屬於達賴喇嘛與駐藏大臣。
〔註10〕即拉薩，因大昭寺故，清代檔案文獻常以昭代指拉薩，此處寫作招。
〔註11〕《雍正朝滿文硃批奏摺全譯》一書之滿文奏摺，具奏時間均置於翻譯者所擬之標題處，據《年羹堯滿漢奏摺譯編》一書，滿文奏摺之格式應為具奏時間置於文末，硃批之前，故本書據《年羹堯滿漢奏摺譯編》將所有滿文奏摺時間補出。
〔註12〕常寫作羊峒，今四川九寨溝縣一帶藏人部落。

兵之處皆應奏聞，視諭旨指示遵行，今總督年羹堯奏稱，提督岳鍾琪副將周瑛
等出兵征討松潘等寨外生番，欲收取該地，駐兵耕田，然此等番子屬誰，或屬
達賴喇嘛、班禪、拉藏汗〔註13〕、青海何人，或係無主生番，此等人於邊界地
方因滋生何事，治何罪而興兵討平之處並未陳明，駁回此事，俟將此等番子原
屬何人，現有無主子，或治何罪而討平之處查明到來之時再議等因具奏，奉旨，
依議，欽此欽遵，咨文前來。臣當即行文著查核，今據四川提督岳鍾琪回文內
開，下羊洞、中天山、南坪等地方三十一寨，東邊係陝西文縣，南邊係四川龍
安府小河營，西邊與漳臘營接界，北邊橫互大山，此地係川陝兩省交界之地，
為階州、文縣客商從彼處販運米穀梨棗等物通往四川之大路，此等番子自故明
宣德年間起即不服教化，沿路行搶，如今已成教化外之生番，伊等並無管理之
人，亦無主子，亦非達賴喇嘛、班禪、拉藏汗、青海所屬。其內部私立頭領，
依仗地方高險妄加搶掠，不只來往兵民受其害，即邊界附近居住我屬之番子亦
皆受其害，文縣地方距伊等之地近，故當地百姓每年向伊等貢羊及布疋，然仍
聚眾將百姓綁走強迫索取贖身錢，漳臘營所屬三個寨子之漢人番子亦飽受其
害，若因此即將伊等告官，拿獲後著落賠補，則另一日人無備之時伊等即〔註
14〕聚眾殺掠，則更趨嚴重，實與古魯克〔註15〕部無異。康熙六十一年二月總
督巡撫提督總兵官公同商議後派出副將周瑛巡查邊界以教化眾番子，嗣後文
縣之生員百姓王洪等三十餘人將每年遭搶掠盜竊各案呈報四川省官員，呈文
祈請追回被搶物品，隨即批示交付周瑛，令於就近查核，索還財物。又漳臘生
員百姓范世英等人亦出具被擾緣由，訴訟到周瑛前，周瑛呈稱舊番子內有人引
導此等人滋事之處亦不可定，務須親自挨近番寨查核，此既與平常巡查教化有
益，故不可不帶兵示威等語，隨令領兵一百，又斟酌調金川、沃日土司兵四百
前往彼處曉諭。然惡番不守法，毀橋截路，又箭射探路之番兵楚潘等二人，聚
各寨之人攔路放槍射箭，任意胡行，由是周瑛等於要處搭橋渡河，遣派前鋒番
兵由伊等寨後偷入，拿獲設卡駐紮之番子頭目伯里等五人，至此眾番子方知
懼，誠意歸服，周瑛隨宣諭聖主如天大德，收服彼等，惟登婁山番子頭目楚他
子率屬下十數人，由文縣哈安寨逃脫時附近百姓十分痛恨伊等，隨夾擊，伊等
俱投水斃命，即將彼等由文縣搶掠之陳寶志之女寧傑，以及驢子騾子牛皆追回

〔註13〕原文作「拉藏汗汗」，今改為「拉藏汗」，本文檔皆改。
〔註14〕原文作「及」，輯者改為「即」。
〔註15〕即今名果洛之藏人。

交還原主。再松潘漳臘文縣之生員百姓俱呈請駐兵以通川陝大路，故奏請棨營等因咨文，今議政大臣等既已遣員查核返回，理合出具全部情由，回文等語，並將各寨戶口繕檔與地方地圖一併送來。臣查得邊界番子倘有妄動情形必須用兵，則務奏請諭旨後方可遵行，此等巡查邊界酌情訓育教化，俾遵行天國法度，免兵民被盜被搶之苦等事，皆屬各營官員應行之責，若具奏此等事則屬囉嗦，適繞生員百姓王洪等呈文，請將歷年被掠各物催還，副將周瑛稟告後帶領官兵追還，此亦意在向彼等顯示軍威，嗣後惡番將我前往探路兵丁內之番丁殘害，故領兵將番子伯里等拿獲，伊等始知懼歸降，並無用兵剿滅之處。楚他子等十數人被文縣百姓等包圍投水而死，亦係平素妄行搶掠，村民切齒之故。康熙六十年五月越連等殺掠湯鋪溝土司等之處，已咨文到部。四川陝西之番人百姓等被伊等盜竊之處數不勝數，此皆因生番居住之地文官未加管理，且諸營亦未派兵防守，再因受害百姓懼怕生番報復，只得忍耐不敢報官所致，文縣之生員百姓皆係聖主生民，為保護伊等之家產每年向生番貢牛布，再現正值用兵之際，川陝大路不得被伊等任意攔截，百姓不可總受其害，臣與巡撫提督商議後惟願教化此等愚人，今蒙聖主之威，既已歸服，請駐守軍以廣皇仁，並使邊界地方久安，除將各寨戶口檔報部外地方地圖亦一併奏覽，請旨。

雍正元年二月二十五日

硃批：總理事務王大臣議政大臣議奏。

〔3〕川陝總督年羹堯奏查涼州等三道虧欠捐納銀兩摺（雍正元年二月二十五日）[3]-78

四川陝西總督臣年羹堯謹奏，為遵旨查奏事。

康熙六十一年十二月二十七日兵部來文內開，總理事務王大臣議政大臣議後覆奏，甘肅巡撫綽奇所奏涼州甘州肅州三道何廷貴〔註16〕等虧空新增九項例定捐納銀一案，查得西部兵興以來所用錢糧甚多，故開捐納之例以裨軍需，此等捐納人應交之銀米本應上緊催交，早令完納，然推託日久方行奏陳，定有緣由之處亦不可料，將此交付總督年羹堯查明議定具奏可也，等因具奏之時，奉旨，依議，欽此欽遵，送至臣處。臣伏思開捐納之例特為有裨軍需，倘務必看視將銀米交納倉庫，再給發實收字據，方不致尋幸妄索官員之字，且有裨軍需，臣一到陝西即早已知悉捐納之例弊端甚多，用於軍需者半，眾官員私

_____
〔註16〕《甘肅通志》卷二十八頁三十四作分守涼莊道何廷圭。

吞亦佔一半。嗣後抵甘州肅州詳細訪查，又經詢問綽奇盡皆稔知，惟新增九項則例弊端尤甚，故部來文著臣查明具奏，臣即行文巡撫綽奇及三道嚴查，目今皆已回文前來，查得此捐納之例雖名為三道公同收取，實為伊等各自承辦，再總查乃巡撫之專責，既已虧空不可免罪，惟巡撫綽奇既已陳奏伊未能親自查核，故應候部議。再計算三道所收之數，未給字書應除去者有四萬餘石，除此實收銀穀十三萬餘石，據肅州道胡仁智〔註17〕呈稱，伊承辦應捐納之米穀為六萬二千二百餘石，其中兩份米穀為一萬二千四百餘石，八份銀為三十五萬八千餘兩，實用於軍需之米穀為一萬二千五百餘石，銀四十一萬二千餘兩等語，將此核算，除伊所收者外，仍賠補一百餘石米穀、五萬四千餘兩銀，並未虧空。雖軍需上有應予核減之項，然伊填用之項亦可折抵銷算，倘又有不敷之處應著落該道追還。又據涼莊道賀廷貴〔註18〕呈稱，伊承辦應捐納之米穀為四萬六千餘石，其中除運送至大軍處之米麥及所付之租銀外仍欠銀十萬三千餘兩，此皆係運米穀時所欠，係因公用補償所致等語。查得運送米穀等項皆用正項錢糧，並無補償之處，此皆應著落該道追還，既然與捐納之官員人等無關，故應作速繕寫涼州肅州兩道承辦捐納官員人等之檔，送部後簡放官員之事不停，仍用之可也。再甘陝道傅哲允〔註19〕承辦應捐納之米穀為二萬六千四百餘石，據伊告稱其中官員等所欠銀為十二萬七千餘兩，償還米穀時賠補銀為二萬五千餘兩，兵興以來欽派之各官前往軍中之武將皆予資助，再近年支援駝馬，招撫百姓耕田，協解建倉，運送米穀等項損耗，派往口外等項賠補，因日久雖為捐納各項，亦皆有虧欠之處等語。此等處既然捐納官員人等有虧欠之項，俟將於該道處捐納之官員人等繕檔送部後暫停簡放可也。俟此等人補捐滿數時再按序任用，倘仍照從前虧欠，核查檔案後除名。再道員等人承辦捐納之項所欠錢糧多，一時難能全數賠補，故按巡撫綽奇所奏，展限一年，著巡撫嚴催完納後察報可也，倘逾期未完即將該道嚴加治罪，惟道員等因承辦捐納而致虧欠，雖不可免罪，然總督巡撫部員亦俱有查核之責，伊等任意虧欠正項，惟希冀分得一份，若只將道員等治罪伊等定不服。再巡撫綽奇所得之份臣業經向伊詢問，既然據伊稱業經奏明，欲皆拿出用於公事等語，俟巡撫綽奇據實陳奏繕檔送部後核查銷算，將自開捐納之例以來凡道員中索取捐納例銀者視開列出來即追還，

〔註17〕《甘肅通志》卷二十八頁四十作整飭肅州道胡仁治。
〔註18〕《甘肅通志》卷二十八頁三十四作分守涼莊道何廷圭。
〔註19〕《甘肅通志》卷二十八頁三十三有分巡甘山道傅澤澐。

以償還虧空之項。再部郎中烏爾呼岱等原命管理三道，查核錢糧，不意銷算大軍錢糧之事至今並未繕檔具奏，且捐納之銀米，竟虧空如此之多，雖奉旨將此等人遣回，然伊等竟推託數月未去，由此觀之顯為有利者爭，有弊者躲，此等人駐肅州多年所辦何事呢，此虧空之項嚴加著落此等人追還，以為瀆職者戒。再捐納之銀米與軍需有關，若軍需不明則難於查核捐納之項，伏祈聖主降旨巡撫綽奇，將凡軍需所用錢糧作速繕檔，陸續奏銷可也，此事再寬限三個月，暫寬免參劾眾官員，倘仍照從前日久推諉，將巡撫以下官員皆革職治罪，為此謹奏請旨。

雍正元年二月二十五日

硃批：總理事務王大臣會同宗人府吏部戶部議奏。

〔4〕川陝總督年羹堯奏請將筆帖式陞職留於軍前効力摺（雍正元年二月二十八日）[3]-81

川陝總督臣年羹堯謹奏，為請旨事。

臣前在四川曾將前往入藏綠旗軍前齎送賞銀之禮部八品筆帖式正黃滿洲旗精衛佐領下之諾木渾奏留四川辦理軍機事務，其後臣擢任川陝總督，又奏請將其帶至陝西，諾木渾為人謹慎，辦事効力，食筆帖式俸亦已年深，倘其在京亦能蒙恩，茲若因臣奏留之故誤其陞遷，情殊可憫，但今若為承恩將其留京，臣處則無辦事之人，故此何以承恩且可隨臣辦理事務，悉出皇上恩典，伏乞上裁，為此謹奏請旨。

雍正元年二月二十八日

硃批：著以主事於年羹堯處効力，倘効力甚優，軍務完畢另行施恩。

〔5〕川陝總督年羹堯奏薦李世卓為神木道員摺（雍正元年三月初十日）[3]-93

四川陝西總督臣年羹堯謹奏，為欽遵上諭事。

竊准吏部咨稱，雍正元年三月初八日奉旨，神木道羅京〔註20〕既被參革，此缺甚為重要，著交總督年羹堯保奏即補，欽此欽遵。臣查得神木道一職甚為重要，現於四川陝西軍前効力之候補道李世卓〔註21〕辦事勤慎，人亦明白，李

〔註20〕《陝西通志》卷二十三頁二十二作分巡延綏鄜道羅景。
〔註21〕《陝西通志》卷二十三頁二十二作分巡延綏鄜道李世偉。

世卓既為獲選之人，倘蒙恩准將其補為神木道則於地方大有裨益，為此謹奏，請旨。

雍正元年三月初十日

硃批：著補李世卓。

〔6〕川陝總督年羹堯奏請擇員駐防察木多摺（雍正元年三月十二日）[3]-94

四川陝西總督臣年羹堯謹奏，為請旨事。

議政處議得，領兵駐守察木多一事由總督年羹堯於川陝兩省總兵官副將內薦舉奏請等因，故臣於兩省總兵官副將內選出三人，開列名職具奏，伏乞皇上指派一人，建昌總兵官王志君〔註22〕、遵義副將張羽〔註23〕、華臨協副將周瑛〔註24〕。

雍正元年三月十二日

硃批：調盧正陽〔註25〕為重慶總兵，周瑛補為松潘總兵，領兵駐防察木多。

〔7〕川陝總督年羹堯奏請賞給駐站土司兵丁鹽菜銀摺（雍正元年四月初九日）[3]-141

四川陝西總督公臣年羹堯謹奏。

因西藏軍務打箭爐以西沿路安設臺站，為協助我內地之師亦令土司嘉克瓦司之兵駐站，我內地兵丁皆有塩菜銀，而土司之兵沒有，伊等多年來生計艱難，祈請聖主施恩亦照內地兵丁之例同樣賞給土司兵丁塩菜銀，為此謹奏請旨。

雍正元年四月初九日

硃批：該部議奏。

〔8〕川陝總督年羹堯奏報加緊備兵以防青海蒙古人摺（雍正元年五月初八日）[3]-229

太保公四川陝西總督臣年羹堯謹奏，為密奏以聞事。

〔註22〕《四川通志》（乾隆）卷三十二頁四十作建昌鎮總兵王之俊。
〔註23〕《四川通志》卷三十二頁四十二作建昌鎮標右營遊擊張玉，應即此人陞任者。
〔註24〕《四川通志》（乾隆）卷三十二頁五十六作化林營副將周瑛。
〔註25〕《四川通志》（乾隆）卷三十二頁二十九作重慶鎮總兵路振揚。

駐西寧辦事侍郎常壽密奏，據蘇爾扎〔註 26〕之妻昌瑪爾所屬之和碩齊台吉〔註 27〕達爾扎布前來稟告之處，及青海親王察罕丹津之子〔註 28〕世襲貝勒默爾根戴青喇察布〔註 29〕前來稟告之處觀之雖無事，然我等不可不備，故臣除照侍郎常壽來文譯成漢文，緊急咨行四川提督岳鍾琪曉諭外。查得提督岳鍾琪現帶領二千官兵出松潘口，又預備綠旗官兵土司兵番兵共九千五百人。臣又令陝西土司楊汝松〔註 30〕預備三千兵，提督岳鍾琪出口後若無事，即帶領地方兵丁聲揚兵威，倘若有事算預備之兵共一萬四千五百，盡皆前去，一次彈壓即可剿滅。除提督岳鍾琪據實報來另行具奏外，再臣意青海之人原即性小奸宄，若我等如此暗中準備即可敷用，斷不致誤事，倘大加張揚反致滋事之處不可料定，為此謹密奏以聞。

雍正元年五月初八日

硃批：知道了，此事似可息之，無論如何預備甚是，諸事先已皆有旨。

〔9〕川陝總督年羹堯奏報咨行柴達木領兵都統之信函摺（雍正元年五月十一日）[3]-238

太保公四川陝西總督臣年羹堯咨行柴達木領兵都統〔註 31〕，為欽遵上諭事。

皇上已將都統奏摺寄交我辦理，故此文一到，都統即遵旨撤回柴達木之兵，駐紮察漢托洛亥〔註 32〕，予將再遣西寧馬兵鳥槍兵一百名步兵鳥槍兵四百名共五百名至爾處，惟察漢托洛亥附近皆已住人，不可比於柴達木，都統宜妥善收管兵丁，不可騷擾居住人等，駐紮應不滋事，由柴達木撤回之大軍情形，馬畜軍械帳房鍋等物如何之處明白咨行前來，再駐紮察漢托洛亥後凡有所聞所見消息立即緊急咨行前來，我辦理則易，為此咨行。

雍正元年五月十一日

硃批：是，還當察其約束之妥當否。

〔註 26〕《平定準噶爾方略》卷三頁五作台吉蘇爾扎，拉藏汗次子。

〔註 27〕原文作「召吉」，今改為「台吉」。

〔註 28〕原文如此，作「子」，誤，應為侄子。

〔註 29〕《蒙古世系》表三十九作喇察布，顧實汗圖魯拜琥第五子伊勒都齊曾孫，父墨爾根諾顏，祖博碩克濟農。

〔註 30〕《平定準噶爾方略》卷四頁四十六作楊如松。

〔註 31〕《欽定八旗通志》卷三百二十七作漢軍正紅旗都統西倫圖，清太祖努爾哈赤次子代善曾孫有都統奉恩將軍席倫圖者，即此人。

〔註 32〕《欽定西域同文志》卷十四頁十九，蒙古語其地有白石峰頭，故名。察罕城在此山根，而察罕城位於青海省共和縣倒淌河鎮尕爾登克村附近。

〔10〕川陝總督年羹堯奏報咨行駐西寧侍郎之信函摺（雍正元年五月十一日）[3]-239

太保公四川陝西總督年羹堯咨行駐西寧侍郎，為欽遵上諭事。

皇上已將侍郎所奏摺子二個帶交與我，我現除遵旨咨文都統西倫圖〔註33〕，撤回駐柴達木大軍，駐紮察漢托洛亥外，又遣西寧馬兵鳥槍兵一百名步兵鳥槍兵四百名共五百名給西倫圖，查得自軍興以來西寧之兵力已皆竭，此所遣五百名鳥槍兵除由侍郎處照例核給外，我又捐助五千兩銀，惟地方窵遠，我捐助之銀一時不能帶到，故侍郎暫動支庫銀五千兩交付西寧總兵官先行妥善料理可也，我隨後即送銀償還原項。再諭侍郎之旨，告所有前來之青海之人後伊等有何言語之處咨行告我。再青海之地聞得原即廣袤，我意俟稍妥協後即精選一萬名兵丁，周圍查看一次，順便辦事，將此一併咨文知會。

雍正元年五月十一日

硃批：好，這纔是辦事出力。

〔11〕川陝總督年羹堯奏請補放打箭爐官員喇嘛等員摺（雍正元年五月十一日）[3]-240

太保公四川陝西總督年羹堯謹奏，為請旨事。

准理藩院來文內開，將奏報駐打箭爐喇嘛、官員取信事奏覽時奉旨，此事伊等理合奏實，並無實據之事，小民妄傳之語聞之即奏，殊屬非是，辦理彼處之事，探信之事甚要，不可住一輕忽之喇嘛，將此喇嘛帶回，咨文總督年羹堯遣由西藏前來之喇嘛楚爾齊木藏布喇木札巴〔註34〕補此缺，以辦理打箭爐之事及探信事可也，官員亦更換，爾等行文，對此喇嘛嚴加約束訓示，楚爾齊木藏布之缺，由此處揀選喇嘛遣往廣仁寺，欽此欽遵。除由我部咨文嚴加約束訓示住打箭爐之喇嘛、官員外，為此咨文等語。竊查於打箭爐辦事探信甚為緊要，遣喇嘛楚爾齊木藏布，聖主甚稔知，楚爾齊木藏布五月初九日已抵西安，除稍事休整即遣打箭爐外，惟廣仁寺乃聖主仁皇帝特旨修建之大廟，遣似楚爾齊木

〔註33〕《欽定八旗通志》卷三百二十七作漢軍正紅旗都統西倫圖，清太祖努爾哈赤次子代善曾孫有都統奉恩將軍席倫圖者，即此人。

〔註34〕《大清一統志》（嘉慶）卷五百四十七載，康熙五十六年遣喇嘛楚兒沁藏布蘭木占巴、理藩院主事勝住等繪畫西海西藏輿圖。《平定準噶爾方略》卷八頁十六作喇嘛楚兒沁藏布喇木占巴。此喇嘛與主事勝住於西藏地理考察及地圖測繪史上為重要之人物。

藏布之喇嘛住彼處方合，伏乞此間停止由京城另揀送喇嘛遣往，交付楚爾齊木藏布於其屬下留一名可靠辦事之德木齊暫替其辦事可也，用兵完竣後仍將楚爾齊木藏布帶回住廣仁寺。又竊查現四川成都府理事同知伊特格爾〔註35〕原係駐打箭爐探信之筆帖式，嗣後臣將伊特格爾具題放同知，伊特格爾於打箭爐等處辦事甚熟，而人亦謹慎，既然於打箭爐探信事比同知之事緊要，伏乞授伊特格爾為員外郎銜，遣往打箭爐，與喇嘛楚爾齊木藏布同住辦事探信可也，臣衙門八品筆帖式和敏再交付喇嘛楚爾齊木藏布、伊特格爾，於現在打箭爐之筆帖式等人內揀選一員留下，共二名筆帖式駐於打箭爐，打箭爐若駐喇嘛一員章京一員筆帖式二員，則辦事探信之時皆敷用，停止由京城另遣章京筆帖式，理事同知之缺伏乞皇上揀放遣往，為此謹奏請旨。

雍正元年五月十一日

硃批：該部議奏。

〔12〕川陝總督年羹堯奏報動用庫銀帶往西藏摺（雍正元年五月二十四日）[3]-290

太保公四川陝西總督臣年羹堯謹奏，為明白奏聞動用庫銀事。

竊臣在京間，欽命遣理藩院員外郎常保入藏辦事時諭臣，爾動用西安布政使庫銀一萬兩交付常保，帶往西藏用於公事可也，欽此欽遵。臣一到陝西，即行文陝西布政使照數交付常保在案，又接准理藩院來文內開，因康濟鼐〔註36〕超群効力，故施恩賞緞十，銀三千兩，所賞之緞交付前往西藏之內閣學士鄂賴帶去，賞銀則由鄂賴自臣所備發往西藏之銀內領取給發等語具奏，奉旨，依議，欽此欽遵送來。竊臣伏思常保所帶一萬兩銀亦不多，其中若動用三千兩銀給鄂賴，常保恐不敷用，故另動用庫銀三千兩交付鄂賴，於五月初四日起行前往，除此所用銀數行文戶部外，為此恭奏以聞。

雍正元年五月二十四日

〔註35〕《四川通志》（乾隆）卷三十一頁十九作成都府理事同知伊特格爾。

〔註36〕康濟鼐，後藏南木林人，拉藏汗時期任阿里總管，準噶爾蒙古侵西藏時堅守阿里抵抗準噶爾，康熙五十九年清軍定藏，詔封貝子，任職噶布倫，雍正元年命為總理藏事，招阿爾布巴之嫉，雍正五年被謀殺。《欽定西域同文志》二十四頁三載，康臣鼐索特納木佳勒博，轉音為康濟鼐索諾木扎爾布，初為阿里噶爾本，封貝子，辦理噶卜倫事，後為阿坡特巴多爾濟佳勒博所害，按康臣鼐為索特納木佳勒博所居室名，蓋人以地名者，漢字相沿止從轉音稱康濟鼐。

硃批：甚是，好，知道了。

〔13〕川陝總督年羹堯奏報西藏情形及處置摺（雍正元年五月二十四日）[3]-291

太保公四川陝西總督臣年羹堯謹奏。

喇嘛楚爾齊木藏布由西藏返回西安，於五月二十日起行前赴打箭爐，除將此請安摺轉交臣替伊具奏外，臣又詳問楚爾齊木藏布西藏諸事情形及民心如何，據楚爾齊木藏布告曰，目今西藏並無事，惟給達賴喇嘛之印較先前達賴喇嘛之印小，唐古特人皆係愚昧不曉事之人，因印小，伊等或許胡言此達賴喇嘛亦較先前之達賴喇嘛小，故已蓋印准行之事，伊等或有逡巡猶疑情形，目今無計，伊等擬私自拿出從前元朝所頒之印使用等語。唐古特人甚愚昧，不懂教化，惟尊崇達賴喇嘛而行，今所給之印稍小，伊等即妄加猜疑，擬復私用元朝所頒之印，此大有關係，臣愚意聖主降旨該部，查出從前達賴喇嘛之印舊型，即照舊型，重澆鑄較大些之印更換之，亦係甚易之事。再又據楚爾齊木藏布告稱，此喇嘛外有文采，心亦明白，唐古特人俱盼其辦事，惟達賴喇嘛謂己係出家之人，甚不管事等語。臣愚意若達賴喇嘛盡心辦事，內閣學士鄂賴前去後雖揀放第巴，亦不及伊，倘聖主將此降敕諭曉諭鼓勵達賴喇嘛，令伊照五世達賴辦事，唐古特人必會遵從，且於事大有裨益，此俱係甚有關係之事，故臣將所聞所見敬謹陳奏，伏祈上裁，為此謹恭奏以聞。

雍正元年五月二十四日

硃批：現由部核查商量，並交部議。

〔14〕川陝總督年羹堯奏報致駐西寧侍郎之咨文摺（雍正元年六月初六日）[3]-314

太保公四川陝西總督年羹堯咨行駐西寧侍郎[註37]，欽差一級侍衛達鼐齎捧往問羅卜藏丹津之旨，已遣往侍郎處，抵西寧後侍郎遣員，傳帶羅卜藏丹津屬下賢能寨桑一員向伊詢問降旨，伊如何回奏如何動作之處，侍郎作速繕文咨我，以便我易於辦理。再西寧現有之兵丁，除我已交附署理總兵官事務副將黃喜林妥善預備外，我於此處亦治軍預備，為此咨行。

雍正元年六月初六日

〔註37〕指駐紮西寧辦事理藩院額外侍郎常授。

珠批：好。

〔15〕川陝總督年羹堯奏報致駐西寧侍郎之咨文摺（雍正元年六月初六日）[3]-315

太保公四川陝西總督年羹堯咨行駐西寧侍郎〔註38〕，我看得青海之事甚不定，今日奏稱如此，諭旨剛批下，明日又奏稱如彼動作，則主子實在難辦，我意嗣後若有事，侍郎應停剛聞得即奏之處，先行咨文與我，我二人互相商議，將應如何施行之處商定後再行奏聞，況且先前曾有旨，若我等有事應先與我商議再施行，為此咨行。

雍正元年六月初六日

珠批：爾以恐費朕心，恐為難等因令常壽將所有具奏之事與爾商議後再奏，此雖是，然定耽延，何奏皆可，朕並未一有所聞即零亂辦理，諸事皆寄信與爾劃一辦理，常壽、希蘭圖〔註39〕等仍照從前，凡有所聞一面奏聞一面曉諭爾，爾若應辦即辦之可也，一面具奏，朕若有何裁定之處即降旨與爾，似此則毫無耽延之處且甚佳，朕並無厭煩之處，咨行常壽，朕意仍照從前奏聞可也，凡具奏之事具奏之語，不可於曉諭爾之文內遺漏，凡密奏之言，俱曉諭爾，此係朕旨等語。

〔16〕川陝總督年羹堯奏報防備羅卜藏丹津滋事摺（雍正元年六月初六日）[3]-316

太保公四川陝西總督臣年羹堯謹奏，為奏聞事。

駐西寧侍郎常壽遣領催齊里克泰〔註40〕送來伊所奏羅卜藏丹津等出兵，欲搶掠額爾德尼額爾克〔註41〕，應調遣我軍，臣應前赴西寧等諸事，竊臣欽惟青海之人俱係顧實汗〔註42〕後裔，目今伊等背我國重恩，骨肉相殘，與我等毫不相干，羅卜藏丹津若果能剿滅額爾德尼額爾克，則係伊等自削力量，尚於我

〔註38〕指駐紮西寧辦事理藩院額外侍郎常授。
〔註39〕《欽定八旗通志》卷三百二十七作漢軍正紅旗都統西倫圖。清太祖努爾哈赤次子代善曾孫有都統奉恩將軍席倫圖者，即此人。
〔註40〕《雍正朝漢文珠批奏摺彙編》第十冊第三六〇號駐藏大臣馬拉、僧格漢文摺作領催祁里克忒。
〔註41〕即額爾德尼額爾克托克托鼐。
〔註42〕《平定準噶爾方略》卷一頁十一作顧實汗。《欽定西域同文志》卷十七頁一載，顧實汗圖魯拜呼，準噶爾和碩特哈尼諾雅特烘郭爾之子，封遵文行義敏慧顧實汗，按顧實汗舊居青海，以全境來歸，為青海諸王受封之始，故首紀之。

等有益，額爾德尼額爾克若不及羅卜藏丹津之力歸降，伊亦非誠意歸降，日後我大軍出師後，伊定又歸降前來（硃批：額爾德尼額爾克倘請求入內，准伊進入寨內保護方是，否則有失安遠撫外之道，額爾德尼額爾克等係心向我朝之人，甚屬可憐，目今收留，日後可得力，此情已降旨延信），此毫無費心之處，雖然不保護心向我朝之人不妥，惟目今正值蒙古草原青草長出，馬長膘之際，倘我目今起兵興討，伊等靠肥馬妄加遠遁時即白浪費我等軍力。查得西寧有綠旗兵五千餘名，甘州涼州肅州亦各有駐軍，雖不足進剿，然守邊口尚敷用，伊等即使前來犯界亦無妨，故臣行文貝子延信、沿邊之提督總兵官等，此間妥善整齊兵丁小心防守邊口，我親率滿州綠旗大軍前往等語。

又繕蒙古字書致額爾德尼額爾克曰，聞爾等兄弟內興兵欲進犯爾等，爾應妥善預備，我大國之兵已沿邊處處防備，伊等之兵若來爾妥善抵禦勿懼，我大軍立即出師，往援爾等之語（硃批：是，倘有事，不食言才好，否則中國將失信，且外人亦心寒）。伊駐地既然距甘州肅州近，除將信送至貝子延信處轉送外。

臣又念羅卜藏丹津等雖小，然受眾人慫恿即如此妄行，伊有主子未必立即得知之念亦未可料，故現今主子降旨往向羅卜藏丹津，欲再看伊如何回奏，臣即編寫敕諭，一等侍衛達鼐既然正在此處，故交伊帶至侍郎常壽處，譯成蒙文，令羅卜藏丹津派賢能寨桑一員前來，詢問諭之可也。

臣編寫之敕諭，皇帝諭旨，諭青海親王羅卜藏丹津，今大將軍貝子延信、太保公四川陝西總督年羹堯、四川提督岳鍾琪以爾不安分，妄加滋事，斷不可恕等因，欲各帶大軍出邊進剿爾等，業經陸續請旨，朕念爾祖、父累世竭誠効力主子，及至爾身，聖祖仁皇帝及朕躬俱施重恩，爾果有事由，或爾親自前來或遣員具奏可也，果如此背恩，有違祖、父之行乎，朕稍有不信，降旨命彼等大軍暫留邊內，向爾詢問，爾果有緣由即向朕陳奏勿有隱，倘仍不據實陳奏，我將軍、大臣皆係握有軍權之人，彼等倘進兵，致爾傷損，朕縱有憐爾之心，然爾已取咎矣，朕亦愛莫能助，特諭。

繕後帶往，到後獲知彼等回奏之言，應如何辦理之處再另行議奏，目今臣亦酌情令大軍整飭預備，為此敬謹奏聞。

雍正元年六月初六日

硃批：爾如此辦理甚屬可嘉，善辦，諭旨之事係由拉錫提起，若朕發何諭旨，萬一伊等有違旨或強硬之語，反難息事，因恐致爾等為難是以停止，爾此

信即朕原意，即朕所諭之言，恰似朕打底子寄爾，朕覽之甚嘉悅，事將息之，惟若係爾之咎亦斷不敢如此動作，若係朕之咎，亦不能如此欣悅覽之，此方謂竭誠捨己為主子効力，方謂君臣肝膽相照，惟達鼐已遣往羅卜藏丹津處，賞察罕丹津諸申之處亦未提起，或朕續降之旨仍未到，故如此辦理，察罕丹津之人務必賞給，妥善完之纔是，最討厭者羅卜坦鄂木布〔註43〕、羅卜藏丹津，是非輕重之處斷不可顛倒，特諭。

〔17〕川陝總督年羹堯奏轉侍衛達鼐奏疏摺（雍正元年六月初九日）[3]-321

太保公四川陝西總督臣年羹堯為代送奏摺事。

臣因羅卜藏丹津狂悖無忌，令侍衛達鼐捧旨前往西寧問伊緣由，已經具摺奏明在案，今達鼐於六月初八日自西安起身，留有奏摺一封，理合代為封進，臣亦行文署理西寧總兵黃喜林整頓兵馬，堅守隘汛，不可輕動，仍不時遣人前往口外左近內附之各部落，曉令其自相聯絡，毋得驚擾，又臣於六月初九日專人持送提督岳鍾琪書信，謹抄稿附呈御覽，合併奏聞。

雍正元年六月初九日（原件係漢文）

附一　乾清門一等侍衛達鼐奏報赴西寧給羅卜藏丹津齎旨事（雍正元年六月初八日）

乾清門一等侍衛奴才達鼐謹奏，為奏聞事。

奴才原係為察罕丹津之事受命前來，此際因青海之事變化頻仍，公太保總督年羹堯為此業已另行具奏請旨，故奴才暫住西安候命，適接駐西寧之侍郎常壽來報，言稱羅卜藏丹津行將派兵擄掠額爾德尼額爾克托克托鼐〔註44〕等語，總督年羹堯令奴才閱報，語云察罕丹津之事尚無眉目，羅卜藏丹津此事頗為重要，在此擬旨，由爾親自送至侍郎常壽處，然後傳羅卜藏丹津之一大台吉前來，交付諭旨，攜其回奏返回等語，此事奴才理應請旨而往，緣到西安之日，總督年羹堯曾言，我摺子內奉御批，爾傳諭達鼐，青海之事爾如何辦理，著伊遵照施行，欽此欽遵，故未請旨，於六月初八日即自西安起程矣，為此謹奏。

雍正元年六月初八日

〔註43〕　常寫作博碩克圖戴青阿喇布坦鄂木布。顧實汗圖魯拜琥長子達顏鄂齊爾汗孫，《蒙古世系》表三十八失載。《松巴佛教史》頁五四九表六載其父羅布藏彭措貝勒，其名博碩特拉布坦旺波。
〔註44〕　即額爾德尼額爾克托克托鼐。

附二　寄提督岳鍾琪書稿（雍正元年六月初九日）

骨什汗〔註45〕以勇力奄有西海，非功德及於民物者可比，其子孫大率皆骨肉殘殺〔註46〕，以叔而姦媳，以弟而妻嫂，行同禽獸，視為常事，數十年來受我國家深仁厚澤，一旦而悖負，悖德者不祥，負恩者不昌，此以天道揆之，骨什汗之兒其不食矣，自我撫川以後所目觀者。達顏貝勒誠心內附，丹仲貝子竭厥王事，今皆以壯年身故，無子，此以人事揆之，西海無福，勢將為亂，滅亡不遠矣。然西海十九家部落地大人眾莫如羅布藏丹津，而其人才庸性傲，年少心高，以不得藏王之故挾亂以求封，會盟結黨，出言不遜，近益狂肆，遣兵擒台吉索諾木達什，護送阿爾布坦俄木布，姦佔常馬兒，見無與為敵者，又聚兵七千往征郡王額爾德尼額爾克，以不赴會盟為詞，兇橫之狀幾於獨霸，其不敢速犯內地者，特以插罕丹津〔註47〕尚未同志耳，查羅布藏丹津現今住牧地名烏蘭布拉克，在西海之西，若有事於羅布藏丹津非陝兵不可，而陝兵非少為簡練不可遽用，是以決意為延緩之計，就形跡而論似有怯懦之嫌不顧也。又西海十九家部落心奸行詐莫如插罕丹津，其兵馬數目不及羅卜藏丹津，而強弱足以相當，十數年來不敢明為橫逆者丹仲掣其肘耳，今春不赴羅布藏丹津之盟非其心不欲往，一則置身局外以觀釁，一則假此內附以求得丹仲之部落，特不應硬佔而後請命也，插罕丹津住牧地名一克海留兔，於松潘為近，若有事於插罕丹津，非川兵不可，是以密咨，世恩領兵出口臨之以兵威，說之以利害，事可結也，然兵機如轉圜不可執一，今日之時勢非復前日矣。丹仲部落於其叔插罕丹津為有分，若台吉索諾木達什、蘇爾扎之妻常馬兒，郡王額爾德尼額爾克皆非羅布藏丹津之所得，過而問者，今則擒索諾木達什矣，姦佔常馬兒矣，出兵侵伐郡王矣，較之姦配丹仲兩妻，此則亞魁而彼則元兇矣，此則惡跡尚未全露，而彼則叛逆顯然，捨元兇而問亞魁，於兵為不武，於事為倒置，不足以服插罕丹津之心，兵既動而不可中止，適足以驅插罕丹津，而使其合勢於羅布藏丹津以亂西海，未可旦夕靖也，為今之計，俟前差外委通事回營，伊必有寨桑同來，若其詞柔順，世恩相機料理，與之以易從之路，暫且完結，丹仲兩妻置之不問，以為將來問罪張本，若詞涉抗拒，則外示嚴厲，諭以汝等先去我即當請旨，領兵與你親王相會云云，遣伊去後飛馳寄信於我，我當專人齎捧旨意到營，賞其

〔註45〕《蒙古世系》表三十六作顧實汗圖魯拜琥，哈尼諾顏洪果爾之子。
〔註46〕原文作「參商」，改正為「殘殺」。
〔註47〕即戴青和碩齊察罕丹津。

暫為管理丹仲部落，俟有承嗣之人再議，如此則彼感皇上之恩而畏提督之狼，於事可以將就完局。世恩仍與彼說明松潘附近之阿壩即惰〔註48〕鐵布作革，河洲附近之干家喀家聽我節制，不得違拗，事竣還省，遣一明白解事之遊擊或守備馳驛來陝，我面告以來春進兵事宜與兩省調遣漢土官兵數目道路，期會竭力料理四五個月，明年春盡，口外草枯，馬瘦跋行而西，使西海各部落知我皇上天威神武，有征無戰，則目今之忍耐正如猛虎之蹲而後撲伏而後攫也，庸何傷乎，通盤籌畫，略盡於此，幸毋違錯，統冀留神。

雍正元年六月初九日

附三　上諭年羹堯飭派普照署理西安將軍印

諭年羹堯。

西安將軍延信現在甘州署理大將軍印，暫不撤回，若有用人之處，西安除范時捷外別無大員可以輔佐你，故朕已敕命派公普照前往署理西安將軍印，初一日自京起程乘驛而去，特先諭爾知道。

附四　上諭年羹堯羅卜藏丹津插罕丹津之事務求穩妥等事

今有常壽奏摺，發來給你看，大概看此光景，羅卜藏丹津不過挾亂以圖藏王，插罕丹津作好人，挾羅卜藏丹津之亂以希得丹仲之人，但丹仲之人插罕丹津原有分，不作亂而求情由可憫。朕同怡、舅、阿三人〔註49〕著實商量，羅卜藏丹津候插罕丹津之勵，今捨惡而逼令插罕丹津處生事，恐兩勢一合，未免有些難處，其餘力微之人，雖有心而無抗拒之能，若總歸一事恐至難圖，今勉遂插罕丹津之貪，而羅卜藏丹津必不能至為亂，候秋春大出爾上再定，似乎好。若即西海人眾全合，你也量透容易料理呢，任你調度，但朕意僉謀，皆以多一事不如省一事，朕又量你再不得輕舉妄動而生事，又恐掣你之肘而失機宜，總之在你慎重料理，籌畫始終而舉，現今朕意丹仲部落賞插罕丹津之心有七分是，不與有三分是，問羅卜藏丹津之罪，情理有十分當行，不問按下，時勢有六分，當置之候彼之先舉，朕實不洞徹地方西海情行，任意定立主意諭你，恐錯誤大事，即廷臣之才之心，也是大家知道的，總交與你為之，有一分不穩當，寧可忍小辱而圖省事，慎重。

〔註48〕本書第二部分第七十九號漢文摺《川陝總督年羹堯奏陳西海善後事宜十三條管見摺》（雍正二年五月十一日）有狼墮部落，此處「即惰」應即「狼墮」。
〔註49〕指怡親王胤祥、舅舅隆科多、阿拉什，阿拉什即拉錫。

附五　上諭年羹堯聯躬甚好不必過慮事

不幸皇太后〔註50〕大事又出，去歲皇父事上實力已竭，不料繼此意外，朕只以付託為重，即至失儀缺禮也顧不得了，再不肯勞過身心，你為朕放心，都是實旨，朕躬甚好，不必過慮，專心料理西邊地方之事，特諭。（原件係漢文）

〔18〕川陝總督年羹堯奏報致乾清門一等侍衛達鼐之咨文摺（雍正元年六月二十日）[3]-344

太保公四川陝西總督年羹堯咨行乾清門一等侍衛達鼐，為知會事。

今上遣爾前往傳諭察罕丹津，此所傳之旨，我若另遣員送往，恐不及，故遣爾留下之領催札西，齎捧諭旨前往爾處，到後會同侍郎常壽譯出蒙文字書帶去，爾出邊時應用諸項除我行文駐西寧侍郎相應供給外，青海之人原即無定，今日如此明日如彼，我等稔知，現今雖諭命將貝子丹仲家產賞與丹津，惟降此旨之際，察罕丹津又有何變動，此旨奉到之時察罕丹津又如何之處，主子不得而知，且我等亦不知，故爾等親自出邊，將沿途察罕丹津如何動作，我四川提督岳鍾琪如何料理之處訪實後再動作，與察罕丹津會晤後，主子褒獎伊之言，勿即洩露，察罕丹津果有變異，我等又輕易釋之乎，此等之處，爾熟籌之，為此咨行。

雍正元年六月二十日

硃批：是，達鼐朕看此人好，你看光景如何。

〔19〕川陝總督年羹堯奏報自柴達木撤兵情形摺（雍正元年七月初二日）[3]-387

太保公四川陝西總督年羹堯謹奏，為奏聞事。

臣咨文先前帶兵駐察漢托洛亥之都統宗室西倫圖稱，由柴達木撤回之大軍情形，馬畜及軍械帳房鍋等物項如何之處，查明咨文前來等語。續據都統西倫圖來文內開，經查看兵丁情形，儀仗整齊，盔甲撒袋弓皆有，箭數不全，槍藥鉛子每人只三四十簇，因年久帳房鍋破損者頗多，馬畜瘦且數亦不足等語。臣即告都統西倫圖曰，我積壓之事甚多，補給大軍物資不能盡皆發往，出兵年久，既然帳房鍋甚為緊要，故我製做帳房二百鍋一百已先行發往，箭藥等物我嗣後再製做補發，此等兵丁稍加補給，俱係我等理合應辦之事，爾勿奏等語，業經將帳房鍋遣員送往，現今都統西倫圖業經將兵丁情形及軍械等物減少之

〔註50〕指清聖祖孝恭仁皇后烏雅氏，清世宗胤禛與清聖祖第十四子胤禎（允禵）之生母。

處奏明，臣辦理之處倘不具奏，似臣徒往查並不辦理，惟常查兵丁，不時補給治理皆臣等之責，嗣後若有此等事，臣即酌情辦理，斷無煩擾主子具奏之處，為此恭奏以聞。

雍正元年七月初二日

硃批：此雖甚是，然爾効力之處朕實不忍，並無他言，上天憐爾。

〔20〕管西安將軍事務普照等奏報西安官員缺額摺（雍正元年七月十二日）[3]-429

辦理西安將軍事務公臣普照、公總督臣年羹堯等謹奏，為請旨事。

查西安現有八旗滿洲、蒙古、漢軍馬兵共七千名，官員二百六十四員，此項官缺，原視兵丁多寡，若有行軍之處，即視帶兵敷用，相應揀放。五十四年出兵時，即理合視兵丁多寡，派遣官員，因未詳查，所派官員過多。嗣後陸續所出之官缺，多揀放軍前之員，且亦未遣還。適纘聖主諭曰，倘軍前無用之員揀出後撤回，其確可効力之員留足，使米穀錢糧豐厚，方有裨益，欽此欽遵。軍前經挑選撤回兵丁之時，並未按兵丁撤回官員，前後總計撤回兵丁五百九十三名，官員僅撤六員。故目今巴里坤〔註51〕現有兵丁二千二百名，而官員即有一百一十八員。因在家之兵丁四千七百名，惟剩官員一百一十五員，致官文咨行，查看演練兵丁，人手不敷用，由是將領催等暫委官員行走，看得，其抵真正之管區後，斷不能與現任官員相比，於事亦無裨益。目今西安家中尚未簡放之官缺，又出缺二十五個，此項官缺若全指名題放在家之員，則疊年於軍前効力之員反不能陞遷。若等軍前之人返回時，再分別指名具題，目今用兵之事尚未完結，兵丁不可不時時演練，而演練之時俱靠各旗官員，然目今各旗或剩三四名官員，或剩一二名官員，官員不敷用。臣擬於無官之旗現今在家之員內，斟酌著落，量其敷用，分別幾人題放，倘係無應題放之員之旗，則奏請聖主揀放遣往。再軍前之員除按兵丁比照留下外，伏乞將所剩多餘之員，於奉旨後由臣處咨行該將軍撤回，令於官差上行走，倘如此則軍前錢糧有餘，且家中兵丁之管理演練亦不致耽延，為此謹奏請旨。

雍正元年七月十二日

硃批：照普照等所奏施行，題放之員來年候旨補放引見可也，該部作速行文，此事已諭部矣，閑便發來爾等知道。

〔註51〕原文作「巴里申」，今改為「巴里坤」。

〔21〕川陝總督年羹堯奏報動用庫銀贍養王托克托鼐等情摺（雍正元年七月十五日）[3]-435

太保公四川陝西總督臣年羹堯謹奏，為奏聞事。

理藩院郎中同治〔註52〕齎捧為資助贍養王額爾德尼額爾克托克托鼐等所降之敕諭，於七月十二日抵西安，臣當即欽遵諭旨就近動用蘭州庫銀一萬兩緊急發往。再臣指示郎中同治，蘭州有茶葉，甘州有米穀，酌量敷用，攜帶用之以及如何照看贍養王額爾德尼額爾克托克托鼐各等情後，於本月十四日即令馳驛前往，至照看蒙古贍養情事，若同治到後不看視，必難於辦理，俟同治到後查明，將如何照臣指示辦理之處報來後，再行奏聞，為此謹奏。

雍正元年七月十五日

硃批：知道了，爾看同治人如何。

〔22〕川陝總督年羹堯奏請侍衛達鼐仍留西安摺（雍正元年八月二十二日）[3]-573

太保公四川陝西總督臣年羹堯謹奏，為請旨事。

乾清門一等侍衛達鼐前赴親王察罕丹津處，辦完將原貝子丹鍾〔註53〕之諸申〔註54〕賞給事後，於八月二十三日前來西安，看得達鼐諳熟蒙古事務，本應立即將其遣回，惟羅卜藏丹津、額爾德尼額爾克托克托鼐等現仍不和，事未畢，擬將其所帶筆帖式、領催遣回京城，達鼐仍留西安，青海若有事，令可協助辦理，為此謹奏請旨。

雍正元年八月二十二日

硃批：照爾請，留達鼐。

〔23〕川陝總督年羹堯奏報致駐西寧侍郎常壽咨文摺（雍正元年九月十一日）[3]-615

致侍郎常壽咨文底子。

硃批：知道了，是。

太保公四川陝西總督咨行駐西寧侍郎，為欽遵上諭事。總理事務王大臣、

〔註52〕常作通智，《清代職官年表》部院大臣年表雍正十三年為兵部尚書。
〔註53〕《蒙古世系》表三十九作丹忠，顧實汗圖魯拜琥第五子伊勒都齊曾孫，父根特爾，祖博碩克圖濟農。
〔註54〕原文作「請申」，今改為「諸申」。

議政大臣、侍郎，將爾具奏之事復議具奏〔註55〕，欽命諸事俱一併交我，業經寄信前來。又奉旨應遣侍郎常壽，抑或由常壽轉遣他人之處，由總督年羹堯斟酌定奪實行，可繕文寄出，欽此欽遵前來。查得羅卜藏丹津先前向察罕丹津攤牌後，原欲或我親自前往，或遣員奏明緣由，現今羅卜藏丹津已掠殺察罕丹津，亦是理應往問羅卜藏丹津之時，侍郎爾或親自往問，或謂先前已親自前往，伊並未納言，今若親往亦無益，應遣章京之處由侍郎爾定奪，一面辦理，一面咨行與我，再由我處具奏，為此咨行。

雍正元年九月十一日

〔24〕川陝總督年羹堯奏報致羅卜藏丹津咨文底子摺（雍正元年九月十一日）[3]-616

硃批：及要延緩，此字妙不可言，從此彼悔罪平靜無事，亦未可定，若欲善罷，除非羅卜藏丹盡〔津〕親來京面奏，方可中止，不然使不得了，特不好看〔註56〕。

咨羅卜藏丹津書底子。

太保世襲公兵部尚書都察院右都御史總管四川陝西等地軍務兼辦軍用錢糧總理防守西安等處將軍事務總督咨行親王羅卜藏丹津，爾先前掠額爾德尼額爾克托克托鼐時人言爾已叛亂，我以為爾累世受聖主重恩，斷不能叛，仍未信，侍郎常壽攜敕書前往說服爾和好之時，爾不遵諭旨而行，又不具奏認錯，反欲取汗名號，將西藏給爾後，總管西藏地方及青海，仿達賴巴圖爾〔註57〕行事，若取額爾德尼額爾克托克多奈〔註58〕名號給爾，爾方得意。又稱與察罕丹津攤牌後或我親往京城，或遣員出具緣由，奏聞聖主之處，甚為違法妄行，西藏地方原係爾祖顧實汗開創之地，聖祖仁皇帝諭命事竣後諸事俱照從前，甚明，並未言欲佔據西藏，且策妄阿喇布坦出兵殺爾拉藏汗，佔領西藏，爾等並無報仇恢復西藏之力，主子發大軍費銀數千萬兩，滅賊復取西藏，使達賴喇嘛坐牀，爾祖開創之業復得擴展，今事未竟爾即欲取西藏，可乎。公策旺諾爾布係率軍總理西藏事務駐藏之臣，管理軍務係伊職任，爾又何必怨恨，爾未似爾

〔註55〕 此處翻譯文意稍不通，應作「總理事務王大臣議政大臣，將侍郎爾具奏之事復議具奏」。
〔註56〕 原註，硃批為漢文。
〔註57〕 《蒙古世系》表三十七作多爾濟，顧實汗圖魯拜琥第六子，達賴巴圖爾為其號。
〔註58〕 即額爾德尼額爾克托克托鼐。

祖効力卻令爾襲親王，充青海盟主，心仍未足，欲取汗之名號。額爾德尼額爾克托克托鼐係主子所封郡王，並未獲罪，然爾私自搶掠，又欲奪伊之名銜給爾，甚屬暴戾，過分已極。爾與察罕丹津攤牌後，稱奏聞主子，目今已掠察罕丹津，又前來我邊塞附近，爾理應出具緣由奏聞聖主，今不具奏，觀之定有不能道出之由，又猶豫不決矣。我等原互通音信，互有往來，故特咨文向爾詢問，倘緣由無妨，爾盡可告我，我替爾辦理，爾若仍執意不改，任意妄行，我率領大軍一出口，定查出爾事原委，治爾叛逆之罪方可甘休，否則察罕丹津、額爾德尼額爾克托克托鼐等人亦不甘休，彼時爾悔之無及矣，爾漢仗平常，且兵亦不多，斷不及策妄阿喇布坦，我為爾籌度，爾雖於爾弟兄中逞強，然爾一出兵伊等即躲走，爾若撤回，伊等即返回居住，心終未服，爾欲取西藏，然我雲南西藏換班前往之官兵現俱已啟程，爾若前往必大受折損，爾若被迫往投策妄阿喇布坦，想必亦視爾為奴耳，斷不給爾達賴渾台吉名號，彼時爾欲復取青海盟主親王之封，亦不可得矣，今爾聽我言，將爾意俱告我，我可為爾想法辦理，爾仍可保全爾父祖効力之公名號，於爾自己亦有裨益，作速回文，為此特咨文與爾曉諭之。

　　雍正元年九月十一日

〔25〕川陝總督年羹堯奏陳調兵剿滅羅卜藏丹津有關事宜摺（雍正元年九月十八日）[3]-657

　　太保公四川陝西總督臣年羹堯謹奏，為欽遵上諭事。

　　奉雍正元年九月十三日到上諭，諭總督年羹堯，覽侍郎常壽奏報，親王羅卜藏丹津用兵王察罕丹津，已渡黃河，八月二十三日據河州副將岳朝龍〔註59〕報稱，王察罕丹津遣員來告曰，抵禦羅卜藏丹津一次未成，倘再不能抵，我擬入邊等語，今羅卜藏丹津之事已甚明瞭，即倡亂矣，若欺凌察罕丹津，羅卜藏丹津乃欲逞強而行，此事現斷不可耽延遲緩，羅卜藏丹津已向策妄阿喇布坦遣使，互相約定議事之處甚明，或欲與策妄阿喇布坦會合興亂，或欲取西藏之處甚實，用兵之事應予為詳籌而行，故西寧松潘甘州等地兵丁嚴加整飭，務須牢靠，斷不可輕忽之處，爾竭力籌度後，其大軍出邊聲討羅卜藏丹津之處宜盡力籌畫而行，羅卜藏丹津自夏季以來即爭戰不休，此其人疲馬畜消瘦之時，而邊界外其遊牧地不遠，又值我大軍馬畜餵肥之時，現若不出擊，久之伊蓄養氣力，

〔註59〕《甘肅通志》卷二十九頁二十八作河州協副將岳超龍。

我等遲延則事所關甚大,爾其盡心籌畫,務克奏膚功,著照先行商議咨行之處,一面施行,一面具奏,為此特諭,欽此欽遵。

查得羅卜藏丹津此等不守分狂妄胡行,理應以軍威懲之,目今西寧松潘既有大軍預備,則剿滅羅卜藏丹津此其時也,故臣派出官兵,撥給騎用駄用之馬畜,其米穀錢糧軍械俱已預先預備,惟兩路大軍進軍時率兩省兵丁進軍大臣互不相管,難於調動,而軍機之事進止之決斷,頃刻間即應裁斷,若相隔數千里辦理斷然不成,故臣擬親赴西寧相機行事,今奉九月十五日戌時到上諭,已諭總督年羹堯,據侍郎常壽奏報王察罕丹津不敵羅卜藏丹津,已投河州邊口等語,故將諭察罕丹津敕書咨侍郎常壽,先送察罕丹津,暫將其撫慰安插可也,續遣少卿花都前往照看察罕丹津及其屬下人等,爾作速親往西寧,將如何剿滅羅卜藏丹津之處盡行籌度,應調兵丁調遣之,一面酌量行事一面奏聞,爾抵西寧後務妥善命其歸附,若能帶來京城更佳,一應物項即行撥給,調到京城,若相隔窵遠,趕辦軍務,定遲延貽誤時機,觀之察罕丹津之力似未窮竭,若稍儲備,我等再輔之,仍有恢復之勢,既欲率伊父子現成所得之蒙古兵前行効力,我等大軍進兵之時若帶上察罕丹津,派伊之人招撫其他台吉,並為我導引,於事似有裨益,至應否帶往,有無益處之處爾定之,為此特諭,欽此欽遵。故臣即輕裝於本月二十日由西安啟程,已遣官兵,辦理米穀錢糧之處業經一一明白開列奏聞。

一項,率兵前往,四川之兵由提督岳鍾琪率之,西寧之兵由總兵官黃喜林率之可也,此間若有調動之處臣親自各量才交辦,若總兵官黃喜林帶兵出邊,暫由前鋒統領蘇丹署理總兵官事務,再遣往軍前之遊擊以下之官員名銜擬繕檔報部(硃批:好)。

一項,派出之兵丁數目,陝西臣所屬之營馬兵、火器營鳥槍兵,共一千三百名,臣原提督下屬營馬步兵一千名,西寧總兵官下屬營馬步兵二千五百名,土司楊汝松〔註60〕之兵二千名,四川提督下屬營、松潘總兵官下屬營之兵共派二千名,倘有多用兵丁之處,仍咨文提督岳鍾琪就近酌量派遣松潘土司之兵可也,惟兵行之時依仗兵力,臣所駐甚遠,此兵丁數目不可揣定(硃批:是)。

一項,應預防賊躲避脫逃,羅卜藏丹津雖於口外妄行,倘聞大軍往征,躲避脫逃之處亦不可料,故臣派甘州提督下屬營兵丁八百名,永昌營兵丁二百

─────────────

〔註60〕《平定準噶爾方略》卷四頁四十六作楊如松。

名，帶永昌副將劉紹仲〔註61〕，命額爾德尼額爾克托克托鼐率其屬下兵丁（硃批：從前已另降旨），出邊都口〔註62〕，帶路迎接可也，再恐賊又來西藏倡亂，為示軍威，業經行文駐查木多總兵官周瑛（硃批：甚佳）。

一項，行軍進討時有軍械、所食乾糧，故馱物之馬畜甚要，臣等業經撥給臣屬下營兵丁，亦即撥給西安、固原提督屬下營兵丁，業經由伊鄉營及屬下營，附近寧夏營馬匹內撥給。西寧兵丁就近撥給，惟撥給甘州提督屬下營兵丁時不敷用，故由從前大將軍十四貝子所留之五百三十匹馬內，除臣幫助新建之塘臺及給郎中佟治〔註63〕騎用之總共一百六十二匹馬外（硃批：為何給佟治如此多馬匹騎用），所餘馬匹俱給發甘州提督下屬營兵丁，作馱運馬匹。再提督岳鍾琪適繞從軍中返回，兵丁所用馬匹亦瘦弱不可用，臣咨文副都統法喀，由八旗官馬選給可也，仍動用庫錢糧米買，補足原數（硃批：甚佳）。

一項，從前欽命截留送來戶部之二十萬兩銀，臣動用令預備西寧之米穀草料，再目今出兵用銀皆係此項錢糧，倘不敷用，西安布政使之庫銀甚多，臣酌量動用，事竣之時再銷算，若四川省仍交付巡撫蔡珽辦理可也，事竣後再銷算（硃批：好）。

一項，查得定例內載，官兵行軍沿途給發空草，倘抵西寧不出塘口邊寨，兵丁每人每日給發口糧八合三勺，馬匹不可不餵料，騎用馱物馬匹每匹每日給料四升草二捆，官兵之塩菜銀口內不給，由出口之日核算給發。

一項，自四川陝西兩省用兵以來，兵丁每次行軍，俱借庫銀治備，業經沿習成例，故臣動用庫銀借給營中官員每人各二百兩，守備每人各一百兩，千總、把總等各五十兩，馬兵各八兩，步兵各五兩，年滿千總亦照現任千總各五十兩，此所借銀與前幾年相比雖少，然此次行軍敷用。再四川官兵所借銀兩，因臣相距甚遠，數不可定，此兩處官兵所借之銀俱俟返回後，由伊等應領俸祿、錢糧內按季扣還（硃批：知道了）。

一項，採買軍前所用米穀豆草及核給官兵時，倘俱用文官分散辦理，事竣易於奏銷，今臣於現任官員軍前效力行走之官員內揀選交付使用之處，仍繕檔送部（硃批：是）。

〔註61〕《甘肅通志》卷二十九頁三十三作永昌營副將劉紹宗。
〔註62〕常寫作扁都口，位於甘肅省民樂縣南，為河西走廊通青海之要道口。
〔註63〕常作通智，《清代職官年表》部院大臣年表雍正十三年為兵部尚書。

一項，各地土司雖受主子官銜，然其所屬兵丁原並不給發錢糧米穀，調動時倘諸項俱令自力預備確實有難，倘如此調用亦徒有其數，果到地方又焉能出力，故臣先捐銀五千兩交西寧總兵官黃喜林，轉給土司官楊汝松令預先準備可也。又捐銀一萬兩令送四川提督岳鍾琪賞與土司兵丁，此等人若出邊亦照內地官兵之例，給發口糧塩菜銀（硃批：甚有理，甚是）。

以上九項，皆係臣愚意所辦，此外倘有未到之事臣再盡力詳籌辦理，現派出之官兵俱係臣自力捐助，酌量賞賜，並曉以聖主簡選官兵培養之恩，遍諭各勤奮効力等語。再辦理錢糧之處，臣惟開列奏請，伏乞聖主降旨該部覆議施行，為此謹奏請旨。

雍正元年九月十八日

硃批：所辦甚佳，毋庸議，惟兵丁數目集中為好，因分二三處兵力似稍單，若匯聚一處，亦難成何事，惟周詳籌度而行，西安滿洲兵丁為何未調，此皆朕閒問也，爾既親在此處酌辦，諒不致錯。

〔26〕川陝總督奏咨青海親王羅卜藏丹津二母之咨文摺（雍正元年九月二十八日）[3]-713

太保世襲公兵部尚書兼都察院右都御史總管四川陝西等處軍務兼辦米穀錢糧總辦駐守西安等處將軍事務總督咨行青海親王羅卜藏丹津二母，據駐西寧侍郎常壽送來爾等之來文內稱，今我此等稱為喀木之人，係左右翼諾顏等人下之奴也，伊等原歸我屬，今彼處大老爺言，前往喀木地方，將所有喀木之頭折價納稅，作速答復我等所呈之文等語，查得裡塘巴塘原係向中國交納錢糧之地，已成佛之老主子曾令我取之，故我遣大軍復取之，扎雅察木多這兩地現既駐我大軍，因其屬下之唐古特人不可不管，故由我官員照管。此外爾等言喀木地方皆歸爾屬，我知之，所有之人皆知之，我等並未欲佔欲取爾等之地，且西藏又何等遙遠，我遵成佛老主子之旨，遣官兵一舉拿下，倘欲取爾喀木等地，又有何難，須臾即可取之矣，我總兵官率大軍入藏換班時我令伊取道哈爾、德爾格〔註64〕路前往，爾等唐古特人欲獲賞，俱前往叩見我總兵官，今叩見獲賞完畢，我總兵官過去後，又編造欲將伊等之頭折價等言，

〔註64〕原文作哈爾德爾格，今斷作哈爾、德爾格，哈爾即霍爾，今四川省甘孜縣周圍地區，此地清時期藏人諸土司皆冠以霍爾之名，若霍爾朱窩安撫司、霍爾章谷安撫司、霍爾孔撒安撫司、霍爾甘孜麻書安撫司。德爾格清時期為德爾格忒宣慰司，轄地包括今四川省德格、鄧柯、石渠、白玉諸縣。

向爾等呈報，爾等即受之，如此向我等咨文，甚屬非是矣，況且此等處雖向
爾等納貢，然羅卜藏丹津本人及每個人俱已成聖汗奴才諸申，則爾等屬下所
有地方我等取與不取，皆屬聖汗之地矣，又何須取，再爾等二母原俱係服事
老親王扎西巴圖爾之人，伊竭誠効力聖汗，汗施重恩與爾等之處，爾等稔知，
今爾等尚在，不能管束子羅卜藏丹津，竟聽取屬下之言，貪求地方，所言實
屬非是，為此咨行。

　　雍正元年九月二十八日

　　硃批：此字甚當，甚得體。

〔27〕川陝總督年羹堯奏報侍衛達鼐所探羅卜藏丹津等情形摺 （雍正元年十月初三日）[3]-736

　　太保公四川陝西總督臣年羹堯謹奏，為奏聞事。

　　九月二十九日據侍衛達鼐處報稱，先前由我處遣察罕丹津屬二人及我等
通事一員，前赴拉布隆廟〔註65〕周圍探信，九月二十八日據所派之人前來稟
告，經探信察罕丹津臺站之二百戶人羅卜藏丹津欲帶走，派給伊屬下之輝特
欽欽台吉近二十名兵丁，臺站之人將伊等盡皆斬殺後返回，居於拉布隆廟周
圍。廟喇嘛下三百戶人羅卜藏丹津未動，算此等人察罕丹津之人有五百戶現
居廟周圍處是實。再察罕丹津之妻察罕拉布坦率近五百人，為保護伊遊牧地，
正前往松潘，羅卜藏丹津給格勒克濟濃〔註66〕千名兵丁，令往追，被察罕拉
布坦擊敗返回。又羅卜藏丹津令額爾克戴青〔註67〕與阿齊諾門汗〔註68〕公同
遷往烏蘭烏蘇地方居住，業經前往等語。再聞得先前額爾克戴青下寨桑多托
諾率二百人，遁往洮州，業經咨文洮州副將往查，據回文稱，除多托諾十三
口來投外，再無人來投等語。察罕拉布坦率女人孩子前往藏拉屬口子，即稱
外阿爾察地方，因聞此信，令察罕丹津繕蒙古文書，命伊等前來拉布隆廟地
方等因，業經帶給藏拉〔註69〕遊擊，令遣員轉送察罕拉布坦等因，業經送來。
臣除將此咨文四川提督岳鍾琪，由松潘口作速遣員往會察罕拉布坦，告以聖

〔註65〕　即拉卜楞寺，位於甘肅省夏河縣。
〔註66〕　親王羅卜藏丹津之父達什巴圖爾養子，又娶妻達什巴圖爾之女阿寶。
〔註67〕　《蒙古世系》表三十九作阿喇布坦札木素，顧實汗圖魯拜琥第五子伊勒都齊
　　　　曾孫，父岱青巴圖爾，祖博碩克圖濟農。
〔註68〕　此人為察罕丹津之侄，《蒙古世系》表三十九失載，《如意寶樹史》頁七九〇後
　　　　表四載其名阿其圖諾門罕，父名巴布。
〔註69〕　「藏拉」應為「漳臘」之誤譯。

主養育察罕丹津厚恩，令察罕拉布坦作速往投察罕丹津外，將侍衛達鼎所探之信，謹恭奏以聞。

　　雍正元年十月初三日

　　硃批：好，知道了。

〔28〕川陝總督年羹堯奏報抵西寧日期摺（雍正元年十月初七日）[3]-751

　　太保公四川陝西總督臣年羹堯謹奏，為奏聞事。

　　九月二十日臣由西安起程，十月初六日抵西寧，青海之事聖主既然交付與我，凡事臣相機辦理後再行奏聞，臣謹將抵西寧日期恭奏以聞。

　　雍正元年十月初七日

　　硃批：知道了。

〔29〕川陝總督年羹堯奏報常壽起程赴羅卜藏丹津處日期摺（雍正元年十月初七日）[3]-752

　　太保公四川陝西總督臣年羹堯謹奏，為奏聞事。

　　臣來西寧前，先謹遵主子所降諭旨，於九月十一日行文侍郎常壽曰，先前羅卜藏丹津告爾稱，向察罕丹津攤牌後，或我親自前往，或遣員陳明緣由等語，現今羅卜藏丹津已經掠完察罕丹津，此亦應遣員往問伊之時，侍郎或爾親自往問或應遣章京等之處，爾定後咨我，由我處具奏等因咨行之文，業經奏覽，今侍郎常壽已於十月初二日由西寧起程前往羅卜藏丹津處，俟常壽返回，看羅卜藏丹津如何聲言後，奴才除一面酌量辦理，一面奏聞主子外，謹將侍郎常壽起程日期恭奏以聞。

　　雍正元年十月初七日

　　硃批：甚好。

〔30〕川陝總督年羹堯奏報遣使傳諭青海諸王摺（雍正元年十月初十日）[3]-762

　　太保公四川陝西總督臣年羹堯謹奏，為奏聞事。

　　九月十一日由臣處繕寫曉諭文書後，派遣通事往送羅卜藏丹津以及青海眾貝勒貝子公台吉等共十二處，十月初八日通事返回帶來羅卜藏丹津回覆之

蒙古文書以及十二處內之貝勒盆蘇克旺扎爾〔註70〕、公達西敦多布〔註71〕、台吉額爾德尼博索克圖〔註72〕三處致侍郎常壽之蒙古文書，餘俱收受我文書，未送覆文。

　　羅卜藏丹津送來之蒙古文書，經初譯覽之曰，呈文總督緣由，爾等文內稱我為背逆主子罪人，我並未背逆聖主，我由微而崇，由惡而善皆係主子之恩主子之力，非我之力，因我弟兄奏聞我背主，故我思之我已死矣，遂報仇，今冬叩請聖主之明，服罪具奏，凡我之緣由爾等亦應轉奏聖明，為此咨行等語。

　　貝勒盆蘇克旺扎爾送來之蒙古文書，經初譯覽之曰，貝勒盆蘇克旺扎爾咨行侍郎，由邊內總督咨我等之文內開，丹津王不遵聖主之旨倡亂掠其弟兄，為大罪之人，故我統領大兵出邊嚴懲剿滅，爾等大小若公同照看則可無事安居，若仍聽從丹津王之語而行，統將〔註73〕爾等剿滅等語。我等從前荷聖主重恩甚實，聖主之旨亦係令丹津王為首，按王之言遵行，故我等聽從王之言而行，夫自前朝高大主子以來至今，凡大小之事主子俱降旨，照掌青海之事如爾等之大臣所告遵行，似現今之大事主子無旨，總督如此聲言，我等不候旨即如何回覆之處，實屬不知，爾等係掌我青海事務之大臣，請將此明白咨行一份文書前來等語。

　　再公達西敦多布、台吉額爾德尼博索克圖所送二封蒙古文書，經閱看，俱與貝勒盆蘇克旺扎爾所繕相同，臣覽羅卜藏丹津等之文仍有順從悚懼之狀，惟厄魯特性甚奸宄不可信，今雖如此說，幾日後又改口尋託辭之處亦不可料，且今侍郎常壽既已前去羅卜藏丹津處，俟常壽返回，觀羅卜藏丹津情形，臣遣員曉喻啟示伊之後，觀伊如何決定再行料理，今將羅卜藏丹津及貝勒盆蘇克旺扎爾、公達西敦多布、台吉額爾德尼博索克圖所送文書情由，連同伊等所呈蒙古文書，一併恭奏以聞。

　　雍正元年十月初十日

　　硃批：皆已覽，知道了。

〔註70〕《蒙古世系》表三十七作朋素克旺札勒，顧實汗圖魯拜琥第六子多爾濟曾孫，父額爾克巴勒珠爾，祖策旺喇布坦。

〔註71〕《蒙古世系》表三十七載達什敦多布，顧實汗圖魯拜琥第七子瑚嚕木什之孫，父哈坦巴圖爾，疑即此人。

〔註72〕指端拉克諾木齊額爾德尼博碩克圖，此人為右翼盟長，顧實汗圖魯拜琥第七子瑚嚕木什之孫，《蒙古世系》表三十七失載，《松巴佛教史》頁五五三表十載其父名旺欽，己名曲扎諾木真台吉。與《如意寶樹史》頁七九〇後表五校，己名曲扎諾木齊台吉，諾木真為諾木齊之誤。

〔註73〕原文作「統領」，今改為「統將」。

〔31〕川陝總督年羹堯奏報入藏喇嘛官員遣往之事摺（雍正元年十月初十日）[3]-763

太保公四川陝西總督臣年羹堯謹奏，為奏聞事。

臣抵西寧後往送頒給達賴喇嘛印冊之扎薩克喇嘛羅卜藏巴爾珠爾噶布楚、員外郎勝柱等亦抵達西寧。查得從前遣往西藏之喇嘛官員抵西寧後，由西寧給發伊等騎用之馬匹及馱帳房鍋廩餼等物之牲畜，需一個月有餘，現如照例給發前去之喇嘛官員畢再令起程，則要等十一月方能起程。再據由藏領兵前來之公策旺諾爾布等稟告，本年八月邊外降大雪，水草地俱被雪覆蓋等語，若令喇嘛官員等於十一月起程遣往，路途窵遠，且伊等騎用馱物之馬畜多，若於邊外遇大雪，沿途不得水草，牲畜受損，耽延之處亦不可料。既然事情有關甚重，臣即令喇嘛羅卜藏巴爾珠爾噶布楚等由西寧馳驛，抵四川成都後再前赴打箭爐可也，西寧有換給此等所遣官員銀兩，四川無此項銀兩，故由西寧於此項銀兩內動用六千兩，給發前往之喇嘛官員，伊等抵打箭爐後伊等所用一切物品馬畜再行治備，取道巴爾喀木路入藏，由打箭爐至察木多既然有我綠旗兵，提督岳鍾琪現在松潘，咨文巡撫蔡珽，沿途派兵隨護前往。現達賴喇嘛之使阿方敦盧布在西寧，咨文達賴喇嘛派人前往達爾宗〔註74〕、洛隆宗〔註75〕往迎送印冊之喇嘛官員，阿方敦盧布一行人少，若上緊起行抵達亦易，將咨行達賴喇嘛之文即交伊，仍由伊原來之路前往，若將喇嘛官員如此料理遣往路雖稍遠，斷不致耽延，此事所關甚重，臣已立即酌量料理遣往，為此恭奏以聞。

雍正元年十月初十日

硃批：實屬皆是。

〔32〕川陝總督年羹堯奏報調兵西寧備用摺（雍正元年十月十六日）[3]-786

撫遠大將軍太保公四川陝西總督臣年羹堯謹奏，為奏聞事。

臣伏思用兵不在多寡，若用一人即得一人之力方於事有益，若兵多而不揀選，徒有其名，果到該處不可用，徒糜費錢糧。青海之事主子既然俱交付與臣，臣觀由藏前來之兵，額駙阿寶之蒙古兵數不敷，且馬軍器俱不可用，阿寶

〔註74〕 常作邊壩，《欽定理藩院則例》（道光）卷六十二作達爾宗，宗址在今西藏邊壩縣邊壩鎮普玉村。

〔註75〕 《欽定理藩院則例》（道光）卷六十二作洛隆宗，今西藏洛隆縣康沙鎮。

亦顧實汗之孫〔註76〕，在青海斷不可用伊之兵（硃批：實未想到，得體之極，甚是）。阿寶進藏時効力，且身體致殘，臣給發伊兵丁口糧廩餼羊，交付阿寶由三眼井出邊，已於十月初九日令起程前往，觀公策旺諾爾布帶來之察哈爾兵丁漢仗〔註77〕好，且馬匹軍械亦有，稍加補充即可用之，伊等之兵丁原有四百名，擬補滿五百名，已將伊等之子弟跟役補進，湊足五百，故將察哈爾兵選留四百由都統武格〔註78〕統領，所餘兵丁七十三名俱給發三個月野外錢糧，交付公策旺諾爾布帶伊所帶之定西將軍印信敕書及原隨印布政使塔林〔註79〕，出橫城邊口由鄂爾多斯路前往等因，已於十月十五日起程前往，因公策旺諾爾布遠道而來，且馬匹廩餼俱短少，故臣自力捐給馬駝盤纏遣往。再都統西倫圖原往察漢托羅亥〔註80〕探信，因稱察漢托羅亥之地寒冷且有氣，不斷內遷，現住東庫爾廟〔註81〕，東庫爾廟距西寧口子只四十里，住察漢托羅亥尚可得信，住東庫爾廟不能得信，且徒處口外甚屬無益，目今西寧之通事、番子多，各地之信俱可得，適纔奉旨將西倫圖之奏摺交付臣下，命酌量定奪料理，臣欽遵，看得西倫圖之兵丁及京城之一百三十八名兵丁因出師日久，馬匹軍械短缺，故給發此一百三十八名兵丁兩個月野外錢糧，交付侍衛統領阿齊圖〔註82〕，已令於十月十八日起程前往。看視該隊之章京，二等侍衛兼護軍參領常明、府護軍〔註83〕參領色爾圖、護軍參領欽丟、二等侍衛土默車漢仗好，於軍中可用，俱已留下。再參領常凌〔註84〕由副都統獲罪，乃効力之人，亦留下。其餘之侍衛官員俱於十八日遣回，都統西倫圖漢仗尚可，察哈爾之前鋒兵交伊統領。因西安距西寧近，故西安之兵一百名兵丁亦留下，再臣

〔註76〕著重號據《年羹堯滿漢奏摺譯編》，為清世宗御筆所加，下同，不再註。

〔註77〕原文作「漢使」，今改為「漢仗」。

〔註78〕《欽定八旗通志》卷三百二十四作蒙古正白旗都統五格。

〔註79〕《陝西通志》卷二十三頁十四作塔琳，正紅旗滿洲，康熙六十年署理。《清代職官年表》按察使年表陝西布政使雍正元年作永太，雍正元年二月二十四日革，王景灝，雍正元年二月二十四日由臨洮知府擢，無塔琳名。

〔註80〕《欽定西域同文志》卷十四頁十九，蒙古語其地有白石峰頭，故名。察罕城在此山根，而察罕城位於青海省共和縣倒淌河鎮尕爾登克村附近。

〔註81〕即東科爾寺，原位於湟源縣城東，今位於青海省湟源縣日月鄉寺灘村，清代為祭青海湖後西寧辦事大臣與蒙藏二族王公千百戶會盟之所。

〔註82〕《平定準噶爾方略》卷一頁十一作侍衛阿齊圖。

〔註83〕《年羹堯滿漢奏摺譯編》滿文第十八號文檔譯作「包衣護軍」。

〔註84〕《欽定八旗通志》卷三百二十四作蒙古鑲藍旗副都統常齡，雍正元年三月革，即此人。

來西寧前曾令西安之滿洲兵預備，今滿洲兵既然稍少，故撥給署理西安將軍印信公普照鳥槍甲兵四百名前鋒兵一百名，由副都統伊禮布〔註85〕統領前來可也等因，業經行文，前來後連同現留於此處之西安一百名兵丁俱交付伊禮布統轄，西安之滿洲兵察哈爾兵總共有一千名。再陝西之綠旗兵土司兵及四川綠旗兵土司兵合一起，用時敷用。再用兵時不可無參贊大臣，現今前鋒統領蘇丹已領兵前來，蘇丹閱歷甚多，擬授蘇丹為參贊。由提督岳鍾琪統領四川綠旗兵土司兵，岳鍾琪領兵前來時亦授參贊（硃批：大奇，朕諭即此三人）。惟青海之事俱係蒙古之事，侍郎常壽、一等侍衛達鼐亦令參與軍機，為此恭奏以聞。

　　雍正元年十月十六日

　　硃批：甚是，甚盡，知道了。

〔33〕川陝總督年羹堯奏報列烏奇呼圖克圖病故等情摺（雍正元年十月十六日）[3]-787

　　撫遠大將軍太保公四川陝西總督臣年羹堯謹奏，為奏明事。

　　臣查得列烏奇〔註86〕地方之呼圖克圖阿旺扎布〔註87〕自歸服聖主以來，因並未誤官書，故臣奏請賜給印信敕書，所賜印信敕書已咨文四川巡撫蔡珽遣其屬下營把總王如龍送與阿旺扎布。今據把總王如龍呈稱，我於七月十三日抵列烏奇，喇嘛桑布固吉、堪木布登北〔註88〕、唐古特首領巴扎西旺楚等帶領唐古特喇嘛百姓千餘人告曰，辰樂呼圖克圖阿旺扎布係扎西郎吉〔註89〕之親兄，康熙五十九年大軍進藏時凡前往前來諸事，俱係伊等兄弟公同料理，阿旺扎布於去年十月初三日病故，今由伊弟扎西郎吉與阿旺扎布一樣理事，且此地喇嘛百姓俱服伊之指示管理，請將此印冊給與扎西郎吉，於我處永遠

〔註85〕《欽定八旗通志》卷三百二十四作蒙古正紅旗副都統伊禮布。
〔註86〕通常作類烏齊，清時期此地為類烏齊呼圖克圖統治，統屬於達賴喇嘛與駐藏大臣，此廟即西藏類烏齊縣類烏齊鎮類烏齊寺。
〔註87〕《番僧源流考·西藏宗教源流》頁九十一載，白教熱沃仔揚貢寺（即類烏齊寺）帕曲呼畢勒罕第一輩阿旺札巴稱勒，雍正元年支應進藏官兵烏拉出力，賞加諾們罕名號，給予印信敕書及御書匾額，年三十五歲圓寂。
〔註88〕《年羹堯滿漢奏摺譯編》滿文摺第十九號《奏賞阿旺札布敕書印信摺》譯作堪布登備。堪布，藏傳佛教大寺院扎倉（僧學院）及小寺院主持。
〔註89〕《番僧源流考·西藏宗教源流》頁九十一載，白教熱沃仔揚貢寺（即類烏齊寺）帕曲呼畢勒罕第二輩札西札巴堅參，年六十二歲圓寂。

供奉祭祀等語。王如龍我聞得七月十六日扎西郎吉已知西藏大軍撤回，恐誤所用烏拉，已預先預備，十九日大軍抵列烏奇後，因烏拉業經預備故未耽延，諸事俱伊料理，報國是實，與伊兄相較並無異，惟印信敕書關係甚為重大，應否交付扎西郎吉之處請予指教咨文等因呈報前來，臣查得外營官、堪布之缺，若非父子相襲，即兄弟相襲，今扎西郎吉預備烏拉，供給大軍，由此觀之與其兄公同為國効力是實，伊兄之職應由伊襲之，臣即咨文交付把總王如龍，將賜與阿旺扎布之印信敕書即交給扎西郎吉，並曉諭扎西郎吉，仍應感戴聖主天恩益加恭順効力等語，謹將阿旺扎布病故及將印信敕書給與伊弟扎西郎吉緣由奏明。

雍正元年十月十六日

硃批：已降旨該部，甚佳。

〔34〕川陝總督年羹堯奏報調兵防備羅卜藏丹津叛亂摺（雍正元年十月二十日）[3]-806

撫遠大將軍太保公四川陝西總督臣年羹堯謹奏，為奏聞事。

臣觀青海羅卜藏丹津等人表面雖認錯不敢倡亂，目今招眾台吉仍有妄加倡亂之意，厄魯特等若僥倖，仍於口外妄行，若吃虧即逃竄，或前往襲取西藏或遠遁，入藏之路遠且冬季有氣，厄魯特等畏於行走，臣已咨文交付駐防察木多總兵官周瑛率兵入藏，防備羅卜藏丹津等偷進西藏。惟自柴達木前往噶斯之路無堵截之兵，查得統兵駐土魯番之副將軍阿喇衲〔註90〕先前奏稱，伊親自將駐土魯番之護軍，烏拉、索倫、西安、察哈爾、綠旗、喀爾喀、厄魯特兵丁，及駐巴里坤之滿蒙綠旗兵揀選後前往色爾騰〔註91〕，沙洲〔註92〕之杜蘭郭爾等地，厄魯特等若遠遁穆魯司〔註93〕等地，可出其不意等語。今羅卜藏丹津於柴達木路俱已預備馬兵，若情急遁往穆魯司等地之處亦不可料，今策妄阿喇布坦恭順遣使，且巴里坤土魯番兵丁甚多，故臣行文靖逆將軍富寧安，將

〔註90〕《平定準噶爾方略》卷十頁三作協理將軍阿喇衲，即《平定準噶爾方略》卷四頁十四之散秩大臣阿喇衲授為將軍者。

〔註91〕今甘肅省阿克塞縣大蘇干湖，小蘇干湖，昔時大小蘇干湖應連在一起，稱色爾騰湖。

〔註92〕即沙州，今甘肅省敦煌市。

〔註93〕蒙人於金沙江之稱謂。《水道提綱》卷八頁八載，金沙江即古麗水，亦曰繩水，亦曰犁牛河，番名木魯烏蘇，亦曰母藟烏素，音之轉也，岷江最上源也，出西藏衛地之巴薩通拉木山東麓，山形高大類乳牛，即古犁石山也。

都統穆森〔註94〕調往土魯番防守，令副將軍阿喇衲由伊屬下滿洲蒙古綠旗兵內酌量揀選二千名兵丁，由伊親自統領由噶斯路前往攔截羅卜藏丹津等，阿喇衲親率兵丁何時抵達噶什〔註95〕日期，籌度後報來可也等語。若羅卜藏丹津恭順歸附息事，此二千名兵丁即暫駐布隆吉爾〔註96〕。又查得布隆吉爾現有兵丁少，附近俱係厄魯特人居住，其中有三多布台吉之子阿喇布坦、巴蘇台遣伊屬下之人，於駐臺站大路盜竊馬駝，搶掠商人物品，覽從前參將孫繼宗〔註97〕所報，追趕查核時被盜物品尚可獲，自羅卜藏丹津滋事以來伊諸事不睬，俱效羅卜藏丹津而行，其餘小台吉等亦各自招人進山仿效行事，今巴里坤地方兵丁既多，遣綠旗兵二千作速前往布隆吉爾，由參將孫繼宗統轄，若無事可駐防，以示威厄魯特可也，倘用兵羅卜藏丹津臣一面咨文參將孫繼宗，令率駐布隆吉爾之兵及由巴里坤調來之兵，剿滅阿喇布坦、巴蘇台等人後，出伊孫察罕齊勞圖口往迎副將軍阿喇衲，合兵一處攔截羅卜藏丹津，如此則賊斷不能逃遁，且布隆吉爾亦可穩固，為此恭奏以聞。

　　雍正元年十月二十日

　　硃批：另有滿漢一諭。

〔35〕川陝總督年羹堯奏報擊退進犯南川邊口之羅卜藏丹津賊寇摺（雍正元年十月十二日）[3]-815

撫遠大將軍太保公四川陝西總督臣年羹堯謹奏，為奏聞剿賊事。

十月十九日羅卜藏丹津一夥率四五千名兵丁欲破西寧南川邊口而入，守口兵丁惟近百名，突遭敵大軍進襲被敗，賊盡入邊口，臣所遣防守之六百名兵丁與賊相遇，知賊勢強，即佔取神宗堡村〔註98〕，賊圍神宗堡，於十九二十兩日輪番來攻，我守備馬友仁〔註99〕李英龍〔註100〕漢仗甚好，觀賊空隙，放鳥

〔註94〕《欽定八旗通志》卷三百二十四作蒙古鑲黃旗都統穆森。《平定準噶爾方略》卷九頁二十一作都統睦森。
〔註95〕常寫作嘎斯，《欽定西域同文志》卷十四頁十一載，嘎斯，蒙古語味之苦者也，其地水苦，故名。清代青海數地均名嘎斯，此處噶斯為今青海省芒崖鎮稍東之嘎斯湖，此地為青海入新疆塔里木盆地之要道口。
〔註96〕今甘肅省瓜州縣布隆吉鄉附近地區。
〔註97〕《甘肅通志》卷二十九頁四十九作莊浪城守營參將孫繼宗。
〔註98〕常寫作中申堡，今青海省湟源縣有申中鄉，是否此地待考。
〔註99〕《甘肅通志》卷二十九頁六十五有西寧鎮標前營遊擊馬有仁，應即此守備陞任者。
〔註100〕《甘肅通志》卷二十九頁五十八紅德城營遊擊李應龍，應即此守備陞任者。

槍斃厄魯特五十餘名，我兵丁惟七人陣亡，二十一日賊屬下添番子一千餘名在外放鳥槍，在內勾結神宗囊蘇，將堡子牆挖洞欲進，守備馬友仁等牢固把守，賊終未能破。二十一日晚臣揀選西寧綠旗兵一千名交付參將宋可進，遊擊袁及印〔註101〕等，並率侍衛色爾圖、欽丟及軍前効力之滿洲綠旗官員前往神宗堡剿賊，賊臺站之人聞警，厄魯特番子公同前來接戰，我官兵各自奮勇，施放炮鳥槍，內外夾攻，殺厄魯特近十人，番子八十餘人，賊不能敵遂遁去，神宗堡囊蘇助賊攻戰俱剿殺。由是除將繳獲賊鳥槍刀槍馬匹俱賞與兵丁外，其陣亡之七人內賞凌奇銀三十兩，兵丁各賞銀二十兩，被傷之人各賞銀五兩，參戰兵丁各賞銀一兩，統兵効力之滿洲綠旗官員臣陸續繕檔咨部議敘。目今賊雖仍分兵，將各村之草放火焚燒，然西寧城甚牢固，斷不能侵，俟各處調來之兵俱會齊後臣再相機滅賊。再臣所調之兵於此處敷用，惟甘州兵少力單，查得喀爾喀額爾德尼王〔註102〕等扎薩克所居距甘州近，且兵馬精良，伏乞聖主派出理藩院官員，由額爾德尼王等人帶三千名蒙古兵前赴甘州駐紮，以助甘州之兵，各路之兵進剿賊寇時若此兵公同出甘州口，軍威更加強壯，為此謹恭奏以聞。

　　雍正元年十月十二日

　　硃批：另有滿諭。

〔36〕川陝總督年羹堯奏報大敗入侵西川鎮海堡之羅卜藏丹津摺（雍正元年十月二十四日）[3]-822

　　撫遠大將軍太保公四川陝西總督臣年羹堯謹奏，為奏聞剿賊事。

　　十月二十一日剿侵襲南川申中堡〔註103〕賊之處，臣業經奏聞，參將張家漢〔註104〕率七百兵丁守衛西川鎮海堡，十月十九日賊來侵鎮海堡，臣即遣都統五格〔註105〕率察哈爾兵丁四百名，西安滿洲兵丁一百名往援，二十日厄魯特兵二千名番子兵一千餘名包圍堡子，二十一日二十二日二十三日賊或一千名或幾百名兵丁，陸續添加，一面進攻一面於各處放火，不分日夜輪番進攻，我兵丁施放炮鳥槍，殺厄魯特番子甚眾，二十四日據康城百姓前來稟告，近日二千餘名厄魯特賊住於康城，今日俱撤走遣往鎮海堡等語。臣思賊不斷添兵，

〔註101〕《甘肅通志》卷二十九頁六十二作西寧鎮標中營遊擊袁繼蔭。
〔註102〕待考。
〔註103〕青海省湟源縣有申中鄉，此堡是否在此地待考。
〔註104〕《甘肅通志》卷二十九頁四十作鎮海營參將張嘉翰。
〔註105〕《欽定八旗通志》卷三百二十四作蒙古正白旗都統五格。

定欲大舉破鎮海堡，兵若少發於事無益，勢強方可破賊等情，正籌度間，本日前鋒統領蘇丹率西安綠旗兵四百名前來，臣令前來之西安綠旗兵稍事休息後，精選西寧綠旗兵一千五百名，共一千九百名兵丁交付參將宋可進、遊擊元繼尹〔註106〕、洪天柱〔註107〕，率領於軍前効力之滿洲綠旗官員於二十五日四更緊急前往鎮海堡救援，大軍急行辰時抵，賊臺站發覺，此次賊所帶馬匹駝駄甚多，其駄俱已先帶走，惟六千餘厄魯特佔領堡子南山，埋伏於兩旁山谷，山頂惟派數百賊誘我，然後谷內埋伏之賊出兩面夾攻，我兵丁分為兩隊，西安綠旗兵負左側，向山谷放炮一次，斃谷內賊兵甚眾，連放四炮斃賊百餘，賊慌亂聚一團來戰，由是西寧綠旗兵放鳥槍，徑直登山，又斃數百厄魯特，我官兵各自奮勇，施放炮鳥槍，賊三次來衝我陣皆不能進，遂尋口子逃遁，鎮海堡內滿洲察哈爾綠旗兵出截殺，賊四散奔逃出口。此戰我大軍斃厄魯特六百餘名，我大軍惟西安驍騎校桑格、甲兵一名、察哈爾兵丁二名、西寧綠旗兵二名陣亡，察哈爾綠旗兵六名被傷，都統武格統轄之察哈爾西安滿洲兵俱已撤回西寧，鎮海堡又添二百名兵丁，二百駄火藥、鉛子米麪等，交付遊擊馬友仁〔註108〕防守。臣等嚴禁大軍不准搶掠賊一切物品，村民各自跟隨大軍獲賊丟棄之牛羊等物甚多，陣亡之綠旗兵仍照從前各賞二十兩銀，陣亡之西安滿洲、察哈爾兵丁及被傷之人查明後報部。再多巴〔註109〕之囊蘇阿旺丹津早已歸附羅卜藏丹津，每日給賊送牛羊茶麪，仍來往於賊前，賊逃遁後伊落後，我大軍發現活捉帶來，經臣詳訊，據阿旺丹津供曰，羅卜藏丹津於二十一日抵達，於此處住五日，兵丁數目不詳，大體觀之有五六千名，軍中之貝勒盆蘇克旺扎爾、格勒克濟濃、達西阿爾布坦〔註110〕、台吉額爾德尼〔註111〕、察罕丹津之婿阿喇布坦〔註112〕俱

〔註106〕《甘肅通志》卷二十九頁六十二作西寧鎮標中營遊擊袁繼蔭。

〔註107〕《陝西通志》卷二十三頁五十作督標左營遊擊洪天祚，此處柱應為祚之誤。

〔註108〕《甘肅通志》卷二十九頁六十五作西寧鎮標前營遊擊馬有仁。

〔註109〕青海省湟中縣有多巴鎮，應即此地。

〔註110〕待考。

〔註111〕顧始汗第六子多爾濟之孫，父畢噶咱納，《蒙古世系》表三十七失載，《如意寶樹史》頁七九〇後表五作額爾德尼台吉策旺札布，父畢塔咱那。

〔註112〕遊牧於青海名阿喇布坦者有四，一為貝子阿喇布坦，即小阿喇布坦、巴噶阿喇布坦，顧實汗圖魯拜琥第二子鄂木布曾孫，父額琳沁達什，祖墨爾根台吉，《蒙古世系》表三十六失載，羅布藏丹津亂平年羹堯於會盟時殺之。一為為準噶爾部遊牧青海者，為郡王察罕丹津之婿，《蒙古世系》表四十三作阿喇布坦，父納木奇札木禪，祖卓哩克圖和碩齊，曾祖巴圖爾渾台吉，羅布藏丹津

前來。羅卜藏丹津身穿胡絲棉甲衣戴舊黃狐皮帽，背一支鳥槍，伊將自己衣帽令降服之人穿戴，行軍時將此人放於中間，而自己在旁行走，此次伊未帶大蒙古包，唯帶來帳房，每日躺在搭營寨之帳房內等語。多巴之囊蘇阿旺丹津所述緣由甚為可惡，本應立即正法，惟事尚未告竣，暫收監。我一千九百名兵丁斃厄魯特六百餘名，致羅卜藏丹津等敗逃出口，此俱係官兵各念聖主養育之恩奮戰所致。伏思賊雖大敗，然我等調動之兵尚未全到，賊重整兵馬來襲之處亦不可料，臣獎勵作戰兵丁，俟西安固原之綠旗兵俱來西寧後，令兵丁休息，賊若來誘戰，放小火俱忍之，按兵不動，賊若又進大軍來犯再發動酌量剿滅之，目今城池俱堅，賊斷不可來犯，謹將救出鎮海堡被圍兵丁，大敗賊兵，逐出口外之處恭奏以聞。

　　雍正元年十月二十四日〔註113〕

〔37〕川陝總督年羹堯奏請補放總督衙門筆帖式摺（雍正元年十月二十七日）[3]-832

　　撫遠大將軍太保公四川陝西總督臣年羹堯謹奏，為請旨事。

　　查得例定臣總督衙門有筆帖式四名，現臣衙門惟筆帖式趙昌〔註114〕、福祿〔註115〕、賀倫泰〔註116〕三人，空一缺，現此處事甚繁，辦事繕寫之人既不敷用，原光祿寺署員外郎革職正黃旗岱蘇〔註117〕臣原帶至四川，令於軍前効力，又帶至西安行走一年餘，觀之人勤奮，辦事有能，伏乞令岱蘇補臣衙門所空筆帖式之缺，仍於軍前効力，為此謹奏請旨。

　　　　亂平後封輔國公，掌旗。一為貝勒納木札勒之弟，即大阿喇布坦、伊克阿喇布坦，《蒙古世系》表三十六作阿喇布坦，父墨爾根台吉，祖顧實汗圖魯拜琥第二子鄂木布，羅布藏丹津亂平後封一等台吉，掌旗。另有一阿喇布坦，為台吉三多布之子。此處為郡王察罕丹津之婿阿喇布坦。此處為第二位阿喇布坦者。

〔註113〕《年羹堯滿漢奏摺譯編》滿文第二十二號文檔作雍正元年十月二十七日，當以十月二十七日為確。

〔註114〕《雍正朝漢文硃批奏摺彙編》第五冊第一四五號文檔《署川陝總督岳鍾琪奏遵旨辦理年羹堯離任諸事摺》（雍正三年六月初一日）作趙成。

〔註115〕《雍正朝漢文硃批奏摺彙編》第五冊第一四五號文檔《署川陝總督岳鍾琪奏遵旨辦理年羹堯離任諸事摺》（雍正三年六月初一日）作福祿。

〔註116〕《雍正朝漢文硃批奏摺彙編》第五冊第一四五號文檔《署川陝總督岳鍾琪奏遵旨辦理年羹堯離任諸事摺》（雍正三年六月初一日）作赫倫泰。

〔註117〕《雍正朝漢文硃批奏摺彙編》第五冊第一四五號文檔《署川陝總督岳鍾琪奏遵旨辦理年羹堯離任諸事摺》（雍正三年六月初一日）作戴蘇。

雍正元年十月二十七日

硃批：照依爾奏，已降旨該部記錄。

〔38〕川陝總督年羹奏報剿除莊浪番賊情形摺（雍正元年十一月初一日）[3]-837

撫遠大將軍太保公川陝總督臣年羹堯謹奏，為奏聞剿除莊浪番賊事。

切查莊浪之地乃河西五府交匯之路，東西二山間均有番子等牧居，而中間即行走之大路，昔莊浪營兵調遣布隆吉爾，番子等雖有行盜之舉，尚未敢肆意反亂，今年五六月以來明搶商賈之物，竊盜民家之處甚多，又突然出現劫掠驛塘之馬，故臣繕擬禁文，飭營官通事等攜之進山內宣諭，其東山十股番子中有七股畏懼而降，三股雖表面從之內心存悖逆之心，西山番子惟不掠驛站之馬，素以行竊，其內謝勒蘇一夥甚烈，額勒布一夥協從，探詢賊情數不過一千，惟倚山高林密為巢，不懼官兵，彼處險惡之處為棋子山、刺兒溝二處，民甚憎恨，均紛紛揀選鄉兵以期靖除番賊，臣咨行總兵官道員，爾等會商靖除番賊，又調遣涼州總兵官標下馬步兵二千，土司盧華齡〔註118〕兵一千，諸地鄉兵一千，一應賞賜糧餉等軍需我獨捐銀五千兩等情由，臣曾繕摺具奏，臣於十月初三日親蒞莊浪後，令陝西提督兼署涼州鎮之總兵官事務楊盡信，督率綠旗兵土司兵，涼莊道員江閎〔註119〕督率鄉兵，交付主事諾木渾，臣頒與令箭，與總兵官道員等會商，或靖除賊匪，或招降之情，酌情相商等因，二月初十日各自遣派啟程。今據楊盡信來報，番子額勒布一夥均入謝勒蘇一夥，合力抵抗大軍，十二十三十四日對陣斬賊甚多，奪回山林五處，賊眾皆匿密林深處，十八日綠旗土司鄉兵等分路搗毀賊巢，每日進戰，四面夾攻，二十一日剿殺賊匪數百，其婦孺均被拿獲，番子等敗逃鐵保城之巢，生擒頭領額勒布、盧木壽等二人，頭領謝勒蘇、謝勒蘇坎珠等六賊，經審明均已正法。道員江閎率領鄉兵首佔棋子山巔，各路會師二十三日搗毀鐵保城，施放炮槍，斬殺番子甚多，惟百餘賊匪遁入深山，因餘賊甚少，臣班師調至西寧，此役西八街堡守備王福進、莊浪營把總陳昌及兵士二十餘陣亡，查負傷之眾報之，將獲賊之牛羊均分賞兵士等語。臣竊思邊外正值用兵，內地番子又如此行亂，不可不遣兵剿盡，番賊並不畏罪，即與大軍抵戰，仰賴聖主天威棋子山賊巢均以靖除，餘賊遁入刺兒溝者，

〔註118〕《平定準噶爾方略》卷五頁二十八作陸華齡，應為魯華齡，土司衙門在甘肅省永登縣連城鎮。

〔註119〕《甘肅通志》卷二十八頁三十五作分守涼莊道蔣洞。

若似東山之三股番子，均誠意懼法歸降即准歸順，倘仍不悛，再予以盡除，今除將陣亡負傷之官兵查明賞賜外，剿除番賊之情形，謹奏以聞。

雍正元年十一月初一日

〔39〕川陝總督年羹堯奏報調遣西安等處官兵情形摺（雍正元年十一月初一日）[3]-838

撫遠大得軍太保公川陝總督臣年羹堯謹奏，為奏聞事。

十月二十五日圍堵西川鎮海堡之賊，臣遣兵擊敗之情形業已奏聞，臣詳查察哈爾援兵四百、西安滿洲兵一百，其軍械諸項物品甚缺，督管大臣官員等均未詳查，馬甚瘦弱，雖加餵養亦不及用，故臣揀留察哈爾兵一百守城，其餘察哈爾兵三百西安滿洲兵一百飭交都統西倫圖，率都統武格等遣歸，今值寒冷之際羸馬於邊外倘不可行，則軍士糧餉沿途馬匹草料自西安路遣送，謹此奏聞。

雍正元年十一月初一日

〔40〕川陝總督年羹堯奏報剿滅南川等地賊匪情形摺（雍正元年十一月初一日）[3]-839

撫遠大將軍太保公川陝總督臣年羹堯謹奏，為奏聞擊敗賊匪情形事。

臣擊敗圍堵南川之申中堡、西川之鎮海堡之賊匪情形均已奏聞，北川之新城距西寧九十里，遊擊馬成福〔註120〕率兵八百鎮守，賊匪二千餘圍佔北山，指向山下城內槍戰，遊擊馬成福平素居官良好，兵民同心相助，自城內放槍炮還擊，殺賊甚多，固守城池。臣竊思南川西川敗賊倘合力大舉攻城亦不可料定，故於二十八日共揀西安固原西寧綠旗兵三千飭交副將王松〔註121〕、參將宋可進等於二更時分起程，征剿圍堵新城之賊，二十九日卯時賊匪發覺，佔領山梁抵抗，我等軍士分二隊攻取，值槍炮對戰之時我方列隊之兵包圍山後向上衝擊，施放槍炮，賊匪不支即敗逃，因我等軍馬甚不肥壯，故臣下令勿深追敗匪，即班師整列，以開新城城門准二百馱火藥米麯等物進入，遣派前鋒等搜山，山後之賊正值裝載駱駝欲敗遁，見我等軍士敗賊退縮，復列陣向我交戰，以此我等二隊官兵共同登山，各自奮勇，施放槍炮蕩平賊巢六營，斬厄魯特百餘，賊匪四方奔逃出寨，我軍獲賊之槍刀鳥槍良多，民眾紛紛奪取賊匪牛羊駝隻，將被俘內地民眾婦孺四十餘名攜歸。此役因我軍攜子母炮七十門，賊之鳥

〔註120〕《甘肅通志》卷二十九頁六十七作北川營遊擊馬成伏。
〔註121〕《陝西通志》卷二十三頁五十作督標中營副將王嵩。

槍不能及至我等，我大炮轟斃厄魯特百餘人，我等軍士無一損失，往戰之三千兵均予以嘉獎。今賊匪雖敗逃出寨，此數日厄魯特番子焚毀民房，搶掠婦孺甚多，臣一面安撫民眾，對其困迫者酌情救濟外，一面緊急飼餵軍馬，調遣之軍均抵至後大軍遣征賊匪。查得飼秣軍馬之例，初三十日每馬各飼料八升，續七十日各飼六升，逾百日後各飼四升，臣抵至西寧或因暫未行走，而每馬惟給四升飼料，今既事急用馬，臣准給每馬六升飼料，謹此奏聞。

雍正元年十一月初一日

〔41〕川陝總督年羹堯奏報揀員補授副都統摺（雍正元年十一月初一日）[3]-840

撫遠大將軍太保公川陝總督臣年羹堯謹奏，為欽遵上諭事。

十月二十九日據兵部來文內開，我等部具奏，為請革職事，雍正元年九月十九日具奏，本月二十四日奉旨，將法喀原品革職，其缺總督年羹堯咨行法喀，自彼處協領內伊等揀賢能者具奏，補為副都統，欽此欽遵，業已到臣，理應咨行副都統法喀共同揀選，西寧距成都遙遠，且副都統缺不可久空，查得前曾奉旨，每省保舉賢能協領一名，欽此欽遵，臣同副都統法喀保舉成都鑲藍旗協領黑色〔註122〕，以〔註123〕遣往京城引見，黑色人明白且體面，勝任管理，故此臣奏簡黑色，為此謹奏。

雍正元年十一月初一日

〔42〕川陝總督年羹堯奏報侍郎常壽抵羅卜藏丹津處情形摺（雍正元年十一月初七日）[3]-869

撫遠大將軍太保公川陝總督臣年羹堯謹奏，為奏聞事。

臣抵西寧後將侍郎常壽於十月初二日啟程前往羅卜藏丹津處之緣由業已奏聞，今據隨往侍郎常壽之千總馬超群、領催克希圖、齊里克特依〔註124〕等來告，我等於初九日跟隨常壽抵達羅卜藏丹津所駐之巴顏布拉克地方後，相會羅卜藏丹津時伊云，我等於本月十五日在察漢托羅亥處會盟，俟侍郎前往彼處我等再議等語。於巴顏布拉克候駐二日我等馬被盜十餘匹，十二日自伊之牧場

〔註122〕《欽定八旗通志》卷三百二十三作成都副都統赫塞。
〔註123〕「以」應為「已」之誤。
〔註124〕《雍正朝漢文硃批奏摺彙編》第十冊第三六〇號駐藏大臣馬拉、僧格漢文摺作領催祁里克忒。

啟行，十四日抵達察布齊勒，宿駐二日，十七日抵至和爾〔註125〕地方，晚忽有二三千賊匪普遍攻進，奪我等之馱，執獲侍郎常壽，執隨從筆帖式多爾濟，赤裸其身時多爾濟甚為惱怒，抽出佩刀自刎身死，克希圖、齊里克特依我等各自逃出隱匿山彎，大軍敗羅卜藏丹津後我等歸來，馬超群抽出腰刀斬殺三人，因馬超群腿部受刀傷亦被執押，乘監護賊匪酣睡之機竊乘伊之馬逃出等語。臣查得跟隨侍郎常壽之家人二名，領催克希圖、齊里克特依、千總馬超群及隨從之百兵內九十兵均賡續歸來，據取信，將常壽關押於堪布廟，伊處尚有家人二名兵二名，今羅卜藏丹津已往伊之牧放處，不曉侍郎常壽在何處，俟詢得確信後再另具奏，為此謹奏以聞。

雍正元年十一月初七日

硃批：覽此奏朕纔放了心了，好一大險，真正佛天之大慈恩也，向役之舉，一切斟着萬全而為之，阿彌陀佛。（硃批係漢文）

〔43〕川陝總督年羹堯奏報賞布隆吉爾來投之人給養摺（雍正元年十一月初七日）[3]-871

撫遠大將軍太保公川陝總督臣年羹堯謹奏，為奏聞事。

十一月初六日據駐守布隆吉爾之侍衛窩赫〔註126〕，參將孫吉宗〔註127〕等稟稱，台吉索諾木達西〔註128〕遣伊之信差寨桑前來告稱，索諾木達西懷念聖主，諸凡大小事務效力而行，羅卜藏丹津、戴琫公二人同伐我，執押我身，如今我逃出來投聖主等情。臣查得台吉索諾木達西者因將羅卜藏丹津等信息前來告我等，屬結怨拿獲之人，復又逃出來投聖主，臣飭甘肅巡撫綽奇，遣駐肅州取信之庶子哈克善、主事索諾木動撥錢糧至布隆吉爾，與參將孫吉宗同斟酌，辦給伊下屬投來之眾食物茶葉羊隻等物，依照撫養額爾德尼額爾克托克托鼐、察罕丹津等養之，將來投之人數、撥給物、所用之錢銀數稟報於臣等情，為此謹奏以聞。

雍正年十一月初七日

硃批：甚好，另有旨，同爾商議。

〔註125〕本書第二部分年羹堯漢文摺第一七八號作火兒。
〔註126〕本書第二部分年羹堯漢文摺第二十九號作侍衛倭黑。
〔註127〕《甘肅通志》卷二十九頁四十九作莊浪城守營參將孫繼宗。
〔註128〕《蒙古世系》表三十七作索諾木達什，顧實汗圖魯拜琥第九子桑噶爾札之孫，父塔薩博羅特。

〔44〕川陝總督年羹堯奏報王景灝出使情形摺（雍正元年十一月 初七日）[3]-872

撫遠大將軍太保公川陝總督年羹堯謹奏，為奏聞事。

竊臣遣西安按察使王景灝往布隆吉爾建城，今據王景灝報稱，策妄阿喇布坦遣使根敦，乘便送我多羅呢一疋，無信劄等語，為此謹奏以聞。

雍正元年十一月初七日

硃批：策旺此舉，朕心甚喜，光景欲求和之機，但中有此羅卜藏丹盡一犯，又恐搖惑彼志，朕意他既有求爾中間讚美之意，何不將爾主意私與他一書，再與他些禮物，好言勸導，話不必剛亦不必柔，爾自然有道理，但恐彼疑多鬼詐之人，反以為我君臣設法求和之意，反為不美，若此事可行，可將爾寄與他書中之意先密奏來，朕覽過發回，俟他回來路由甘肅時交與他，到是一善舉也，爾心中若言多一事可以不必則已。羅卜藏丹盡之事，如何向他來人說好，庭議有云全告訴他好，又有云他自然知道，下邊總不必瞞他，旨意犯不着告頌〔註129〕他，原是各自事，若向他旨意說了，現今與他講和，恐他疑我等畏他與羅卜藏丹盡聯手，反長其狂心，說的也是，爾的主見如何，寫來朕再定。（硃批係漢文）

〔45〕川陝總督年羹堯奏報西寧附近交戰情形摺（雍正元年十一月 十一日）[3]-890

撫遠大將軍太保公川陝總督臣年羹堯謹奏，為奏聞攻剿賊匪情形事。

臣將三次擊敗犯邊之賊匪情形已奏聞在案，查得西寧附近駐回子甚多，城內外駐有漢回，城南駐有番回，多巴等處駐有唐古特纏頭回，此等平素均行貿易，並無異心，惟北川外之上白塔下白塔二處駐有蒙古回六七十屯，佔有周圍數百里餘，人甚多且糧草亦甚豐盛，下白塔可獲馬賊千餘，上白塔可獲馬賊二千餘，此等雖係回子，其穿用生計竟似蒙古，以致這多年亦未售我一節草，由此觀之可知伊等素懷異心。下白塔之回子，公吉克吉札布〔註130〕、台吉巴勒珠爾阿喇布坦〔註131〕、羅卜藏察罕〔註132〕、阿喇布坦此四戶屬之。上白塔回

〔註129〕「頌」應為「訴」之誤。

〔註130〕《蒙古世系》表三十六作濟克濟札布，顧實汗圖魯拜琥第二子鄂木布曾孫，父貝子羅布藏達爾札，降襲輔國公。

〔註131〕顧實汗圖魯拜琥第二子鄂木布曾孫，父納木札勒。《蒙古世系》表三十六失載。《松巴佛教史》頁五五〇表七作青黃台吉覺丹，父仁欽堅贊額爾德尼黃台吉。

〔註132〕《蒙古世系》表三十六作羅卜藏察罕，顧實汗圖魯拜琥第二子鄂木布曾孫，父納木札勒，祖墨爾根台吉。

子阿喇布坦鄂木布〔註133〕曾隸蘇爾雜〔註134〕，阿喇布坦鄂木布娶蘇爾雜之妻
常瑪爾，均併於阿喇布坦鄂木布，故此適繞阿喇布坦鄂木布入侵我邊界時伊僅
親率不足千兵立於高處瞭望，圍攻我等城市者均屬此類回子。今羅卜藏丹津、
阿喇布坦鄂木布等雖敗遁，此二處回子照常乘機搶掠我等民眾，臣竊思遣我等
大軍若不剿殺賊匪，賊暫未逃散，若遣大軍，此上白塔下白塔之回子若尾隨我
軍又大為可慮，今即派兵，此二處回子先予以剿滅，回子人眾且軍器亦強，滅
正股賊匪之前又致我方需大兵力，上白塔之力強，下白塔之力弱，如何先將下
白塔回子招降，再漸將上白塔回子剿滅等情熟慮。觀之臣標下營之千總馬中孝
〔註135〕，是位好男子漢，人精明強悍，伊原〔註136〕為駐守西寧之人，伊稔知
地方情形，故此臣酌情將千總馬中孝差派行走，今馬中孝已往，在下白塔有三
十屯之回子均被降服，率其頭領錫喇莫爾根等三十四人，以此臣均酌情嘉賞，
著馬中孝率領，馬中孝會同駐北川驛站筆帖式額爾格圖，領催晁岱等共商，將
上白塔回子頭領額爾克喀等六名極惡之賊拿獲解來（硃批：如何拿獲解來），臣
復嘉賞遣派之後，將馬中孝自下白塔遣派五百兵，連同上白塔歸服之五百兵計，
共率千兵，往剿阿喇布坦鄂木布等之同夥賊，上白塔內三屯之人，皆照常援助
阿喇布坦鄂木布作惡，伊甚守信用之眾，並未降服而在交戰，馬中孝等率此千
兵放槍，將伊等之屯點燃，盡殺回子共五百餘（硃批：行為可嘉），將阿喇布坦
鄂木布所建房屋、二座廟均焚毀之，賊匪搶奪我民眾之牛羊均各自退歸原主，
繳獲賊馬騾牛羊等共一千八百餘，均賞與士兵（硃批：甚妥），將賊匪之婦孺四
十六口均賞與率兵前往之官員等，此次復擒獲之二賊頭領阿布多、吳遠，以前
擒獲之賊匪頭領額爾克喀等六賊匪，即共八賊均已正法（硃批：甚該），上白塔
下白塔此二處歸降之回子等均著各遣駐原籍，此等人口數均飭明確立檔以外，
查得上白塔下白塔回子等如有不降不剿，俟遣派我大軍時甚為可慮，今千總馬
中孝招降下〔註137〕白塔，擒斬上白塔惡賊頭領等，其餘回子均已投誠，我等大
軍起程，並無憂慮，既然如此將馬中孝等俟軍務完竣交部議敘，為此謹奏以聞。

〔註133〕常寫作博碩克圖戴青阿喇布坦鄂木布。顧實汗圖魯拜琥長子達顏鄂齊爾汗
　　　　孫，《蒙古世系》表三十八失載。《松巴佛教史》頁五四九表六載其父羅布藏
　　　　彭措貝勒，其名博碩特拉布坦旺波。
〔註134〕《平定準噶爾方略》卷三頁五作台吉蘇爾扎，拉藏汗次子。此句翻譯歧義，
　　　　應為「上白塔回子曾隸阿喇布坦鄂木布與蘇爾雜」。
〔註135〕《陝西通志》卷二十三頁五十三有督標後營遊擊馬忠孝，即此人後陞任者。
〔註136〕原文作「可」，今改為「原」。
〔註137〕原文作「子」，今改為「下」。

雍正元年十一月十一日

硃批：惟今雖以威歸服，內心有變亦理應有防，悉曉甚固後方妥，青海賊匪再若來犯伊等，伊等以自身之力能否抵擋乎，今即理應勉勵，暫補放為遊擊等官。

〔46〕川陝總督年羹堯奏請調派兵馬糧食摺（雍正元年十一月十一日）[3]-891

撫遠大將軍太保公川陝總督臣年羹堯謹奏，為奏明事。

臣前調派吐魯番、巴里坤等處之兵，均已奏聞在案。今羅卜藏丹津之賊夥阿爾加囊蘇，於[註138]我西寧所轄巴努萬三川[註139]處就近而居，仍出沒騷擾地方，巴努萬三川有通和州[註140]大道，且守兵惟有三百，巴努萬三川距蘭州若經小路而行，只有二日路程，故此臣就近於十月二十二日調撥蘭州撫標兵丁五百鎮守巴努萬三川。莊浪地方四面均有番子蒙古居住，且西寧涼州二路關口守軍力弱，臣於二月二十三日調派固原提督下營兵一千戍守莊浪，又恐不足討賊，於十月二十日調寧夏兵一千五百，十月二十四日調涼州兵一千令前來西寧，臣督標下兵丁所攜之子弟有二百，觀之均屬少年且為好漢，臣與此二百人均發武器，暫食步兵錢糧以援守城。再自寧夏解送馬駝之兵二百二十三人，今調來諸處之兵因經常派遣彈壓賊匪，將此二百二十三兵士暫留西寧，發給口糧草料，今調派諸處之官兵均逐一抵達各自負責之地，每日發給口糧馬料，既然有關錢糧，伏祈聖主飭令該部，納入奏銷錢糧，為此謹奏。

雍正元年十一月十一日

硃批：甚好也，飭交該部，錢糧之事爾可勿慮，爾又有不應亂用之處，奢用之理乎，爾酌情辦理，事成之後依爾所請行文，以此爾勿費心。

〔47〕川陝總督年羹堯奏報察罕丹津率眾自和州遷往蘭州摺（雍正元年十一月十一日）[3]-892

撫遠大將軍太保公川陝總督臣年羹堯謹奏，為奏聞事。

察罕丹律駐於和州[註141]時伊下屬眾請歸者甚少，此前羅卜藏丹津又揚

〔註138〕原文作「子」，今改為「於」。
〔註139〕常寫作巴暖三川，今青海省民和縣古郡鎮一帶地區。
〔註140〕和州為河州之誤，即今甘肅省臨夏州。
〔註141〕和州為河州之誤，即今甘肅省臨夏州。

言掠察罕丹津，故此臣於十月二十四日飭交少卿花郜率察罕丹津父子母女遷至蘭州等因，今花郜率察罕丹津夫婦子媳及伊下屬之男女共九十口十一月初三日自和州啟程，初八日移至蘭州，為此謹奏以聞。

雍正元年十一月十一日

硃批：甚好，欣閱，察罕丹津、額爾德尼額爾克，為後日我等二寶貝。

〔48〕川陝總督年羹堯奏明至西寧後備辦兵力鎮守各關口摺（雍正元年十一月十四日）[3]-900

撫遠大將軍太保公川陝總督臣年羹堯謹奏，為奏明事。

切臣抵達西寧後三次擊敗逆賊，佑助羅卜藏丹津，靖剿沿邊之回番〔註142〕，值匯奏青海概況之際，十一月十二日到來之兵部寄送諭旨，謹展閱之，聖主為青海事務熟慮，確屬甚詳。臣竊思青海民眾世代蒙受我國鴻恩，毫不思圖報，反生叛心，侵犯我等邊界者實乃獲罪於天，自取滅亡矣，今聖主雖百般寬宥，而伊等自做自受斷不可留，現青海之眾與策妄阿喇布坦勾通，倘不剿滅此等，致嗣後我等邊界不得安寧，即策妄阿喇布坦亦不死心（硃批：甚是），惟現正值寒冷時節，不將我兵加固，則關係甚大（硃批：甚是），故此臣自今始將兵馬器械廩餼等物辦理牢固，來年返青時遣派大軍剿滅逆賊，為此事議政處所議者亦甚詳盡，惟此處之狀況微有異處，臣僅將管見數項，恭謹議奏，依序開列。

一、不可不較多備辦兵力，現討伐之內，備辦西寧總兵官標下營兵二千，西安滿洲兵五百，總督標下營兵一千三百，固原兵一千，寧夏兵一千五百，四川提督岳鍾琪率來綠旗土司之兵共六千，總督標下營兵子弟二百，自寧夏送馬前來之兵二百二十三，臣又增調標下營兵八百，陝西四川兵共一萬三千五百餘。惟提督岳鍾琪率來之兵內土司兵有不能遠行者，我等大軍越邊關，西寧所餘之鄉勇兵足以守城，西寧東方諸邊關不可不守，此土司兵二千我等兵五百留之鎮守諸邊關，自西寧松潘二路進發之兵共一萬一千，臣於甘州先備之兵一千，今大同兵一千，土默特、鄂爾多斯之兵一千，共三千兵出邊，兵力仍不足，查得駐於巴里坤之榆林總兵官李堯〔註143〕為好漢，士兵整齊，故此臣咨行靖逆將軍富寧安，連同現在彼處李堯標下之兵計之，或固原或臣標下在彼處之營

〔註142〕此句翻譯歧義，應為「三次擊敗逆賊，靖剿幫助羅卜藏丹津之沿邊之回番」。
〔註143〕《陝西通志》卷二十三頁五十八作延綏鎮總兵李耀。

兵內共揀選一千，由李堯率領前來甘州，與該三千兵相會，共為四千兵，因涼州關口多，然未調涼州兵。既永昌兵少，調遣陝西巡撫營下士兵五百鎮守永昌。甘州發兵後城中餘兵亦少，調西安滿洲兵五百，飭付平逆將軍貝勒延信鎮守甘州。自甘州討伐之兵共四千，駐布隆吉爾兵一千，由巴里坤調派之兵二千，協理將軍阿喇衲〔註144〕率領之吐魯番兵二千，布隆吉爾留兵一千，除鎮守地方外由布隆吉爾進剿之兵共四千，西寧松潘甘州、布隆吉爾此四路進剿兵共一萬九千，兵力甚足，此等兵出邊則將滿洲蒙古兵均飭付協理將軍阿喇衲督管，阿喇衲亦為議政大臣，將綠旗兵均飭交提督岳鍾琪督管等語（硃批：均是，惟今巴里坤、吐魯番之兵力單薄，爾亦盡謀之）。

一、軍馬、駝甚要，陝西近數年歉收，難獲草料，馬匹羸瘦，現臣動撥錢糧購馬，一匹馬值銀十二十三兩，雖盡能採購，惟獲千匹馬，既馬不甚足，伏祈或由歸化城採購，或由太僕寺、商都達布遜諾爾之牧群解送馬三千匹，先由內地解送之馬抵達此處後均瘦弱殘疾，徒有虛名而無實用，今聖主差派誠意効力之大臣一員，揀選六歲以上九歲以下膘壯無殘之馬，今年八月末驅至寧夏，臣於寧夏留二千，中衛留一千，飭交署理蘭州巡撫事務布政使傅德〔註145〕，遣派妥員每馬每日撥草二捆，料五升妥善飼餵，來年三月從容驅趕解送西寧。再軍內馱運糧餉等物不可無駝，現自巴里坤往調布隆吉爾駝一千，巴里坤仍有駝四千，現巴里坤既然無事，咨致靖逆將軍富寧安，總兵官李堯來時揀選駝二千，鞍屜繩一併攜至，往甘州涼州肅州等地採購可獲駝一千五百，膘壯可用之駝一頭無銀五十兩則未得，臣現動撥正項錢糧採購，共有駝四千五百，故毫不誤西寧甘州、布隆吉爾等處進兵（硃批：將辦理馬四千匹遣往寧夏，馬匹到後接收之官員等，及飼秣之處均預先備辦，驅馬之人即返回益佳）。

一、軍糧甚要，臣在西安時青海之眾云，今年有事不可料定，故即於西安購米六萬石以備，現兵丁賜給充足之米均此項運至之米，今既又增至多兵，臣謀辦足用，斷不致耽擱（硃批：亦應辦理續備）。

一、剿滅賊匪火器甚要，臣先於四川製造之炮鳥槍，於西安製造之炮鳥槍以供足用，惟原有之火藥不可用，臣今年製造之火藥，此數次交戰餘者不多，現既然趕造不及，伏祈將荊山〔註146〕製造之火藥紅藥一馱，計一百八十觔，

〔註144〕《平定準噶爾方略》卷十頁三作協理將軍阿喇衲，即《平定準噶爾方略》卷四頁十四之散秩大臣阿喇衲授為將軍者。
〔註145〕《清代職官年表》布政使年表作甘肅布政使傅德。
〔註146〕即北京景山之誤譯。

賞一百馱，明年正月內送至西寧（硃批：趕送好藥二百馱）。

一、鎮守邊關者甚要，提督岳鍾琪率兵六千出松潘關，總兵官周瑛率兵一千進入藏地，此二地之邊關不可不牢固鎮守，今副將張成隆〔註147〕率兵五百鎮守巴塘，裡塘現有兵二百，復增派四川巡撫標下營兵三百鎮守裡塘，著署理松潘總兵官事務之副將張英〔註148〕率伊標下所屬兵一千，適纔保舉之副都統黑色〔註149〕，率成都滿洲兵五百，均於明年二月，出松潘關，於黃勝關駐守揚威。再察木多地方為前往藏地之要路，既與雲南相近，差遣雲南兵二千，提督郝玉麟等率領於察木多駐守揚威，羅卜藏丹津等斷不敢前往巴爾喀木等地。

以上共五件事均僅臣之管見，據按此處情形謀議，其調兵之事若候商議解送，再予執行，以致遲誤（硃批：甚好），故此臣一面具奏一面咨行諸處，惟西寧距雲南既然遙遠，駐察木多之雲南二千兵之書，俟議政處議定後，自京城准行，為此謹奏請旨。

雍正元年十一月十四日

硃批：議政議之，即依爾之所奏執行。

〔49〕川陝總督年羹堯奏報征伐事備辦兵餉馬料摺（雍正元年十一月十四日）[3]-901

撫遠大將軍太保公川陝總督臣年羹堯謹奏，為奏聞事。

明年遣派大軍大舉征伐青海賊匪等，諸處增調之兵陸續前來，因此廩餼馬匹草料不可不預先備辦，今西安布政使之庫銀既然甚多，臣行文飭交西安布政使胡期恒動撥庫銀五十萬兩，差派官員解送蘭州布政使庫就近使用，祈將此飭部在案，事竣之後予以奏銷，為此謹奏以聞。

雍正元年十一月十四日

硃批：欣閱，記錄於部。

〔50〕川陝總督年羹堯奏請查辦河東鹽務摺（雍正元年十一月十四日）[3]-902

撫遠大將軍太保公川陝總督臣年羹堯謹奏，為請旨事。

〔註147〕《四川通志》卷三十二頁五十六作化林營副將張成隆。
〔註148〕《四川通志》卷三十二頁四十七作永寧協副將張瑛。
〔註149〕《欽定八旗通志》卷三百二十三作成都副都統赫塞。

臣前奏明查河東塩稅監察御使尹德納〔註150〕、朱志成〔註151〕等將缺欠誑報完結等情，又因未交付所獲餘銀，以至錢糧多所虧空等因，奉旨命尹德納等遣往運城，令臣親往明白查核，酌情分派償還，欽此欽遵在案。後尹德納等抵運城前臣遵旨前來西寧，今西寧軍務暫未完結，尹德納等不可久留於外，且此事亦暫未能明，臣在西安時飭付神木道員李士卓〔註152〕、署理運司事務運判王齡德〔註153〕等徹底盡查，均已明白，伏祈聖主降旨陝西巡撫范時捷，依李士卓、王齡德所查，此等先偽報原數，每年完結者幾何，尚未完結者幾何情形予以查明，將尹德納等攜至西安，獲取實供，著送於臣，臣再議奏酌情分派償還，如此則尹德納等不致久留於外，且錢糧可速獲倚處，為此謹奏請旨。

雍正元年十一月十四日

硃批：交付後照部所請施行。

〔51〕川陝總督年羹堯奏報整頓地方肅清叛逆摺（雍正元年十一月十七日）[3]-913

撫遠大將軍太保公川陝總督臣年羹堯謹奏，為奏聞事。

臣抵至西寧，十月十九日顯悉青海人眾反叛，即嚴飭平逆將軍，甘州涼州肅州、布隆吉爾等處各自固守地方，十月二十九日於北川剿賊，訊所獲之厄魯特等，稱羅卜藏丹津通告伊等青海全體眾民，同約定一日共肇叛亂，故羅卜藏察罕、吉克吉札布〔註154〕、阿喇布坦〔註155〕、巴勒珠爾阿喇布坦使涼州甘州等處邊關叛亂等語。續據永昌副將劉紹宗〔註156〕稟報，十月二十五日於平羌口執獲三厄魯特，亦照我處拿獲賊所供，再十月三十日於南山口獲一厄魯特一番子，訊得厄魯特賊匪等於新城、高古城，及距永昌二十里處均候紮營，副將若率兵出城則賊匪等即遍攻城，侵掠永昌等情，是日又據於高古城之藍鳥口因賊匪前來者多，將我等所設哨所之三十兵丁均劫掠之等語。再據新城堡之外委

〔註150〕《山西通志》卷八十頁三十二作巡鹽御史延德納。
〔註151〕《山西通志》卷八十頁三十二作巡鹽御史朱之理。
〔註152〕《陝西通志》卷二十三頁二十二有分巡延綏鄜道李世倬，即此人。
〔註153〕此人正確名為王令德。
〔註154〕《蒙古世系》表三十六作濟克濟札布，顧實汗圖魯拜琥第二子鄂木布曾孫，父貝子羅布藏達爾札，降襲輔國公。
〔註155〕顧實汗圖魯拜琥第二子鄂木布曾孫，父額琳沁達什，祖墨爾根台吉，《蒙古世系》表三十六失載，羅卜藏丹津亂平年羹堯於會盟時殺之。
〔註156〕《甘肅通志》卷二十九頁三十三作永昌營副將劉紹宗。

侯揚德報稱，十月三十日巳時賊自眾山口出，圍新城堡之城，申時放火焚城，以此守備李國強惟率七八兵丁出城遇賊交手，伊身陣亡，把總李孝受重傷，兵士亦於火中陣亡二三十名，新城地方雖小居民無多，亦受賊侵掠等情。又前來報稱大馬營所轄塔崖泉亦有賊侵入，劫掠民之馬畜，外委馮廣勇往援，奪取馬畜一半，伊身陣亡等語。自此甘州轄之大馬營、涼州轄之高古城、水磨關、蔡旗堡、北古城、石頭溝、甘溝口、水泉驛、大黃山、南壩街、西壩街，莊浪所轄之鎮強驛〔註157〕等處厄魯特賊匪番子等無時出沒，放火劫掠。再涼州所轄洪溝寺〔註158〕之大頭和尚率領番子搶奪張義堡，沙瑪喇木札木巴率領番子搶奪沙溝坳、樓山此二處。

　　臣竊思涼州永昌大馬營其間相距五六百里，邊口亦甚多，臣雖嚴飭署理甘州提督楊啟元〔註159〕，署理涼州總兵官楊盡信惟牢固鎮守各處，倘分兵彼此相援兵實不足，故此臣一面行文著嚴加鎮守諸處，一面將遭害之民眾就近全部遷至永昌城，撥倉之存糧賑濟，惟賊匪等一日不退，沿邊而居之番賊等共同作亂，我等民眾多有憂患，自西寧遣兵相助路又遙遠。查得羅卜藏察罕、阿喇布坦、巴勒珠爾阿喇布坦、吉克吉扎布，此等駐之牧場距西寧惟三百餘里，伊等既然現出兵，伊等牧場必無人，我等遣派大軍征伐伊等牧場，則伊等必返回，先遣派大軍，尚多慮上白塔下白塔此二處之回子等，今臣遣千總馬中孝等，上白塔下白塔處均復滅之，即於十一月初八日著西寧總兵官黃喜林率兵前往羅卜藏察罕、阿喇布坦、巴勒珠爾阿喇布坦、吉克吉扎布等牧場處搗毀匪巢。初十日據總兵官黃喜林來報，我率大軍於初九日出北川寨門，塞外有七家寺〔註160〕、果莽寺〔註161〕，此二廟周圍有喇嘛番子等，均助阿喇布坦鄂木布等向我等交戰之眾，我將兵編為二隊行走二十里，將其放哨之賊拿獲一名，再行十五里拿獲其放哨賊五名，均繳兵器，審得七家寺之賊等以備大軍前來等情告之，我令原遊擊申利學〔註162〕、胡豪〔註163〕率官兵四百零三，再令錫喇墨爾根率回子四百，自治溝遣往七家寺剿殺逆賊五百餘，

〔註157〕為鎮羌驛之誤譯，今甘肅省天祝縣打柴溝鎮金強驛村。
〔註158〕常寫作紅溝寺，位於甘肅省天祝縣大紅溝鄉。
〔註159〕《甘肅通志》卷二十九頁十六作提督固原總兵官楊啟元。
〔註160〕常寫作祁家寺，位於今青海省大通縣青山鄉。
〔註161〕即郭莽寺，今名廣惠寺，為羅卜藏丹津之亂被毀後清世宗御賜名，位於青海省大通縣東峽鎮。
〔註162〕《四川通志》卷三十二頁十四作提督標營左營遊擊沈力學。
〔註163〕《四川通志》卷三十二頁三十九作疊溪營遊擊胡灝。

拿獲彼處大喇嘛二人，繳獲牛羊一千餘，歸降之眾均照常招撫。是日抵至果莽寺紮營，喇嘛番子一人亦未來，是夜諸山口均設哨所，寺內賊等於山口放槍，出入而行，翌日訊問喇嘛等施放鳥槍之情由，稱並未歸服，且與大軍對戰，我等兵士各自奮戰，斬殺賊匪喇嘛番子等一千餘，擒阿喇布坦鄂木布之賊目二十七名，繳獲盔甲弓箭鳥槍牛羊馬駝等項甚多，果莽寺乃原眾賊集聚商議叛逆事之處，故將寺之房均火焚，將擒獲之賊目等均於火中焚死，所餘喇嘛番子二千餘人均棄器械祈求饒命，我招示聖主之德威，各自維護原來生業。十一日整兵尋找賊巢，渡大通河行百餘里，賊將山內之草均以火焚，賊之形勢不利，惟將伊等無暇顧及之牛二百頭羊二千餘隻獲之，擒獲守護該牛羊之一蒙古，問之稱賊匪等聞我等大軍出征之息，二三日前均各遠逃敗往，不曉往何處等情來報。再十二十四此二日據涼州永昌等處來報，在邊內之賊均返回，此數日內陸續擒獲之厄魯特番子喇嘛及我等內地之劣民等均代賊進城，探息放火，共三十四人均斬之等情。臣竊思我等遣大軍往劫賊巢，賊即知曉，將草焚燒敗退之，看來賊等必遠遁，今正值寒冷，既然大軍不可深人，臣著總兵官黃喜林整頓我等大軍暫且返回，今令兵撤返西寧，養兵秣馬，招撫近圍之番子等，且查遭難之民人等，酌情撥發錢糧賑濟，確探賊情，來年再以大力予以盡剿，為此謹奏以聞。

　　雍正元年十一月十七日

〔52〕川陝總督年羹堯奏報布隆吉爾等處所生事端摺（雍正元年十一月十七日）[3]-914

　　撫遠大將太保公川陝總督臣年羹堯謹奏，為奏聞事。

　　據駐防布隆吉爾之侍衛倭赫、參將孫繼宗等陸續報來，十月二十九日駐哨所之兵士馬友林報稱，二十八日五更我等見一夥賊匪，其中有我等識者均屬台吉阿爾薩蘭〔註164〕之人，把總何成率我等方欲往問，突從背後又來一夥賊匪包圍我等，因賊甚多，我等陣亡六人，三人負傷，又有兵三十五人連同把總均被擒解等情，故此我等共商，著遊擊張欽〔註165〕、守備周文正〔註166〕率兵五百往追，又著守備陳進福從小路堵截，三十日未時守備陳進福返回告稱，今晨

〔註164〕本書第二部分年羹堯漢文摺第七十九號作阿爾薩朗。
〔註165〕《甘肅通志》卷二十九頁六十九作蘭州營遊擊張興。
〔註166〕《甘肅通志》卷二十九頁九十二有肅州鎮標右營遊擊周文正，應即此守備陞任者。

遭賊交戰，斬賊十四人生擒男女二人，俘獲馬十七匹牛六頭羊四百十五隻鳥槍等物，我等兵二人負傷等情。十一月初一日遊擊張欽派領旗曹志來告，我等率兵追至戈壁盡處，並無賊匪，返回抵至蘭泉子後，一百餘賊自柳林傾出，我等方欲戰，背後復有二路賊來，共有賊匪二千餘向我等交戰，自午時至晚仍未退卻，現我等兵被困，故此參將孫繼宗親率兵往援，途中遇守備周文正率兵返回，告稱乃因我等兵斬賊甚多，賊發現後屢屢增兵，是日甚晚賊方退卻，因我等兵不可追擊，故我等率兵歸來，遊擊張欽、千總史進路均負重傷，我等兵士陣亡負傷者亦有等語。再十一月初二初三初四此三日賊匪仍前來犯營，聞我等炮槍之聲即退回，我等備用於明年建城之木草均以火焚，查明數額後再稟報之等情。今署肅州總兵官事務郭成功〔註167〕遣伊下屬營兵五百，救援布隆吉爾地方等情來報。臣查得布隆吉爾等處庫勒喇嘛〔註168〕、三多布台吉之子阿喇布坦、巴蘇泰〔註169〕、公丹津〔註170〕、台吉諾爾布〔註171〕、台吉圖呼勒〔註172〕、台吉阿爾薩蘭，此六家居住，此等均共聚，人員不少，今雖增派肅州兵五百，力量尚弱，故此臣行文嚴飭孫繼宗惟嚴守地方，暫且斷不可動，自巴里坤調之二千兵候副將軍阿喇衲率領之二千兵均抵達後，再以大力緩剿賊匪等情，為此謹奏以聞。

　　雍正元年十一月十七日

〔53〕川陝總督年羹堯奏請揀專員辦理錢糧事宜摺（雍正元年十一月十七日）[3]-915

　　撫遠大將軍太保公川陝總督臣年羹堯謹奏，為奏明事。

　　切查用於陝西軍務錢糧之項甚屬繁雜，且無專管之人，事已完竣仍不能奏銷，此即伊等所行之舊弊，今聖主既以臣為大將軍，用於軍事，所用錢糧不可不交專人，適纔臣將西安布政使司庫銀送至蘭州庫五十萬兩，以作備用等因啟奏外，此次用兵之錢糧均飭付西安按察使王景灝、蘭州按察使彭振翼，會同西寧道員趙世喜〔註173〕辦理，事竣後所用錢糧之細目即著按察使王景顥、彭振

〔註167〕《甘肅通志》卷二十九頁四十八作甘州城守營參將郭成功。
〔註168〕即本書第三部分第一二二號文檔作庫倫喇嘛額爾克鄂木布。
〔註169〕本部分第三十四號文檔作巴蘇台。
〔註170〕此人又稱丹津黃台吉，待考。
〔註171〕屬土爾扈特部，《蒙古世系》表四十六作諾爾布，父鄂爾齊，祖色棱吉斯札布。
〔註172〕本書第二部分年羹堯漢文摺第一七二號作圖虎爾台吉。
〔註173〕《甘肅通志》卷二十八頁三十八作撫治西寧道趙世錫。

翼奏銷，如此錢糧有專管之人，不至有誤軍務，且奏銷之事亦可得以明確，為此謹奏。

雍正元年十一月十七日

硃批：命記於部檔。

〔54〕川陝總督年羹堯奏報調巴里坤兵馬至布隆吉爾摺（雍正元年十一月十七日）[3]-916

撫遠大將軍太保公川陝總督臣年羹堯謹奏，為奏明事。

切查自巴里坤調之二千軍馬，副將軍阿喇衲率來之二千軍馬，抵達布隆吉爾後，行走遙遠且逢寒冷，馬匹必消瘦，若不飼秣以致誤明年之用，故此臣飭付甘肅巡撫綽奇，該四千兵抵至布隆吉爾後著巡撫綽奇於赤金、達里圖〔註174〕、肅州、金塔寺〔註175〕、高台等處動撥正項錢糧飼秣馬匹，到明年用時視我之行文再驅至布隆吉爾用之，此馬匹攜至布隆吉爾這方，副將軍阿喇衲留足鎮守兵士，遣其餘之官兵解送飼秣馬匹，飼秣馬數所用錢糧數巡撫綽奇於事竣報來後，再解部奏銷，祈請聖主飭諭該部存檔，為此謹奏。

雍正元年十一月十七日

硃批：知道了，好，降旨於部。

〔55〕川陝總督年羹堯奏報調至西寧等地之軍馬飼秣摺（雍正元年十一月十七日）[3]-917

撫遠大將軍太保公川陝總督臣年羹堯謹奏，為奏聞事。

臣調來總督屬下營兵，固原寧夏兵士乘來之馬匹自遠路前來，並未歇息，二次征戰，因行走各處馬匹消瘦有不可用者，切查駐防甘州之滿洲兵四百餘每人拴養六匹半馬二三年矣，此秣肥壯之馬並無行走之處，徒耗錢糧，故此臣調滿洲兵一百守衛大將軍印敕，攜至西寧，餘三百餘滿洲兵士飼秣之馬內每人各分三匹，共調至一千零十一匹馬，動撥正項錢糧以備飼用，甘州現餘之滿洲兵既暫無行走之處，每人若有三匹半馬亦足，故此停補調來之一千零十一匹馬之缺，撥現有馬之草料，伏祈聖主交該部存檔，待事竣奏銷時予以奏銷，為此謹奏以聞。

〔註174〕甘肅省玉門市附近地區。
〔註175〕甘肅省金塔縣，縣城東南有金塔寺。

雍正元年十一月十七日

硃批：亦甚好，交部。

〔56〕川陝總督年羹堯奏請嚴禁售與番子火藥摺（雍正元年十一月二十日）[3]-933

撫遠大將軍太保公川陝總督臣年羹堯謹奏，為奏明事。

青海肇事，訊各地所執之厄魯特番子等，伊等所用之火藥雖伊等內造者少，大半均自內地購之等語，頃於涼州二次執獲代賊購火藥之眾均依法處置，故此飭付陝西四川此兩省沿邊，臣嚴禁出售〔註176〕與青海之眾火藥茶葉，一經拿獲即依法處治等情，伏祈聖主諭直隸山西雲南此三省沿邊，嚴禁售與外蒙古人等火藥，若厄魯特等未獲火藥，雖有鳥槍亦無用，為此謹奏。

雍正元年十一月二十日

硃批：三省均嚴加禁止。

〔57〕川陝總督年羹堯奏報遵旨揀補總兵等官員摺（雍正元年十一月二十日）[3]-934

撫遠大將軍太保公川陝總督臣年羹堯謹奏，為欽遵上諭事。

據兵部送文稱，雍正元年十月十六日和碩怡親王、舅舅隆科多轉傳諭旨，將夔州副將馮傑〔註177〕補為山東兗州府總兵官，其馮傑之缺令總督年羹堯自陝西省揀選應補之人具奏，欽此欽遵前來。臣竊查參將宋可進原係京城巡捕營之參將，於軍中行走十年，可謂好漢，辦事明白，亦克盡厥職，今臣具奏調於甘州提督標下中營之參將，副將馮傑之缺以參將宋可進補放，惟宋可進現在西寧軍中，將此交四川提督，夔州副將之缺酌情暫由一官署理，軍務竣後再遣宋可進赴其任，甘州今正值有事，在此不可無一精幹參將。竊查聖主頃補鎮守四川城之參將姚文羽〔註178〕係好漢，辦事亦明白，甘州參將之缺調補姚文羽，四川出兵後成〔註179〕都城亦要，守城參將姚文羽之缺因進藏議敘之西安總督標下前營遊擊紀自隆〔註180〕補放，紀自隆之缺西安巡撫標下營之

〔註176〕原文作「諸售」，今改為「出售」。
〔註177〕《四川通志》卷三十二頁五十三作夔州協副將馮傑。
〔註178〕《四川通志》卷三十二頁三十一作重慶鎮右營遊擊姚文玉，應即此人陞任者。
〔註179〕「成」字輯者補。
〔註180〕《陝西通志》卷二十三頁五十二作督標前營遊擊吉自隆。

遊擊蔣進路〔註181〕現在西寧汛地，將蔣進路調補為總督標下前營之遊擊，襄水堡守備王漢晶〔註182〕此多年於邊外辦理軍務，乃効力好漢，遊擊蔣進路之缺著補放守備王漢晶，守備王漢晶之缺著總督標下營之千總張玉文補放，故此此數要處均可得人，為此謹奏請旨。

　　雍正元年十一月二十日

　　硃批：均依爾之所奏，諭部。

〔58〕撫遠大將軍年羹堯奏報索諾木達西來歸摺（雍正元年十一月二十五日）[3]-950

　　撫遠大將軍太保公飭付平逆將軍貝勒延信，為欽遵上諭事。

　　雍正元年十一月二十五日准兵部咨，雍正元年十一月十五日都統拉錫轉奉諭旨，據大將軍年羹堯奏稱，青海台吉索諾木達西親於布隆吉爾脫離羅卜藏丹津，誠意來投聖主等語，因台吉索諾木達西表盡忠効力我等之語，故叛逆羅卜藏丹津始掠索諾木達西，拿獲處之，我甚憐憫，今欣聞台吉索諾木達西親返回，索諾木達西前於我等柴達木駐地盡心善加行走，又効力入藏之軍中，原一心効力，今親乘隙脫離前來者甚屬可嘉，將台吉索諾木達西施以殊恩封為貝子，自該部繕諭旨至大將軍年羹堯，甚加仁愛索諾木達西，得給生業，大將軍年羹堯轉傳諭旨，欽此欽遵前來，故此敕付索諾木達西之旨由我處譯為蒙古文咨至爾處，抵達之後爾將諭旨轉交索諾木〔註183〕，再交郎中佟治，遵旨仁愛索諾木達西，得給生業，善加保護，由爾等處一面辦理一面將辦理情形報我，為此飭咨。

　　雍正元年十一月二十五日

　　硃批：甚好，諭部。

〔59〕川陝總督年羹堯奏請處理色卜滕札勒等罪犯摺（雍正元年十一月二十八日）[3]-963

　　撫遠大將軍太保公川陝總督臣年羹堯謹奏，為奏聞事。

〔註181〕《陝西通志》卷二十三頁五十一作督標前營遊擊江進祿。

〔註182〕《甘肅通志》卷二十九頁八十一有廣武營遊擊王翰京，應即此守備陞任者。襄水堡應應為響水堡。

〔註183〕即本文檔之索諾木達西，《蒙古世系》表三十七作索諾木達什，顧實汗圖魯拜琥第九子桑噶爾札之孫，父塔薩博羅特。其兄為公端多布達什。

臣於十月初六日抵至西寧後，初九日駐於青海之博羅崇克克〔註184〕之原
貝子丹鍾岳父車臣貝勒色卜縢札勒〔註185〕遣伊之屬下門都來告，我仰聖主之
恩逾封我為貝勒，甚屬體面，前往殲羅卜藏丹津、察罕丹津時指名由我屬下遣
派五十人〔註186〕，我力單薄，若不給此五十人，我懼怕先食掉我，故無計准
伊攜之，遣派五十人，我豈敢擅隨羅卜藏丹津等情告之。後羅卜藏丹津同我等
交戰時，並未見色卜縢札勒之人，我等大軍三敗賊匪後臣致車臣貝勒色卜縢札
勒，爾前被迫隨羅卜藏丹津，今羅卜藏丹津敗遁，倘爾有緣由爾親來稟告，
貝勒色卜縢札勒於十一月十五日親來臣處，觀之甚懼，故此臣體察聖主之寬
仁，向色卜縢札勒云，爾曾遣五十人援羅卜藏丹津，理應治罪，惟爾乃係被
迫遣人，爾本身並未隨從，聽聞我來即遣人陳由，按我之處理親自前來，依
我大國之例，對於恕罪誠意歸來者斷不治罪，仍保留爾之貝勒銜，爾返回靜
居，今青海內若有誠意歸服者爾切實引至我前，倘一人歸來則顧實汗遺一後
裔，等情言畢遣返之。此間色卜縢札勒仍暗探青海消息，無數次來告，雖不
曉虛實〔註187〕，觀察其心甚為忠懇。臣查得青海賊匪阿喇布坦鄂木布、額爾
德尼台吉〔註188〕、巴勒珠爾阿喇布坦、吹喇克諾穆齊〔註189〕此四人均與羅
卜藏丹津一意叛亂，其他眾人均屬迫於羅卜藏丹津行者，今羅卜藏丹津等既
敗於我等大軍遠遁，此內陸續有來投之人不可料定，嗣後若有恕罪來投者，
臣詳究來投人心之真偽，以仰副〔註190〕聖主好生之至意，按伊等罪之輕重酌
情辦理具奏，為此謹奏以聞。

雍正元年十一月二十八日

硃批：爾具奏者甚是，將色卜縢札勒辦居於原籍駐者難於辦理，惟色卜縢
札勒請投者乃大好信息，為何相隔半月方具奏。此次既然大變，諸事方不可軟，

〔註184〕同名河流名，《清史稿》卷五二二頁一四四四三作博囉充克克河，即湟水，作
地名應在青海省海晏縣城一帶地區。

〔註185〕《蒙古世系》表四十三作色布騰札勒，準噶爾部巴圖爾渾台吉孫，父卓特巴
巴特爾。

〔註186〕此句譯文不確，意為「先前羅卜藏丹津前去吃掉查罕丹津時，指明要我派我
屬下五十人」。

〔註187〕原文作「實過」，今改為「虛實」。

〔註188〕顧始汗第六子多爾濟之孫，父畢嚕咱納，《蒙古世系》表三十七失載，《如意
寶樹史》頁七九○後表五作額爾德尼台吉策旺札布，父畢塔咱那。

〔註189〕此人為右翼盟長，顧實汗圖魯拜琥第七子瑚嚕木什之孫，《蒙古世系》表三十
七失載，《如意寶樹史》載父旺欽，己名曲扎諾木齊台吉。

〔註190〕原文作「俯」，今改為「副」。

為青海之永久太平，此次爾牢靠辦理，首崇黃教甚要，有關眾蒙古等之心斷不可忽略，此事常存於心。

〔60〕川陝總督年羹堯奏謝補授大將軍摺（雍正元年十一月二十八日）[3]-964

撫遠大將軍太保公川陝總督臣年羹堯謹奏，為謝恩事。

翰林院侍講學士懷勤〔註191〕將皇上敕封臣為大將軍敕書於十一月二十七日送至西寧，臣伏思聖主飭令臣負大將軍之甚要之任，臣惟欽遵諭旨盡能効力外，俟敕書送至之日將臣謝恩之情由一併謹奏。

雍正元年十一月二十八日

〔61〕川陝總督年羹堯奏請撥銀備辦糧草摺（雍正元年十二月初七日）[3]-998

撫遠大將軍太保公川陝總督臣年羹堯謹奏，為奏聞辦理糧餉事。

前自部咨送議政處所議調土默特兵五百，鄂爾多斯兵五百，陝西綠旗兵一千遣往甘州，再臣具奏著副將軍阿喇衲率兵二千，調巴里坤綠旗兵二千遣往布隆吉爾，復著延水總兵官李耀〔註192〕率兵一千遣往甘州，此等兵既然均為以備來年大舉征伐青海賊匪之官兵，此等之馬不可不及時秣肥，今甘肅巡撫綽奇為預備諸處官兵之糧餉草料，送來辦撥商議之書，臣竊思若由部辦撥奏請，路遙需多日，竊查既然西安布政司庫銀尚多，撥西安布政司庫銀六十萬兩送交甘肅巡撫綽奇以備，倘有不足仍由西安撥送，俟事竣後經甘肅巡撫綽奇銷算，將此咨行西安布政使胡期恒差派官員運送此項銀兩外，臣與巡撫綽奇會奏，伏祈聖主飭部存案，為此謹具奏聞。

雍正元年十二月初七日

硃批：已飭部記檔。

〔62〕川陝總督年羹堯奏請將千總馬中孝補任遊擊摺（雍正元年十二月初七日）[3]-1000

撫遠大將軍太保公川陝總督臣年羹堯謹奏，為奏聞事。

〔註191〕《清代職官年表》內閣學士年表翰林院表未載，本書第二部分年羹堯漢文摺第一三三號作懷親。

〔註192〕《陝西通志》卷二十三頁五十八作延綏鎮總兵李耀。

臣於十一月十一日將千總馬中孝轄之上白塔下白塔歸服剿滅之處業已具奏，今欽遵十二月初五日前來之硃諭，命千總馬中孝即在遊擊上行走食俸，遊擊出缺後再著馬中孝補放，伏乞聖主飭該部存案，為此謹具奏聞。

雍正元年十二月初七日

硃批：交該部。

〔63〕川陝總督年羹堯奏報青海車臣貝勒屬下率人畜來投情形摺（雍正元年十二月初八日）[3]-1001

撫遠大將軍太保公川陝總督臣年羹堯謹奏，為奏聞事。

十一月十五日車臣貝勒色卜滕札勒〔註193〕親投臣處後，臣教誨色卜滕札勒，爾返回青海內若有誠意歸服者爾切實引至我前等語，差遣之處臣業已奏聞，十二月初三日貝勒色卜滕札勒遣伊之屬下門都攜青海公車凌〔註194〕屬下卓特巴來告，我等貝勒依照大將軍教誨差人曉諭我等附近所駐之公台吉等，今青海左翼公車凌，其弟台吉巴勒珠爾〔註195〕、公諾爾布盆蘇克〔註196〕，其弟台吉納木剛率伊等奴僕諸申來投，卓特巴告稱我等公台吉等情願降服，惟我等距阿喇布坦鄂木布近，我等前來阿喇布坦鄂木布等若遣兵來追我等，我等力量單薄，伏乞遣大軍迎接我等等語。臣等竊思若少遣兵與事無益，若遣大軍不曉伊等真偽，且不可輕舉妄動（硃批：甚是），故教誨前來之門都、卓特巴等，爾等若誠意來投爾等乘隙即遷來此方，車臣貝勒距爾等近居，倘對爾等有追兵，我即著車臣貝勒遣兵救援爾等等情遣之。十二月初七日貝勒色卜滕札勒親引公車凌、諾爾布盆蘇克、台吉巴勒珠爾、納木剛等四人攜至臣處，車凌等告稱我等世代荷蒙聖主鴻恩，我等力量甚弱迫於羅卜藏丹津而隨行之，今羅卜藏丹津等敗於大軍逃遁，乘機請歸聖主，恐阿喇布坦鄂木布等發覺追趕我等，故往會盟〔註197〕後，將我等牛羊廩餼均棄之，惟率婦孺長幼二千餘口前來等語。

〔註193〕《蒙古世系》表四十三作色布騰札勒，準噶爾部巴圖爾渾台吉孫，父卓特巴特爾。

〔註194〕《蒙古世系》表三十八作車凌，顧實汗圖魯拜琥長子達顏鄂齊爾汗孫，父墨爾根諾顏。

〔註195〕《蒙古世系》表三十八作班珠爾，顧實汗圖魯拜琥長子達顏鄂齊爾汗孫，父墨爾根諾顏。

〔註196〕《蒙古世系》表三十八作諾爾布朋素克，顧實汗圖魯拜琥長子達顏鄂齊爾汗孫，父索諾木達什。

〔註197〕原文作「伊盟」，今改為「會盟」。

觀之車凌等甚懼，且歸來之心實在，臣體聖主寬仁，向車凌等云，爾等原援助羅卜藏丹津理應治爾等罪，惟爾等迫於羅卜藏丹津隨從行亂，今爾等既然親自尋求來歸，我等大國之例恕罪誠意來歸者不治以罪，寬免爾等，爾等率婦孺駐貝勒色卜滕札勒一處等情交付，因車凌等斷絕廩餉，臣賞與炒麵一萬觔，貝勒色卜滕札勒亦貧困，賞給〔註198〕炒麵五千觔，諸種茶葉酌情賞賜之遣回（硃批：好）。竊查車凌等長幼二千人口內有兵士五百，力量甚弱，現貝勒色卜滕札勒居住者距西川邊近，故著車凌等駐於一處（硃批：以防偽降兵變，是），今各處調兵均陸續抵達，現除鎮守西川之兵外，復酌情調兵於西川秫軍士之馬，且防守車凌等，為此謹具奏聞。

雍正元年十二月初八日

硃批：欣閱，此次具奏朕心今方踏實，今朕惟懸念布隆吉爾、齊吉木〔註199〕等處，仰佛天皇父之聖靈垂佑事甚妥，故此實不敢盼，宜善加謹慎圖之，毫不可粗心大意，養精蓄銳，朕喜聞大功告成。

〔64〕川陝總督年羹堯奏報為征伐調兵西寧摺（雍正元年十二月十三日）[3]-1016

撫遠大將軍太保公川陝總督臣竿羹堯謹奏，為奏聞事。

今由諸處調往西寧之兵陸續抵達，明年大舉征伐，既然兵眾，不得不編為三路進攻，故此提督岳鍾琪為一路，總兵官黃喜林為一路，另一路進攻時無一較大職官，臣等查得現興漢鎮處無事，總兵官烏哲阿〔註200〕先曾率兵且善於戰陣，故此臣著總兵官烏哲阿將伊印暫交其標營之遊擊趙瑞〔註201〕，火速前來西寧，十二月十一日總兵官烏哲阿抵至西寧，來年大舉征伐時令總兵官烏哲阿亦率一路進攻，為此謹具奏聞。

雍正元年十二月十三日

硃批：調烏哲阿之處伊先具奏，興漢地方亦重要，由周瑞厚〔註202〕等署

〔註198〕「賞給」二字輯者補。
〔註199〕原文作「布隆吉爾齊吉木」，今斷開作「布隆吉爾、齊吉木」，齊吉木應即赤金衛之誤譯，赤金衛在今甘肅省玉門縣赤金鎮。
〔註200〕《陝西通志》卷二十三頁六十四作興漢鎮總兵武正安。
〔註201〕《陝西通志》卷二十三頁六十五興漢鎮總兵轄下無名趙瑞者，興漢鎮左營遊擊有名趙珍者，疑即此人。
〔註202〕此人正確名為周瑞侯。

理，若為有職之人則另遣一人署理，知道了。〔註203〕

〔65〕川陝總督年羹堯奏參原甘州同知祈請另予補放摺（雍正元年十二月十三日）[3]-1018

撫遠大將軍太保公川陝總督臣年羹堯謹奏，為未進藏，參奏肆圖巧計議敘之同知，祈請另補放其缺事。

竊查自西寧往藏運米之文官議敘之事上諭飭臣查奏，欽此欽遵，臣分別具奏，惟其內原西安府同知今轉調甘州同知楊俊傑並未出西寧邊口，且聞大軍返回即往返經棧道至成都，稱伊亦親自西藏返回，以掩人耳目，肆意議敘，臣在四川時即通曉，如此參奏楊俊傑躲避之實情業已在案，此理應候部查議，惟現正值用人之際，將此等官仍遣任處，以致不肖者均行仿效，竊查知縣兼主事為晉陞同知捐納，現於軍前効力馮慶曾辦事果斷勤奮，臣若著伊署理甘州同知事務則盡職，適繞青海之賊阿喇布坦鄂木布等挑唆番子等作亂內地，馮慶曾即會同甘陝道傅澤雲〔註204〕習練民軍，鎮守城垣，甘州方安，伏祈將馮慶曾即補放為甘州同知，如此則下官等知懼，以致軍前辦事者亦加奮勉，為此謹奏請旨。

雍正元年十二月十三日

硃批：照爾奏飭部，甚是。

〔66〕川陝總督年羹堯奏報察罕丹津等屬眾來投情形摺（雍正元年十二月十三日）[3]-1019

撫遠大將軍太保公川陝總督臣年羹堯謹奏，為奏聞事。

據四川提督岳鍾琪報來，十二月初八日我率兵抵貴德堡〔註205〕，十一月二十八日我抵至巴漢哈柳圖後，察罕丹津之婿喇布坦〔註206〕、察桑巴圖等各率屬眾前來我處，告稱我等均被羅卜藏丹津掠來，聞聖汗立為我等之主，派遣

〔註203〕《年羹堯滿漢奏摺譯編》於此奏摺硃批之翻譯為，「調吳正安事，前已具奏，與漢地方亦重要，趙汝若堪任，則命其署理，若要有品級之人，則另調一可行之人署理，知道了。」可參看。

〔註204〕《甘肅通志》卷二十八頁三十三有分巡甘山道傅澤澐。

〔註205〕今青海省貴德縣。

〔註206〕準噶爾部遊牧青海者，為郡王察罕丹津之婿，《蒙古世系》表四十三作阿喇布坦，父納木奇札木禪，祖卓哩克圖和碩齊，曾祖巴圖爾渾台吉，羅卜藏丹津亂平後封輔國公，掌旗。

大軍，方捨命逃出來歸等情，以此我查明察罕丹津屬眾共一千四百餘戶，丹鍾屬眾共七百餘戶，均酌情賞與茶葉銀兩，各遣駐原籍等情報之。丹鍾之寨桑巴特馬達西〔註207〕者乃先前為羅卜藏丹津齎送臣書之人，侍郎常壽因往羅卜藏丹津處久未來，十月十五日臣遣巴特馬達西於邊外探取常壽之訊，出邊遇羅卜藏丹津，便執獲巴特馬達西，今羅卜藏丹津敗遁，巴特馬達西逃出往歸原處，今率眾來投提督岳鍾琪，為此謹具奏聞。

雍正元年十二月十三日

硃批：此人得生而還，真吉人天相〔註208〕也，慶快之極。

〔67〕川陝總督年羹堯奏報剿滅羅卜藏丹津黨羽摺（雍正元年十二月十三日）[3]-1020

撫遠大將軍太保公川陝總督臣年羹堯謹奏，為奏聞事。

據四川提督岳鍾琪報來，墨爾根戴青拉查布〔註209〕、喀木布諾門汗〔註210〕者均係羅卜藏丹津之賊夥，理應剿滅，先我報墨爾根戴青自伊所駐土勝圖處遷往之情形業已在案，以此由四路遣派通事等探取消息，十二月初二日抵至巴罕納木哈處後先遣之外委王國棟報來，內稱查訪取信，墨爾根戴青拉查布之子察罕拉夫坦、汪舒克拉夫坦〔註211〕此二人率伊等所屬之眾沿黃河邊之繁雜處避居，我即於初三日遣兵往征，我等兵抵至阿道楚魯後察罕拉夫坦等聞信即率眾來投，以此我詢墨爾根戴青拉查布往何處，伊子察罕拉夫坦供曰，我母被羅卜藏丹津掠去後，因我父羞恥，且又聞大軍前來，甚懼（硃批：真屬可哭〔註212〕之人），乃棄其家口逃向巴爾喀木等語。又問爾父往時率多少人，供稱惟率一百餘人前往之，又問爾等何故不居土勝圖處，供稱據聞羅卜藏丹津命我等往軍中，我等以為不可，恐來掠我等，故遷來黃河北岸，再我父往時曾呈大將軍一紙等語。再喀木布諾門汗亦逃避，聞墨爾根戴青之子等來歸併未負傷，伊亦率屬眾是日歸來，將此等即理應以法處治，惟此等既然各自率屬眾，我著伊

〔註207〕本書第二部分年羹堯漢文摺第一九〇號文檔作巴忒馬達什。
〔註208〕原文作「大相」，今改為「天相」。
〔註209〕《蒙古世系》表三十九作喇察布，顧實汗圖魯拜琥第五子伊勒都齊曾孫，父墨爾根諾顏，祖博碩克濟農。
〔註210〕喀木布為堪布之異譯，此人為察罕丹津之侄，《蒙古世系》表三十九失載，《如意寶樹史》頁七九〇後表四載其名阿其圖諾門罕，父名巴布。
〔註211〕喇察布二子《蒙古世系》表三十九作察罕喇布坦和旺舒克喇布坦。
〔註212〕「可哭」似為「可笑」之誤。

等屬眾各駐原處外，墨爾根戴青之子察罕拉夫坦、汪舒克拉克坦〔註213〕及喀木布諾門汗率至大將軍前，故將墨爾根戴青拉查布之呈文一併報送。臣查得聖主將丹鍾之戶賞與察罕丹津，墨爾根戴青拉查布以為察罕丹津獨佔丹鍾之戶，故不從，將伊之妻達賴喇嘛之姐許羅卜藏丹津，同力侵掠察罕丹津，情由可討，故此臣交付提督岳鍾琪，傳伊之子察罕拉夫坦，遣伊之屬眾攜帶拉查布，將拉查布攜來後，臣審明，如何辦理之處再具奏請旨。喀木布諾門汗者乃居我等邊內塔爾寺之喇嘛，且為察罕丹津胞兄之子，自今年夏季即挑唆羅卜藏丹津共同行亂直至此時，且又使伊寺之喇嘛等向我等交戰，今雖被迫來歸，斷不可寬宥，提督岳鍾琪攜喀木布諾門汗抵至後，臣即將伊正法（硃批：甚是，毫不可軟弱），以示儆眾喇嘛，現臣著提督岳鍾琪於貴德堡暫歇息數日，俟岳鍾琪抵達後再予以奏明，為此將拉查布所呈之蒙古文書譯出一併謹具奏聞。

雍正元年十二月十三日

硃批：甚好，欣閱，諸事真乃天之賜恩，以爾之忠誠之心能理者，此大事如此出，乃實未敢料，惟朕對爾如何施恩，方慰朕心，朕實不勝喜悅。

〔68〕川陝總督年羹堯奏報雙塔爾戰役情形摺（雍正元年十二月十六日）[3]-1023

撫遠大將軍太保公川陝總督臣年羹堯謹奏，為奏聞事。

竊於今年十二月十五日據巴里坤率兵前來之副將潘志山〔註214〕，戍駐布隆吉爾之參將孫繼宗，率兵往援布隆吉爾之遊擊孫朝傑〔註215〕等來報，十一月二十八日賊人侵布隆吉爾附近，孫繼宗孫朝傑我等共率兵施放愴炮擊賊，賊敗逃雙塔爾，此間潘志山遣人稱自巴里坤前來之兵於二十九日必至，故此孫繼宗我等思之雙塔爾乃我軍必經之路，因恐賊匪於雙塔爾截路，故於二十九日晨孫繼宗我率兵往迎潘志山之軍，先遇三千餘賊匪，交戰時巧逢潘志山抵達（硃批：真妙），即率兵全面進攻，續孫朝傑亦率兵來援，即從三面逼進施放槍炮，剿敗賊等，驅趕數十里，殺傷者甚多，賊之槍弓箭等兵器奪獲甚多，是日晚我等共率兵前來布隆吉爾，我等兵內惟一人負傷，一人迷途尚未至等情，故此將敗賊及巴里坤兵抵達之日一併謹奏以聞。

雍正元年十二月十六日

〔註213〕前文作「汪舒克拉夫坦」，本文檔將喇察布二子名翻譯多歧。
〔註214〕《甘肅通志》卷二十九頁十九作鎮守安西總兵官潘之善。
〔註215〕《甘肅通志》卷二十九頁九十三作嘉峪關營遊擊孫朝捷。

　　硃批：甚喜閱，聞布隆吉爾池子木〔註216〕等處孫繼宗等如此喜訊，實屬所期之外，朕惟合掌感激上天之恩，我皇父聖靈之慈佑外，實喜悅得無言降旨於爾，朕今日方放心，大禧大禧。

〔69〕川陝總督年羹堯奏報於惠回木驛戰役情形摺（雍正元年十二月十六日）[3]-1024

　　撫遠大將軍太保公川陝總督臣年羹堯謹奏，為奏聞事。

　　據署理肅州總兵官事務參將郭成功等呈報，十二月初三日署理嘉峪關遊擊事務守備胡尚才〔註217〕率領官兵巡察邊外驛道，抵至惠回木驛〔註218〕突被蒙古賊堵截等情，初四日我遣派遊擊閻律泰〔註219〕等撥給官兵即往援，初六日遊擊閻律泰等返回告稱，先守備胡尚才出邊抵至惠回墩，因不見賊，又往查在惠回木蒙古賊縛之馬牌子、商人，不料蒙古賊匪突出山谷而戰，我兵施放槍炮斬殺賊二十餘，始賊人少，漸增至四五百人，我兵三人陣亡十七人負傷，胡尚才親斬蒙古賊二人，賊方微躲，不料賊匪隱蔽處暗處放槍，胡尚才負重傷，隔二日亡故，俟隨我兵至，賊見方敗逃，我等被圍之兵均被救出等情來報。查得臣先於布隆吉爾等處因兵力薄弱斷不可輕舉妄動，惟各固守該處，俟自我處調之巴里坤之軍吐魯番之軍均抵達後再協力剿匪等因，數次嚴加交付，今守備胡尚才未待調兵至即率少量兵輕率出邊，以致身亡者甚屬不合，惟胡尚才既已陣亡無庸議，將此臣除嚴飭諸處外，為此謹奏以聞。

　　雍正元年十二月十六日

〔70〕川陝總督年羹堯奏轉索諾木達西封為貝子謝恩摺（雍正元年十二月十六日）[3]-1025

　　撫遠大將軍太保公川陝總督臣年羹堯謹奏，為轉奏事。

　　十二月十四日護養駐甘州額爾德尼額爾克托克托鼐等理藩院郎中通智〔註220〕呈送文稱，貝子索諾木達西因對聖主超封伊為貝子，為謝恩事繕一蒙古文奏書，呈請代為具奏。

〔註216〕「池子木」應即赤金衛之誤譯。
〔註217〕本書第二部分年羹堯漢文摺第一七二號作守備胡上才。
〔註218〕常寫作惠回堡，今甘肅省玉門市清泉鄉新民堡。
〔註219〕《甘肅通志》卷二十九頁九十一作肅州鎮標左營遊擊閻履泰。
〔註220〕《清代職官年表》部院大臣年表雍正十三年為兵部尚書。

－326－

　　所譯蒙古文內書，共主天下眾贊普，仰皇上聖主足下英明，小人索諾木達西謹跪奏，小人之身原為青海一小台吉，大軍駐柴達木處在我牧場附近，我與軍在一處，所有効力之處即効力，將所聞知消息盡行稟告軍中諸大臣等，竊我之愚意俟軍務大事竣前往京城朝覲天顏，叩謝君主英明等情，以此我兄敦多布達西〔註221〕心懷惡意，唆告羅卜藏丹津稱我心向內軍，故羅卜藏丹津差人執取我於敦多布達西住處，唯看押我隻身居住，將我之諸申奴僕均給敦多布達西，後我之屬眾於十月十五日自看押我處將我奪出後，我即率屬下三百餘口尋歸嘉峪關，敦多布達西二次追趕之人均被擊退，大將軍太保公將我來歸之情由業已奏聞，聖主明鑒，對小人我施以逾格〔註222〕隆恩，賞我祖父親未獲之名號，擢封為貝子，降旨施恩。再我來之前值夏季，聖主業已為我料算，降旨訓誨扎爾固齊通智，索諾木達西若來歸准收取而獲生業，實天意佛慈，以此小人我見慈旨，以動心肝，不勝感激歡忭，竟不能有陳述之語，此種恩惠，惟我之身子嗣以至諸申奴僕忠心禱祝君主萬壽，世世如須彌山，無疆永存。竊思我之婦孺財物牲畜諸申奴僕雖經遭掠，仰聖主之威大致復得，嗣後倘有効力處小的我益加盡効，除此何以報答，伏祈聖主仁鑒，為此諏吉日奏文貢獻哈達等語。故此祈大將軍處將此轉奏等情送來，為此將索諾木達西具奏蒙古文書一併恭謹轉奏。

　　雍正元年十二月十六日

　　硃批：所奏知道了，爾酌情妥覆，乘便降旨。

〔71〕川陝總督年羹堯奏報於布隆吉爾飼秣軍馬摺（雍正元年十二月十六日）[3]-1026

　　撫遠大將軍太保公川陝總督臣年羹堯謹奏，為奏聞事。

　　竊查兵出邊外無秣馬之例，適纔經臣具奏，調至布隆吉爾之巴里坤二千軍馬，副將軍阿喇衲攜來之二千軍馬，此等軍馬既然均為來年準備大舉進攻之馬，不可不秣等情謹請奏銷草料，惟布隆吉爾原有一千綠旗軍馬尚無飼秣，此等馬匹今年各處奔走消瘦，亦備來年大舉進攻，飼秣調來之軍馬，倘不餵此等馬匹，來年難以用之，此一千軍馬既然無多，臣亦飭付甘肅巡撫綽奇，對在布隆吉爾兵丁之馬匹照飼秣巴里坤、吐魯番兵丁之馬匹同樣撥給錢糧飼

〔註221〕《蒙古世系》表三十七作惇多布達什，顧實汗圖魯拜琥第九子桑噶爾札之孫，父塔薩博羅特。
〔註222〕原文作「噶」，今改為「格」。

秣之等情，伏乞聖主飭部在案，為此謹具奏聞。

雍正元年十二月十六日

硃批：諭部。

〔72〕川陝總督年羹堯奏報靖除貴德堡番子摺（雍正元年十二月十九日）[3]-1037

撫遠大將軍太保公川陝總督臣年羹堯謹奏，為奏聞事。

竊查西寧周圍居住番賊甚多，臣酌情遣兵將附近者靖除，惟近居貴德堡之上司棟車布下司棟車布，此二處之番賊均係羅卜藏丹津同夥額爾德尼博碩克圖〔註223〕所屬之人，值羅卜藏丹津等叛亂時伊等亦極力相助，甚是狂惡，聞久已存心侵掠貴德堡，因貴德堡距西寧稍遠，臣仍不濟遣兵征剿，故此一面嚴飭貴德堡官員妥守地方，一面咨行提督岳鍾琪稱，爾率兵抵至貴德堡後暫住數日，察視彼處周圍番賊情形等因。今提督岳鍾琪報來，我本月初四日遣千總王剛自巴爾布哈處送文至大將軍前，初六日王剛抵至上司棟車布後遭遇番賊被執獲之，見率我軍即來釋放王剛，解送王剛之事交付貴德營守備李傑轉送西寧，伊親於初八日夜復抵至營，稟報番子等所行之事後我即連夜率領官兵分路急往，上司棟車布番賊被迫交戰，靖除三百餘戶（硃批：真正名將，國家之祥瑞，不世出之人也，朕不知將何旨發與你們纔好），抵至下司棟車布後喇嘛車臣囊蘇等率眾番子七百餘戶來歸，我親於本月初十日抵至貴德堡，復訪得古木巴之番子頭目格斯尼乃我方之民反叛歸為喇嘛，誘眾番子擾亂內地。再土司之千戶延喀舒增援，將此斷不可寬宥，我俱拿獲以正法。再古木巴之番子頭目喀木布率領番子等五百戶來歸，我均俾各自照常居住（硃批：甚妥，隨時以防其變），我於本月十五日自貴德堡啟程前往西寧等情報來，為此謹具奏聞。

雍正元年十二月十九日

硃批：實為大喜事，惟爾謹慎行動，多次辦理調遣，如何盡心，如何謀略，實為奇人，甚為可嘉，此稱爾之才能亦不可，非人之能力之事，此皆天贊同爾之心，殊為神明佑爾所致，今朕惟暢悅外，亦無降爾之旨，仰上天之恩，屢聞爾之喜訊。

〔註223〕指端拉克諾木齊額爾德尼博碩克圖，此人為右翼盟長，顧實汗圖魯拜琥第七子瑚嚕木什之孫，《蒙古世系》表三十七失載，《松巴佛教史》頁五五三表十載其父名旺欽，己名曲扎諾木真台吉。與《如意寶樹史》頁七九〇後表五校，己名曲扎諾木齊台吉，諾木真為諾木齊之誤。

〔73〕川陝總督年羹堯奏報侍郎常壽為羅卜藏丹津拘押之情形摺（雍正元年十二月二十一日）[3]-1049

撫遠大將軍太保公川陝總督臣年羹堯謹奏，為奏聞事。

羅卜藏丹津將我等侍郎常壽交付喀木布〔註224〕，於十二月十九日解至前來，常壽告稱我於十月初九日抵至羅卜藏丹津牧場傳旨於羅卜藏丹津，問其情由，羅卜藏丹津云我曾遣我等人巴爾珠爾阿喇布坦〔註225〕、吹喇克諾穆齊等向主子奏陳情由，今因總督率兵征伐我等，此等均懼之不敢進入，我等屬眾率兵欲進，我等今於察漢托羅亥處會盟，爾與我等同行，稱抵達彼處再定，十二日攜我往會盟處，十七日抵達豁勒〔註226〕，頃間有二三千賊匪前來擄我等，翌日羅卜藏丹津遣人至我處云，此事我不知，乃我屬下人所為，我無殺爾之意，爾暫居喀木布之廟等因，剌指盟誓。自此伊等所行之事我均未聽聞，後我與喀木布云，我乃君主差遣之使臣，古云兩國相仇不傷來使，爾等反叛徒留我於此處，我等大清國豈靠我一人，爾等無非殺我，若不殺我我即自盡等因言之，二日未食，喀木布往告羅卜藏丹津後於十二月初九日羅卜藏丹津將我押解伊等會盟之柴集處，我觀得羅卜藏丹津率五十人前來，阿喇布坦鄂木布、藏卜扎布〔註227〕、吹喇克諾穆齊、巴爾珠爾阿喇布坦、羅卜藏策旺〔註228〕、達西敦多布、盆蘇克汪扎爾〔註229〕、吉克吉扎布、車凌敦多布〔註230〕等九人，此等每人各帶有二三十人。十三日羅卜藏丹津會見我後言稱將爾遣返，將具奏伊主之書一封，阿喇布坦鄂木布呈大將軍之書一封，喀木布呈大將軍之書一封皆交給我，自喀木布處遣七人將我解送前來等情，故此臣將侍郎常壽前來伊所攜至之三蒙古文書粗略譯出，及臣之哨所咨致羅卜藏丹津等書一併謹奏以聞。

〔註224〕 喀木布為堪布之異譯，即察罕丹津之任，《蒙古世系》表三十九失載，《如意寶樹史》頁七九○後表四載其名阿其圖諾門罕，父名巴布。

〔註225〕 顧實汗圖魯拜琥第二子鄂木布曾孫，父納木札勒。《蒙古世系》表三十六失載。《松巴佛教史》頁五五○表七作青黃台吉覺丹，父仁欽堅贊額爾德尼黃台吉。

〔註226〕 本書第二部分年羹堯漢文摺第一七八號作火兒。

〔註227〕 顧始汗第六子多爾濟之孫，父畢嚕咱納，《蒙古世系》表三十七失載，《如意寶樹史》頁七九○後表五作額爾德尼台吉策旺札布，父畢塔咱那。

〔註228〕 顧實汗第二子鄂木布之後裔，貝勒納木札勒之子，《蒙古世系》表三十六失載，《如意寶樹史》頁七九○後表二作洛卜藏策旺。

〔註229〕 《蒙古世系》表三十七作朋素克旺札勒，顧實汗圖魯拜琥第六子多爾濟曾孫，父額爾克巴勒珠爾，祖策旺喇布坦。

〔註230〕 《蒙古世系》表三十七作車凌敦多布，顧實汗圖魯拜琥第七子瑚嚕木什曾孫，父噶爾車木伯勒，祖達爾巴。

雍正元年十二月二十一日

硃批：如此不體面，豈有使國家受辱之理乎，況內必有他因，理應嚴審，惟有審出雖凌遲常壽亦不能雪恥，另摺繕旨發送即遵行，開印後由部補旨咨行於爾。

〔74〕川陝總督年羹堯奏請對盡忠身亡之多爾濟施恩摺（雍正元年十二月二十一日）[3]-1050

撫遠大將軍太保公川陝總督臣年羹堯謹奏，為奏聞事。

侍郎常壽前來，詢問隨伊前往鑲紅蒙古旗多爾濟消息，告稱十月十七日自攜我以來，我不曉多爾濟前往何處，適纏令我返回，概未訪得消息等情，由此看來筆帖式多爾濟盡忠身死屬實。竊查筆帖式多爾濟雖係微官，不受賊辱，捨身不玷大國之名，甚屬可憐，伏乞聖主對多爾濟家施以殊恩，以勵眾人，為此謹奏以聞。

雍正元年十二月二十一日

硃批：降旨，況聞得多爾濟屬精幹之人，甚屬可憐，不值得。

〔75〕川陝總督年羹堯奏報於西寧同番子交戰情形摺（雍正元年十二月二十八日）[3]-1056

撫遠大將軍太保公川陝總督臣年羹堯謹奏，為奏聞事。

據查西寧東面有碾伯，東南面有巴暖營，碾伯之東南及巴暖之西面有巴勒利，番賊甚多，此等均為青海扎西敦多布〔註231〕所屬之人，其內以阿爾加囊蘇為首，頃據原雲南巡撫甘國璧自西藏返回時稱，其衣服馱捆均被阿爾加獲蘇勾結我等內地漢匪王昌翰攔路搶劫，彼時正值羅卜藏丹津勾結扎西敦多布等叛亂，扎西敦多布率伊之眾番子為聲援，阿爾加囊蘇故遣派五賊匪，巴暖營之千總任賓率五十士兵前往番地訪查先劫取各色物品情由時，阿爾加囊蘇、王昌翰等并不投誠，於十月二十二日率眾番賊前來敵戰，千總王賓率兵斬賊八名，因率兵少任賓本人及兵士十八人均陣亡，彼時臣正值於西寧之南川西川北川平逆之際，未遣兵相助，後西寧之事稍穩，故於十一月二十一日臣遣西寧總兵官黃喜林共率綠旗官兵三千一百人，會同巴暖營遊擊盧如翰〔註232〕征剿賊匪，

〔註231〕 《蒙古世系》表三十七載達什敦多布，顧實汗圖魯拜琥第七子瑚嚕木什之孫，父哈坦巴圖爾，疑即此人。
〔註232〕 《甘肅通志》卷二十九頁六十七作巴暖三川營遊擊魯汝漢。

二十二日黃喜林抵達四棟鍾後叛逆番賊同沙沖寺〔註233〕喇嘛連續偽降，乃出迎，黃喜林見伊等情形可疑，先以好言相勸，令交出賊用之軍器歸降，賊並未送交，黃喜林正查問之際驟自山後傳來槍聲，茄布屯番子會同山沖寺〔註234〕之喇嘛千餘賊匪（硃批：喇嘛到處交戰，實屬奇事）伏於密林內，見大軍即前來迎戰，以此我軍奮力攻戰，斬喇嘛番子一百五十餘賊，將四棟鍾番子駐之九屯焚毀，二十三日分兵搜剿，斬番賊四十餘，將薩拉番子駐之七屯焚毀，二十四日大休整官兵，分路進剿，將狼倫溝番子駐之三十六屯焚毀，斬番賊百餘，又將依志輪溝番子駐之四十屯焚毀，斬番賊二百餘，抵達禪藏諾後又遭喇嘛番賊交戰，我等官兵先後共斬賊一百餘，營之南山谷千餘賊前來，欲向我等營衝擊，我等兵士施放槍炮，斬賊十餘人，賊匪方紛紛逃散，此日內共斬賊匪六百餘，焚毀番子等所駐之屯九十二處，及負傷火焚之賊甚多（硃批：此皆羅卜藏丹津所造之罪孽也）。將此經總兵官黃喜林來報臣後，臣竊思番賊秉性雖屬狂妄，斷不懼死，但無與大軍敵對之例等因，仰副聖主好生之至意，飭交黃喜林差遣通事咨行眾番子，其罪在於阿爾〔註235〕加囊蘇，其他番子等若誠意來歸斷然不斬，將此普遍宣諭等情，續黃喜林報來，二十六日兵至拜洋榕又遭番賊前來對戰，斬賊二百餘，將番子駐之屯焚毀六十餘處，將阿爾加囊蘇駐之二處亦焚毀之，持兵器向大軍對敵者均予斬殺不宥外，對其餘四面分散之番子遣官招撫均降，縛王昌翰解營（硃批：何等暢快之事），又情願執阿爾加囊蘇以謝罪，對歸來之番子等均酌情賞之，各遣居原籍。竊查我等此數次斬殺賊匪，我等綠旗兵惟十八人陣亡等因報來（硃批：諸事實不勝感激天地神佛之仁愛，實奇事），臣對陣亡之官兵均照例賞之外，彼時阿喇布坦鄂木布因無食物，據聞差人來擄取存於北塔爾之糧，即咨行黃喜林率兵戍駐北塔爾，阿喇布坦鄂木布之哨丁見我大軍前往，即以野火焚燒遠遁敗逃，押王昌翰審得，行搶斬殺千總之處伊均承認，臣執阿爾加囊蘇後與王昌翰明白對質，一同正法，再行奏聞。今侍郎常壽自青海處歸來時途遇阿爾加囊蘇率五六人歸往羅卜藏丹津，如此除先將王昌翰正法外，我等官兵剿殺賊匪効力之處，陣亡負傷兵丁之姓名等，該總兵官等明白造冊送至後再齎送至部，為此謹奏以聞。

雍正元年十二月二十八日

〔註233〕常寫作夏瓊寺，位於青海省化隆縣查甫鄉。
〔註234〕本文檔前文作沙沖寺，即夏瓊寺。
〔註235〕此處衍一「爾」字，刪之。

硃批：大禧，爾等此次立功，朕實樂於施恩爾等矣，殊堪嘉獎，各自如此効力者一則歸於皇父多年教養之恩，二則爾甚忠實在理知人善任所至，朕如此暢快，如此之喜，實不能揮毫書之，惟天佑爾，常自內心祈禱之。

〔76〕川陝總督年羹堯奏報遣提督岳鍾琪於郭密附近戰殺番子等情形摺（雍正元年十二月二十八日）[3]-1057

撫遠大將軍太保公川陝總督臣年羹堯謹奏，為奏聞事。

竊臣抵至西寧以來陸續靖除西寧周圍之番賊，惟南川外之郭密九部距西寧二百里而居，依恃伊等駐地山勢險峻，進行劫路擄人，先將十四貝子之馬亦盜之，追往時一藍翎陣亡，彼時正值遣兵取藏之際無暇征伐此等賊，彼等得逞仍行擄人，羅卜藏丹津起事以來，益加妄斷貴德堡之大路，往返咨行文書均行劫擄，他處之番子等均仿此劫擄，臣差人著伊等歸降，伊等內惟沙克都爾、阿喇布坦率伊屬下三部落人歸降，他部不降仍行作亂，此內程庫、霍爾甲二部落益加兇惡，頃察罕諾門汗〔註236〕來歸，將伊先遣之十二人內斬殺八人（硃批：察罕諾門汗是一可矜之人，先羅卜藏丹津渡河欲侵察罕丹津，以〔註237〕袈裟鋪於地，勸諫羅卜藏丹津之處，真乎偽乎）。臣遣副將宋可進率千兵往迎提督岳鍾琪，抵至郭密處後賊出截路，相互交戰，斬殺番賊四五十，我等兵士三人陣亡，以此臣即應遣大軍征伐，惟賊所居險山密林，我軍行之不慣，且賊又斷不下至平地，故此臣思之提督岳鍾琪兵內有娃子、雜古士兵〔註238〕，此等皆係熟悉山林內情者，岳鍾琪由該方來既必經郭密之地，諒其乘便剿殺賊匪等因，著飭付岳鍾琪歸來務滅郭密番子等情，今岳鍾琪抵至貴德堡將附近上寺棟車布下寺棟車布等賊番子之事辦竣後，十二月十八日由該方前來，進剿郭密賊匪，賊匪等均登山以滾木擂石放槍抵戰，岳鍾琪將綠旗兵土司兵編為四列，登險剿賊，除賊番等自山滾死不計外，遣派娃子、雜古兵搜山至賊穴，均行靖剿，程庫一族人一人未剩均予剿滅，將霍爾加、多里、嘎札爾、姜喇、伊爾擦此五部族內甚惡者斬之，餘眾皆使歸降。提督岳鍾琪率兵於十二月二十六日抵至西寧，伊所攜綠旗土司官兵馬匹自四川前來，行遙遠之路，均仰聖主之福甚妥善抵達，此次効力官兵之姓名俟提督岳鍾琪明白造冊送來後再齎送至部，為此奏以聞（硃

〔註236〕指第三世拉穆活佛羅桑丹貝堅贊，曾學經於哲蚌寺郭莽扎倉，清康熙二十一年於今青海省尖扎縣建德千寺，為七世達賴在塔爾寺出家時之堪布與經師。
〔註237〕原文作「此」，今改為「以」。
〔註238〕「娃子、雜古士兵」應為「雜谷娃土兵」之誤譯，雜谷即四川雜谷土司。

批：誠然是天，誠然大禧，朕先為王時皇父賞之繪文金甲一套，賞賜岳鍾琪甲稍薄，為練兵會盟穿之，此係我二十餘年所披之甲，甚福瑞之物，告伊）。

雍正元年十二月二十八日

硃批：知道了。

〔77〕川陝總督年羹堯奏謝賞物摺（雍正元年十二月二十八日） [3]-1058

撫遠大將軍太保公川陝總督臣年羹堯謹奏，為謝恩事。

十二月二十五日委戶部筆帖式章京席爾格齎捧皇上賞賜貂皮二千二百張、綢一千一百疋前來，自臣以至眾官兵均世代蒙受聖主鴻恩之人，現逢軍機之事正值報効之際，聖主復施鴻恩，賞送貂綢，嗣後賞効力者，以勉眾人益加盡力報効，為此謝恩謹奏。

雍正元年十二月二十八日

硃批：知道了，如有不足，復奏。

〔78〕川陝總督年羹堯奏報賞賜布隆吉爾等處兵士糧餉等摺（雍正元年十二月二十八日）[3]-1060

撫遠大將軍太保公川陝總督臣年羹堯謹奏，為欽遵上諭事。

十二月二十五日由兵部送來之文書內稱，雍正元年十二月十六日和碩怡親王奉旨，前往諸處兵營士兵自出征以來均甚盡力報効，故此朕特降旨數次命年邁疾病者退下，現在汛地者均為好漢，行兵各處並無耽擱，甚為可嘉，今既值天寒，現〔註239〕賞賜一月錢糧，欽此。當日和碩怡親王面奏，頃既由我等部遣章京送來之銀，以作賞賜汛地之銀，雖用即將所用數報部，再乘送錢糧之便照數填補，等情具奏，奉旨，知道了，欽此欽遵。臣等查得駐於布隆吉爾之參將孫繼宗之兵，副將潘志山率來巴里坤之綠旗兵，頃欽遵上諭，每人各賞銀三兩（硃批：此等應增賞之仍賞，若不足即罷），在池津〔註240〕、達爾圖〔註241〕、劉溝〔註242〕等處之兵均攜婦孺，有駝家業，在甘州之滿洲兵並無行走之處，且每月均有錢糧米、馬之草料（硃批：應該，好），此等均不賞外，在

〔註239〕原文作「限」，今改為「現」。
〔註240〕即赤金衛。
〔註241〕即達里圖，今甘肅省玉門市附近地區。
〔註242〕即柳溝，今甘肅省玉門市三道溝鎮七道溝村附近地區。

巴里坤吐魯番等諸處之兵，布隆吉爾副將軍阿喇衲率來之兵，及沿途駐驛之兵士均遵旨遍賞一月錢糧等情，行文委付甘肅巡撫綽奇，為此謹奏。

雍正元年十二月二十八日

硃批：知道了。

〔79〕川陝總督年羹堯奏報依例供給成都兵丁口糧摺（雍正元年十二月二十八日）[3]-1061

撫遠大將軍太保公川陝總督臣年羹堯謹奏，為奏聞事。

四川提督岳鍾琪於今年十一月初三日率兵自成都啟程前來之時兵丁攜來七十日口糧，因此等兵士沿途各處征戰事多，原攜米不足食七十日，惟夠食六十日，故此提督岳鍾琪所攜之兵士按六十日口糧銷算，自雍正二年正月初四日始由西寧照例供給，伏乞聖主飭部存案，為此謹奏以聞。

雍正元年十二月二十八日

硃批：交部記檔了。

〔80〕川陝總督年羹堯奏報副將軍阿喇納抵布隆吉爾征剿摺（雍正二年正月初二日）[3]-1081

撫遠大將軍太保公川陝總督臣年羹堯謹奏，為奏聞事。

竊臣先交付副將軍阿喇衲，爾親抵布隆吉爾後歇兵數日，暫靖除沿途附近之賊匪等，以通驛站之路等情，今阿喇衲齎書稱我親率兵於十二月十八日抵至布隆吉爾，二十一日我將滿洲蒙古綠旗兵共八百交與委前鋒統領穆克登〔註243〕、總兵官楊昌泰〔註244〕、喀爾喀扎薩克佟莫克〔註245〕搜尋沿途山谷之賊匪等語，俟阿喇衲遣派之兵如何斬殺賊匪情形報來後再另奏外，謹此奏聞。

雍正二年正月初二日

硃批：布隆吉爾兵甚要，爾深謀指揮，嚴飭斷不可忽視。

〔81〕川陝總督年羹堯奏報西藏堵截防備羅卜藏丹津情形摺（雍正二年正月初五日）[3]-1093

撫遠大將軍太保公川陝總督臣年羹堯謹奏，為奏聞事。

〔註243〕 《平定準噶爾方略》卷九頁七作穆克登。
〔註244〕 《甘肅通志》卷二十九頁二十三作鎮守肅州總兵官楊長泰。
〔註245〕 《平定準噶爾方略》卷九頁八作烏梁海扎薩克台吉托穆克。

前往西藏熬茶之侍衛納蘭親於去年十二月二十九日抵至西寧，除將納蘭前往之事著伊另奏外，即理應遣納蘭往京城，惟伊隨往之差役尚留後未至，俟伊之跟役抵達後臣即遣納蘭往京城。再納蘭告稱藏眾聞羅卜藏丹津之信，均紛紛固堵防備唐古特兵等因〔註246〕，今約計我總兵官周瑛亦已率兵抵藏，周瑛之兵與藏之唐古特兵會同備堵，則藏地甚牢矣，為此將侍衛阿喇訥〔註247〕所奏之事，一併謹奏以聞。

雍正二年正月初五日

硃批：頃覽鄂賴所奏，即稍放寬心，覽此具奏，心內益加踏實，實乃均上天鴻恩，諸處順利迎合，朕實喜悅不盡。

〔82〕川陝總督年羹堯奏報加木燦堪布屬下來投情形摺（雍正二年正月初八日）[3]-1095

撫遠大將軍太保公川陝總督臣年羹堯謹奏，為奏聞事。

今年正月初五日加木燦堪布〔註248〕屬下麥達里綽爾吉、寨桑和碩齊額爾克等來投，告稱我等係達賴喇嘛之人，於加木燦堪布所轄駐地這邊居住，年前將侍郎常壽解來，堪布人返歸時所攜大將軍致羅卜藏丹津書抵至，十二月二十九日羅卜藏丹津即宣佈堪布本人及其屬眾均遷往伊處，是日堪布親率屬下二十戶即往羅卜藏丹津處，亦令我等遷移，我等思之我等本身均係達賴喇嘛之人，為何跟隨堪布前往羅卜藏丹津處，故此我等惟馬弱牛羊消瘦不可速行為由，讓爾等先往，我等隨後啟程，對伊等謊稱，俟伊等啟程後，我等即率屬下三百餘戶千餘人尋歸大將軍，我等二人先來，伊等均後行，我等共有七八頭目，大將軍若收納我等投誠，則我等即將其他頭目引來等語。訊問羅卜藏丹津現在何處，答稱羅卜藏丹津先駐塩池，現遷往鄂倫穆呼爾處，伊等屬眾窘迫，竟無炒麵茶葉，相互進行竊奪，羅卜藏丹津甚懼等情。臣查得麥達里綽爾吉、寨桑和碩齊額爾克等均屬達賴喇嘛之人，係加木燦堪布管轄，今伊等雖來投，千餘人內不可無一為首管轄之人，且伊等之心亦不可如此相信，故此臣接收伊等來投，問伊等，答稱我等內有一卓尼呼畢爾罕，亦係達賴喇嘛之人，祈將我等亦

〔註246〕此句翻譯文意不通，意為「藏眾聞羅卜藏丹津反叛之信，均紛紛集結唐古特兵以備之等因」。

〔註247〕應即本文檔前文之納蘭。

〔註248〕青海有達賴喇嘛與班禪額爾德尼所屬住牧之牧場，此堪布即達賴喇嘛所派管理達賴喇嘛於青海牧場之堪布，本書第二部分年羹堯漢文摺第一八四號作堪布堅參。

歸卓尼呼畢爾罕管轄等語。臣即照伊等所請將麥達里卓爾吉〔註249〕等均歸卓尼呼畢爾罕管轄，將伊等所有器械均查送我等，爾等照駐原居之地等情交付，麥達里綽爾吉等即甚心悅誠服而歸，為此謹奏以聞。

雍正二年正月初八日

硃批：辦得好，惟加木燦因何不來投，將其不來之緣由訊問卓尼等。

〔83〕川陝總督年羹堯奏轉侍讀學士鄂賴所獲西藏消息底稿摺（雍正二年正月十一日）[3]-1108

撫遠大將軍太保公川陝總督臣年羹堯謹奏，為奏聞事。

准差遣西藏之內閣學士鄂賴處，將伊前往西藏之事，所獲之消息密奏之底稿於正月初九日齎送臣部，鄂賴於藏地對貝子阿爾布巴〔註250〕、公隆布鼐〔註251〕等已說了，辦理軍事甚明白，雖自伊處奏聞，惟路遙遠，尚未齎送主前亦不可料定，故此臣將鄂賴送來奏事之底稿，謹奏以聞。

雍正二年正月十一日

〔84〕川陝總督年羹堯奏報給布隆吉爾軍備用物摺（雍正二年正月十九日）[3]-1116

撫遠大將軍太保公川陝總督臣年羹堯謹奏，為奏聞事。

據副將軍阿喇衲呈稱，今為配製在布隆吉爾之烏拉、索倫、察哈爾、綠旗

〔註249〕本文檔前文作麥達里綽爾吉。

〔註250〕《欽定西域同文志》卷二十四頁四載，阿坡特巴多爾濟佳勒博，轉音為阿爾布巴多爾濟扎爾布，封貝子辦噶卜倫事，後以叛誅。按阿坡特巴為多爾濟佳勒博所居室名，漢字相沿止從轉音，稱阿爾布巴。藏史一般稱噶倫阿沛，西藏工布江達人，任拉藏汗噶倫，康熙五十九年清軍定藏，車凌端多布遣其率藏軍至察木多拒四川入藏清軍，其揚言身死，潛赴青海迎清軍入藏，告以藏中虛實，工布亦以二千軍護七世達賴入藏，受封貝子，任職噶倫，雍正元年康濟鼐受封總理藏事，忌之，雍正五年謀殺康濟鼐，遣軍赴後藏欲殺頗羅鼐，與頗羅鼐戰，及至頗羅鼐逼近拉薩，為喇嘛擒獻頗羅鼐，查郎阿率清軍入藏，殊之。

〔註251〕隆布鼐，《欽定西域同文志》卷二十四頁四載，魯木巴鼐扎什佳勒博，轉音為隆布鼐扎什扎爾布，封公，辦噶卜倫事，後以叛伏誅，按魯木巴鼐為扎什佳勒博所居室名，漢字相沿止從音，稱隆布鼐。據《西藏志》，隆布鼐本藏人，昔為噶隆，因策冷敦多布侵藏，同札爾鼐赴木魯烏蘇迎接大兵，嚮導有功，封為公，管理西藏東北一帶地方兵馬事宜。後七世達賴之父索諾木達爾扎娶隆布鼐二女為妻，結黨阿爾布巴、札爾鼐謀殺康濟鼐，引阿爾布巴之亂，及亂平被誅。

兵衣服帳房鍋等小物件，對烏拉、索倫、察哈爾兵丁各借給銀三十兩，對綠旗馬兵各借給銀十二兩，對步兵各借給銀八兩等因。臣覆咨飭副將軍阿喇衲，去年爾抵至前我特奉聖主諭旨，布隆吉爾之兵士因久在邊外各種物件不齊不可料定，爾察視若有困難，前巴里坤、吐魯番此二地兵借債，富寧安處貯有為進攻購馬所備之銀，爾酌情支借，俟事竣後依例扣除，故此不誤兵士配製及所行方妥，欽此欽遵，爾等抵至之前聖主即為爾等兵士謀慮頒諭，爾無須著急，有借給官兵〔註252〕俸餉之恩，如此主子身居深宮，相距數千里，為兵士耗費心機，特降旨者實乃亙古無有，此普遍曉諭所有官兵，惟兵士並不設置馬匹，既然配製地方小物，借給俸銀以致徒耗，故此對烏拉、索倫、察哈爾軍每人借給銀二十兩，綠旗馬兵借給銀八兩，步兵借給銀五兩以配製，將此爾親詳計，現在布隆吉爾處之爾兵、潘志善〔註253〕、孫繼宗之兵共需多少銀之處，由爾處一面報我一面即攜銀齎書往甘肅巡撫綽奇處，以便於兵丁稍早蒙獲君主之恩，等情咨行阿喇衲外。臣復咨飭甘肅巡撫綽奇，由爾處借給布隆吉爾士兵銀兩照副將軍阿喇衲所攜解送布隆吉爾，對應解送巴里坤之兵士，自供給塩菜羊價之銀內以抵扣此項借給之銀，由爾處咨行靖逆將軍富寧安，貯於伊處阿喇衲借取十八萬兩銀內照數取之，用於抵銷塩菜等銀等情，俟副將軍阿喇衲借債人職名〔註254〕，巡撫綽奇處借給銀兩數均報來時，再解送至部，為此謹奏以聞。

雍正二年正月十九日

硃批：知道了，該部知道。

〔85〕川陝總督年羹堯奏報赴藏主事途遇羅卜藏丹津情形摺（雍正二年正月十九日）[3]-1117

撫遠大將軍太保公川陝總督臣年羹堯謹奏，為奏聞事。

由藏出之理藩院主事伊斯海等於正月十六日抵至西寧，臣詢問伊斯海，告稱我前年往居阿里探信，去年藏地撤兵公策安諾爾布〔註255〕令我自阿里處後撤，住於藏地，遣藏探信之員外郎常保於去年九月初一日抵達藏後，伊斯海我

〔註252〕此處衍一「奉」字，刪之。
〔註253〕《甘肅通志》卷二十九頁十九作鎮守安西總兵官潘之善。
〔註254〕此句翻譯文意不通，意為「俟副將軍阿喇衲將借支俸餉官兵職名」。
〔註255〕《平定準噶爾方略》卷三頁二十二作公策旺諾爾布，《蒙古世系》表三十一作策旺諾爾布，喀爾喀蒙古人，扎薩克鎮國公托多額爾德尼嗣子。《欽定外藩蒙古回部王公表傳》卷七十二有其身世之簡介。

本人、額駙阿保旗之台吉貢格喇布坦〔註256〕、錫喇布巴爾丹共同於十月十日由藏起程，於十二月十六日抵至阿爾察圖，遭遇羅卜藏丹津所轄三百賊匪堵截我等，伊等即遣人往告羅卜藏丹津，羅卜藏丹津云將伊等馬畜器械暫時扣留，我見之後再准啟程，故伊屬下人即將我等馬畜器械等物均行收取，著我等駐阿爾察圖，後羅卜藏丹津移至阿爾察圖後正月初三日會見我等，羅卜藏丹津云將爾等多留數日並無他情，等候爾尚喇嘛〔註257〕一同遣行等語，既然伊等並無信息，將爾等馬畜等物我均退給爾等，言後散之。初四日羅卜藏丹津揀選我等膘好馬騾共七十四頭腰刀十二把鳥槍七杆弓三張，餘之膘瘦馬騾器械等物退給我等，以此我等前往羅卜藏丹津處稱我等馬畜器械尚未還全，均還給我等則我等啟程，羅卜藏丹津曰爾等候之我均退還，初五日羅卜藏丹津遣名為索諾木之人齎送給貢格喇布坦之一蒙文奏書，以此我等候二日伊並無歸還我等之影，我等於初六日自此方前來。再我等前來時沿途所居之羅卜藏丹津所屬貧者稱，羅卜藏丹津自悖逆大君主之恩以來我等牛羊因瘟疫死亡大半，竟絕茶葉，我等這些貧窮者眼下均饑困至極，故紛紛抱怨等情。竊臣將額駙阿保之弟貢格喇布坦本人，及台吉希喇布巴爾丹本人，此等跟役計之共五十七人租騾，除遣往額駙阿保處外，主事伊斯海亦租騾遣往京城。再貢格喇布坦所攜羅卜藏丹津具奏之蒙文書經譯覽，因與常壽所攜之蒙文書相同故未遣送，存於臣處，為此謹奏以聞。

雍正二年正月十九日

硃批：知道了，此書乘便應照前退給，留者亦是，再若有九家台吉之人復來，按前戰陣共俘貝勒之例議之，亦妥。〔註258〕

〔86〕川陝總督年羹堯奏轉噶爾旦達錫等謝恩摺（雍正二年正月十九日）[3]-1118

撫遠大將軍太保公川陝總督臣年羹堯謹奏，為轉奏事。

〔註256〕《蒙古世系》表三十六失載。《松巴佛教史》頁五五一載阿寶一任名貢噶喇布坦，父巴特爾，與本文檔後文曰此人為阿寶之弟不符，待考。《欽定西域同文志》卷十七頁二十三作公格喇布坦，顧實汗第四世孫，封輔國公。

〔註257〕《西藏通史松石寶串》頁七二八載，清世宗繼位後遣大喇嘛饒絳巴、班薩饒絳巴、侍衛絳多至拉薩頒賜賞物。《頗羅鼐傳》頁二二七載，清世宗繼位後遣扎薩克大相苾姜巴至藏在各寺廟供奉僧侶，即熬茶諷經，應即此人。

〔註258〕此硃批《年羹堯滿漢奏摺譯編》滿文第六十九號文檔譯作「知道了，此文書理應照前乘便交回。所奏是。再，九家台吉之人若再來，照前同執達尹貝勒送來之例，引議亦好」，可參考之。

據正月十六日理藩院郎中通智咨呈內稱，大將軍太保公所咨付之頒與王額爾擄尼額爾克托克托鼐、公噶爾旦達錫〔註259〕之敕書正月初八日到，通智即集王額爾德尼額爾克托克托鼐、公噶爾旦達錫跪受敕書後，額爾德尼額爾克托克托鼐、公噶爾旦達錫詳閱，復感激涕零，跪曰聖主降旨均甚是，委實英明，我等青海民眾竟不如畜，自我等祖父以來直至我等世代荷蒙佛主之恩甚重，不隨伊等叛逆之舉，投向君主，歸服內地，乃我等在理之事，聖主對我等施以重恩，且常將我等小民存於聖懷，數次頒訓諭以教導，我等不盡歡忭，銘記於心感念等情告之，望闕謝恩，為此將王額爾德尼額爾克托克托鼐等稟報之言繕文咨呈等情，為此謹奏以聞。

雍正二年正月十九日

〔87〕川陝總督年羹堯奏報於布隆吉爾養馬摺（雍正二年正月十九日）[3]-1119

撫遠大將軍太保公川陝總督臣年羹堯謹奏，為奏聞事。

准副將軍阿喇衲咨呈內開，布隆吉爾地方四面來敵，倚軍營哨所，於哨所行走，若突然有事則不可無馬，故此在我等軍營之滿洲蒙古綠旗大臣官員士兵每人各分一馬，共拴養馬二千三百七十四匹，祈將此馬需用之草料送至營地等語。臣覆咨飭阿喇衲，率兵行走之人惟圖不誤士兵行動，辦糧餉之官惟合計消費糧餉之情，結合事態地方之情，亦有是否能成之處，故此由我處咨飭巡撫綽奇，阿喇衲軍營拴養二千三百七十四匹馬，將飼料運至，倘自邊內不能全部運至，則爾計算能運幾多即運至其營，其餘不能運至者將銀送至副將軍阿喇衲處，由伊等就近之赤金、達里圖、劉溝等處採購秣之，爾處一面照此遵辦一面將邊外能運之數報我等情，邊內送至之料倘不足秣爾等之馬則動用巡撫綽奇處送往之銀即於爾營就近之赤金、達里圖、劉溝等處採購秣之，若邊外果購不得，則由邊內計足送往之料拴養馬匹，其餘馬匹送往原指定之處秣之等情咨飭阿喇衲。臣竊查阿喇衲等軍營拴養馬匹以備有突然行動之事，不可無拴養之馬，惟飼料之價邊內邊外不等，俟巡撫綽奇往軍營運至料幾多，副將軍阿喇衲於邊外採購料若干，計足所獲之料，拴養之馬匹數送至之時臣另行造冊報部，謹此奏聞。

雍正二年正月十九日

硃批：知道了，好。

〔註259〕《蒙古世系》表三十八作噶勒丹達什，顧實汗圖魯拜琥長子達顏鄂齊爾汗曾孫，父垂庫爾，祖多爾濟。

〔88〕川陝總督年羹堯奏報阿岡戰役摺（雍正二年正月十九日） [3]-1120

撫遠大將軍太保公川陝總督臣年羹堯謹奏，為奏聞事。

竊臣查得羅卜藏丹津叛心已定，到處煽動所居番子，涼州永昌等處做亂者均係青海諸王貝勒等屬眾，此內於莊浪之阿岡一部番子，係羅卜藏丹津所屬之人，雖人寡未行亂，而內地之諸省均私通羅卜藏丹津，此不可不清除，故臣召涼莊道員姜閟〔註260〕交付之，阿岡一部人少，爾以妙計滅之，道員姜閟告稱彼處事我稔知，勿需遣大軍，我酌情率綠旗兵民團巧滅阿岡部等情，故臣發與令箭飭遣之。正月十六日道員姜閟咨呈內開，姜閟我依大將軍令，遣莊浪生員張碩揚、監生劉士勳等四人探訪阿岡番子棲居之地，張碩揚等歸來稱，阿岡之番子均居七道溝、八道溝、石頭溝、駱駝棚溝等地等因，告後姜閟我即將固原兵三百八十民團二百撥給固原遊擊王達勳〔註261〕、千總齊達壽靖剿番子，故於正月十二日飭遣之，王達勳等分四路進發，乘敵不備突然襲擊，共毀阿岡部賊匪居莊房屋三十八座，殺賊六十九名，生擒婦孺四十人，獲牛六十三頭羊一千一百九十三隻馬四十八匹騾三頭。再姜閟我於十二日子時密遣莊浪所千總田印雲生擒匪首阿岡囊蘇，詳加審問，先與羅卜藏丹津勾通屬實，故將阿岡囊蘇正法，所獲番子之婦孺牛羊均賞兵丁，我等陣亡之綠旗兵一名，負傷之綠旗兵民團另造冊呈報外。在搜查阿岡囊蘇居住之房時將獲羅卜藏丹津一文，譯出漢文一併呈送等因。姜閟齎送之羅卜藏丹津致阿岡囊蘇文內書，親王咨阿岡囊蘇，爾妥善訓練爾之番兵，勿懼漢人，親王我不久即率兵前來，我等斬殺漢人，甚要甚要等語。臣竊查道員姜閟不需多大兵力巧滅阿岡一部乃屬可嘉，今將阿岡內首惡之賊均已斬之，對陣亡之兵臣照例賞之外，俟我等効力官兵，陣亡負傷名單道員姜閟開列送至時再齎送至部，為此謹奏以聞。

雍正二年正月十九日

硃批：實屬好行動，知道了，對姜閟如何獎勵施恩之處爾一面降朕旨，一面奏聞。

〔89〕川陝總督年羹堯奏報郭隆寺戰役祥情摺（雍正二年正月十九日） [3]-1121

撫遠大將軍太保公川陝總督臣年羹堯謹奏，為奏聞事。

〔註260〕《甘肅通志》卷二十八頁三十五作分守涼莊道蔣洞。
〔註261〕《甘肅通志》卷二十九頁五十九作紅德城營遊擊王大勳。

羅卜藏丹津自去年反叛以來，諸處率喇嘛番子等以兵援助羅卜藏丹津，對行亂者臣陸續遣兵剿殺，與我等交戰之七家寺、郭莽寺喇嘛等其靖剿之情均已奏聞。竊查西寧東北面沙塘溝內有郭隆寺，章嘉呼圖克圖之靈童〔註262〕居住，伊屬喇嘛番子甚多，原羅卜藏丹津與阿喇布坦鄂木布爾等甚好，羅卜藏丹津之父札西巴圖爾〔註263〕之遺骸即安置寺內，臣招寺內為首喇嘛達克瑪呼圖克圖〔註264〕誘其念經，故留於西寧，達克瑪呼圖克圖總欲返歸臣未准，遣人探信寺之喇嘛等此數月間甚靜，今年正月初二三日郭隆寺喇嘛等突支起四大涼棚，休整士兵（硃批：此果屬何故，特招致罪，其佛天不容，戳穿其罪，特施恩於我等，總為美事）等情陸續報來，臣即繕寫告示，初四日差人令送，而寺之喇嘛等執我等差遣之人即欲斬殺，前往之人經極明言後方釋之遣返，以此臣復訪探消息，皆宣示郭隆寺之喇嘛，東山周圍所有喇嘛番子等正月十一日集於郭隆寺向我等交戰云云，伊之附近對我等威遠堡〔註265〕等寨強取廩餽等物，臣思之倘不盡殺此等則賊匪亦不知懼（硃批：甚是，甚在理），若賊匪來前即遣派兵士，以致賊等反而畏懼分散各處，後日再起事端不可料定等情思之（硃批：善於辦理，甚可愛），即俟逢賊匪等集合之日，十一日令提督岳鍾琪率綠旗兵土司兵共四千一百五十人，副都統伊禮布率滿洲兵四百七十名，自威遠堡路進發，因事大，著前鋒統領蘇丹亦同提督岳鍾琪商議。再郭隆寺喇嘛所調遣東山之番子等均行水磨溝，此乃一甚要關口，著總兵官吳征阿〔註266〕、黃喜林等率綠旗土司共二千四百兵自碾伯路遣至水磨溝，副將宋可進率綠旗土司共一千七百兵自邊外北路派遣，前鋒統領蘇丹提督岳鍾琪等均於十二日晨抵達郭隆寺前，喇嘛賊匪等迎出四十里處，於哈拉芝溝紮營以備，我兵抵至，賊匪等均取山巔列陣（硃批：實屬可恨，該死的），山頂長五六里，賊均佔領，觀之足有萬人，此山前復有五賊寨，周圍以車作營，車上堆石，以為賊之隱蔽處，從物間放槍（硃批：由此看來所存歹心久已有備），此五寨內不曉有賊幾何，我等兵前進後寨內先放槍，殘害我兵二三人，我等官兵甚憤怒，吶喊進攻，施放槍炮，先將五寨之賊匪一個不留均予以殺盡，將寨放火，以此山上之喇嘛賊匪等來戰，我等官兵各自奮勇，先施放槍炮，後進前戰，以馬槍混戰，由辰時

〔註262〕指三世章嘉呼圖克圖若貝多吉。
〔註263〕《蒙古世系》表三十七作達什巴圖爾，顧實汗圖魯拜琥幼子，即第十子。
〔註264〕本書第二部分年羹堯漢文摺第一八八號作達克嗎呼圖克圖。
〔註265〕青海省互助縣駐地威遠鎮附近地區。
〔註266〕《陝西通志》卷二十三頁六十四作興漢鎮總兵武正安。

至申時殲賊數千，奪取賊匪佔領之三座山巔，毀賊十五寨（硃批：實屬可嘉），此役賊死戰不退，戰中將喇嘛均殺盡後，賊匪方敗退（硃批：實屬奇事，方聞此等英勇喇嘛），敗出數百賊由邊外北路逃之，遇我等副將宋可進，夜來襲營，我等士兵施放槍炮，又殺四十餘賊，其他均四面逃散（硃批：此等均緩靖除）。是日總兵官吳征阿、黃喜林等率兵進攻怒目芝溝，將賊番之哨所二十餘人均斬之，溝內又有一夥番賊忽從旁而出，斬我等圍獵之土司兵一人，負傷一人，我等官兵憤怒，堵截賊匪，盡殺之（硃批：此皆羅卜藏丹津造孽，此夥被殺係自尋之），生擒丁婦長幼十四口，出谷口將賊之七寨由兵丁分散以火焚毀之，抵達迭耳溝將賊番所居之房焚燒七十餘座，斬殺賊番五十餘，生擒丁婦長幼四十七口，隨至馬營溝，郭隆寺村之大寨番子等所居之房六十餘座放火焚毀，賊番五十餘人來戰，我兵登山，斬十餘賊，餘賊均逃進林內，生擒婦孺十四口。翌日即十三日吳征阿等同蘇丹、岳鍾琪等兵會師，到達郭隆寺，並未搜寺，將札西巴圖爾之屍亦攜出，人均已躲避，搜山溝有二洞，守洞之賊向我等交戰，我等官兵奮發擊賊，賊匪被迫千餘人進入洞內，以此我等官兵進攻，施放槍炮，堵塞洞口，堆積草木以火焚燒，先風向我等，後轉吹向洞內，賊等均被火煙熏死（硃批：由此看來，顯係佛天贊助），先後共計殲賊六千餘。郭隆寺地方甚大，原為賊棲居之處，且札西巴圖爾之屍先攜出，觀之可得知業已歸叛逆之羅卜藏丹津一方（硃批：不僅甚明，且抵抗我等，有何言之處），故此將郭隆寺以火焚毀，探取章嘉呼圖克圖〔註267〕之信，將賊、喇嘛等攜至前大通河彼岸雜隆處〔註268〕（硃批：甚理，若留之則後日無奈仍使惡亂者棲息，惟將消除蒙古人議論之殺喇嘛毀廟之事存於心上，如有應整治之事則整治），餘賊則喪魂逃散，且人又無多，臣撤退官兵，將留下西寧之達克瑪呼圖克圖推出就地正法（硃批：甚理，正法時伊有何言，阿奇諾門汗〔註269〕以為如何，尚未具奏，此亦甚可恨之人，再有一吹鍾呼圖克圖〔註270〕在何處，這許多事內未提及），此次戰役內我等官兵均世代蒙受聖主教養之恩，各自奮勇，從辰時至申時混戰，斬賊喇嘛番子等六千餘，我等兵惟四川陝西之綠旗兵二十五人四川之土司

〔註267〕指第三輩章嘉呼圖克圖若貝多吉。

〔註268〕此句文意不通，意為「賊喇嘛等將章嘉呼圖克圖攜至大通河彼岸雜隆處」。

〔註269〕此人為察罕丹津之侄，《蒙古世系》表三十九失載，《如意寶樹史》頁七九○後表四載其名阿其諾門罕，父名巴布。

〔註270〕乾隆朝內府抄本《理藩院則例》頁一二八載，青海親王羅卜藏丹晉，奏請郭隆廟垂卜藏呼圖克圖封號，授為黃教額爾德尼諾門汗，給以敕印，即此人。

兵二人陣亡，西安拖沙喇哈番銜章京一名四川千總一名四川陝西綠旗兵四十一人、四川土司兵二十四人、白塔耳民團四人負傷（硃批：實乃天神施恩佑助），此役陣亡負傷者臣除照例賞賜外，此次戰役中遊擊馬中孝〔註271〕、姜進魯〔註272〕、周凱捷〔註273〕、守備寶棟〔註274〕、千總年岳威、孟吉憲〔註275〕、劉頃佐、把總松宗章〔註276〕甚為出色効力，俟將効力官兵、陣亡負傷等姓名職銜由各該管處明白造冊，均送至後再送往部（硃批：諸事成後除議敘者議之外，現如何保舉爾酌情辦理具奏，官兵實屬可嘉，諸事均使朕愉快）。再原守備王雲義先因行為惡劣，革其守備軍前効力，此次表現甚佳，且於毀賊洞時王雲義獨取馬上炮攜至洞口，隻身突進，多有効力，臣將王雲義復為守備（硃批：甚在理，孰能無過，能悔改則不錯矣），為此謹奏以聞。

　　雍正二年正月十九日

　　硃批：暢悅覽之，爾等將軍大臣官員兵丁共同大禧，逢爾等喜訊，聞爾等所行，暢快歡忭。

〔90〕川陝總督年羹堯奏報尋查厄魯特蹤跡情形摺（雍正二年正月二十五日）[3]-1152

　　撫遠大將軍太保公川陝總督臣年羹堯謹奏，為奏聞事。

　　據正月十五日副將軍阿喇衲呈文內開，先咨飭委前鋒統領穆克登、對伊等撥兵前往南山厄魯特等越冬處，若遇厄魯特應斬者斬之應捕者捕之，撥兵副都統阿玉錫〔註277〕前往阿拉克諾爾〔註278〕將賊等應擊者即擊之等情，今副都統阿玉錫於今年正月初三日前來告稱，我於十二月二十九日抵至阿拉克諾爾，據稱有蒙古等即前往擊之，而並無蒙古賊等，又經阿拉克諾爾之戈壁尋蹤亦無蹤跡，故此返回等情。又委前鋒統領穆克登等於本月初四日前來告稱，我等率兵於十二月二十五日抵達黑山湖〔註279〕尋視蹤跡，有舊跡無新蹤，二十六日

<hr>

〔註271〕《陝西通志》卷二十三頁五十三作督標後營遊擊馬忠孝。
〔註272〕《陝西通志》卷二十三頁五十一作督標前營遊擊江進祿。
〔註273〕《四川通志》卷三十二頁三十三作松潘鎮中營遊擊周開捷。
〔註274〕《甘肅通志》卷二十九頁八十二有興武營遊擊寶棟，應即此人陞任者。
〔註275〕本書第二部分年羹堯漢文摺第二十四號作千總孟繼先。
〔註276〕《四川通志》卷三十二頁四十有舊設平番營守備宋宗璋，疑即此人。
〔註277〕《平定準噶爾方略》卷七頁三十作一等侍衛阿玉錫，卷九頁十二巴爾虎侍衛阿玉錫授為副都統。
〔註278〕即今青海省都蘭縣之阿拉克湖。
〔註279〕原文作「黑山滬」，今改為「黑山湖」。

抵達南山之庫庫托洛海、伊瑪圖、渾齊等處，觀之亦無新跡，沿途靖潔等因，故此將委前鋒統領穆克登、副都統阿玉錫等前往無事而歸，沿途靖潔之情呈報等因報來。今嘉峪關外沿途諸驛站均照常駐守，布隆吉爾附近並無蒙古等蹤跡，既然途甚靖潔，惟厄魯特等甚狡詐，復出入行亂不可料定，臣又嚴加咨飭副將軍阿喇衲，妥善謹防賊匪，不可輕視，加緊秣馬外，為此謹具奏聞。

雍正二年正月二十五日

〔91〕川陝總督年羹堯奏報策妄阿喇布坦處見聞摺（雍正二年正月二十五日）[3]-1153

撫遠大將軍太保公川陝總督臣年羹堯謹奏，為奏聞事。

去年二月遣往戴青和碩齊察罕丹津策妄阿喇布坦之使臣巴雅爾圖和碩齊[註280]等於今年正月二十二日到來，詢巴雅爾圖和碩齊，伊告稱我等於去年二月初十日啟程前往，四月二十六日抵達策妄阿喇布坦處，策妄阿喇布坦遣人遠護我等，翌日我等會策妄阿喇布坦，問候之後我等對策妄阿喇布坦稱，我主派遣我等，囑我等告稱，大皇帝一向展拓黃教，愛好眾生也，渾台吉與大皇帝交戰業已多年，遣派車凌敦多布斬拉藏汗，侵犯招地毀壞黃教，我等青海眾台吉共同為戰，我主云此等過失理應陳其因，大聖主擔責遣使求和（硃批：此等語亦豈不誠），我等照常相互友好則甚佳也等情。告後策妄阿喇布坦云我並無與大皇帝交戰之意，戰事係何好事，無益於眾生也，大皇帝無故遣派大軍征伐我，我又豈不惜命坐視受之乎，故往招地遣兵是實，我斷不願向大皇帝挑起戰端，緣此我亦遣使，我靜駐於此，然而爾等青海諸台吉均先紛紛遣兵，引內地大軍與我遣往藏地兵爭戰，理應為友好事先遣使議之，如今方遣使，爾等言稱惟蒙大皇帝之恩以和好居住為善，將我等均分散，而後將我等前往之使臣逐一另避以語問之。以此詢我爾主之信寄有他語乎，我答之我主除此外，信[註281]並無他語（硃批：策妄阿喇布坦之語尚似誠懇），其他使臣問有何語，以何語答之我均不知。相隔五六日後又要我赴宴，策妄阿喇布坦云現值蚊蠓之際，爾等乘來之馬畜既亦疲倦，爾等駐於此，俟畜恢復之時我亦遣使同爾等前往，故我等在彼處駐四月餘，八月二十三日同伊遣使孟克啟程前來，於十一月十六日抵達柴達木後羅卜藏丹津差人將來使止於彼處，攜我從北方來，諸物均剝取之

〔註280〕此句翻譯不確，意為，「去年二月戴青和碩齊察罕丹津遣往策妄阿喇布坦之使臣巴雅爾圖和碩齊」。

〔註281〕「信」字疑為衍字。

（硃批：均該死混賊所行），責人看守，伊等於亂時無看守我之心，惟保護伊之馬畜，我乘機於十一月二十七日逃出歸向我王，此後向我王之福晉陳告緣由，故遣之等語。詢問巴雅爾圖〔註282〕羅卜藏丹津之軍被擊敗情形，爾抵達柴達木即知曉乎，伊答稱萬萬人〔註283〕離去均詛咒羅卜藏丹津（硃批：自何處離去，所向何處），豈我獨知，策妄阿喇布坦之使臣亦均親眼見之事也等語。竊臣觀之巴雅爾圖會策妄阿喇布坦所告之處，策妄阿喇布坦對伊詢答之語雖真偽不可信，察罕丹津等遣使歸來，策妄阿喇布坦復向伊等遣使到來之日謹具奏聞。

雍正二年正月二十五日

硃批：知道了。

〔92〕川陝總督年羹堯奏報處置辱職侍郎常壽摺（雍正二年二月初三日）[3]-1177

撫遠大將軍太保公川陝總督臣年羹堯謹奏，為欽遵上諭事。

今年正月二十五日准兵部咨稱，雍正二年正月初二日和碩怡親王、公舅舅隆科多、都統拉錫傳諭旨，侍郎常壽係辦理西寧地方軍務，任青海方面事務之人，未將羅卜藏丹津如此胡鬧亂行之實情具奏於朕，將西面事務交付大將軍年羹堯而諸事不管，西寧處亦無備兵，青海之情可否議之伊自稔知，而不俟大將軍抵至，捨棄西寧輕率前往青海，被羅卜藏丹津緝拿，即隨羅卜藏丹津由兵士解來，侵犯西寧地方，幸大將軍年羹堯乘機趕到，擊敗羅卜藏丹津，否則將若何，由此觀之常壽為臣之人，被賊緝未能死，羅卜藏丹津釋遣而悄來者甚屬辱職，乃為犯國法之人，籍沒常壽在西寧之家產賞給効力之兵士，擬常壽斬殺罪，即縛以鐵索嚴解西安監候，俟軍務告竣必正法，似此玷辱國家犯軍法之人斷不可寬宥。再筆帖式多爾濟被賊所緝，盡忠獻身，甚屬可嘉，將筆帖式盡忠之舉照例議敘交部，命大將軍年羹堯處照例施恩祭之，俟開印後由部行文大將軍年羹堯，欽此欽遵，等因前來。臣欽遵上諭押解常壽至西安送牢監禁外，籍沒其西安〔註284〕家產賞賜効力之士兵，再將常壽之子一人、差婦家人均解送刑部，轉交伊等該旗。又查得常壽有印一，侍郎噶什圖〔註285〕奏銷時用此印，今噶什圖既然奏銷之事尚未完結，暫留此印，俟噶什圖奏銷事竣再送部。再籍沒常

〔註282〕即本文檔前文之巴雅爾圖和碩齊。
〔註283〕「萬萬人」《年羹堯滿漢奏摺譯編》滿文第七十五號文檔譯作「數萬人」。
〔註284〕「西安」應為「西寧」之誤。
〔註285〕《清代職官年表》部院滿侍郎年表作刑部右侍郎噶什圖。

壽家產時獲常壽來西寧後購買田舍之滿文單子一漢文檔子二冊亦送刑部，請旨辦理等情咨行，為此謹奏以聞。

雍正二年二月初三日

硃批：留印以用，奏銷事明白之時送交部，諭部。

〔93〕川陝總督年羹堯奏報官兵已達甘州摺（雍正二年二月初三日）[3]-1178

撫遠大將軍太保公川陝總督臣年羹堯謹奏，為奏聞事。

竊於正月二十六日平逆將軍貝勒延信咨呈稱，副都統花色〔註286〕等率來鄂爾多斯五百官兵於正月二十日抵達甘州，副都統查克旦〔註287〕等率來之土默特五百官兵二十一日抵達甘州等情前來，為此謹奏以聞。

雍正二年二月初三日

硃批：知道了，蒙古綠旗兵丁行走之情狀，法紀如何，順便具奏。

〔94〕川陝總督年羹堯奏轉興漢總兵官吳征阿等謝恩摺（雍正二年二月初六日）[3]-1193

撫遠大將軍太保公川陝總督臣年羹堯謹奏，為轉奏事。

據陝西興漢總兵官吳征阿、川陝總督標下中軍副將王松、四川夔州營副將宋可進、雲南元江營副將紀成斌呈稱，吳征阿我等乃甚愚俗之人，皇上施鴻恩舉用，陞至此任，未報答微末，聖主又賞孔雀翎，吳征阿等除望闕叩恩外，伏思孔雀翎者屬皇上近人應獲之恩，吳征阿等係何等人，如此殊恩斷不能報答於萬一，伏祈大將軍代我等轉奏等情前來，為此恭謹轉奏。

雍正二年二月初六日

硃批：知道了。

〔95〕川陝總督年羹堯奏報調兵往布隆吉爾防備摺（雍正二年二月初六日）[3]-1194

撫遠大將軍太保公川陝總督臣年羹堯謹奏，為奏聞事。

竊臣查得在布隆吉爾周圍之厄魯特賊匪因冬季牧場衰敗馬匹瘦弱而隱居各

〔註286〕《欽定八旗通志》卷三百二十四作蒙古鑲黃旗副都統花色。

〔註287〕《欽定八旗通志》卷三百二十四作蒙古鑲藍旗都統查克丹，雍正二年十一月任，疑即此人。

處，待青草出馬匹稍復後又行叛亂不可料定，布隆吉爾地方較他處稍熱，牧草生長早，阿喇衲處雖有兵五千，伊等馬匹至生長青草時計臕尚不足，倘遇軍機有調動之處，又需鎮守地方，軍士不足分用，今調來甘州土默特、鄂爾多斯之駐兵，山西大同之兵駐山丹衛、總兵官李堯既然又率來一千兵，已足夠鎮守甘州地方，先已備甘州提督標下之八百兵，永昌副將標下二百兵，人均齊整馬亦肥壯，永昌副將劉紹宗乃好漢，著劉紹宗率此一千兵遣往布隆吉爾，馱運伊等廩餽，臣遣侍衛貢格由總兵官李堯從巴里坤攜來之二千駝內揀撥二百，著李紹宗〔註288〕自二月十五日啟程緩行，抵達布隆吉爾後正值青草生長之時，倘遇軍機有征伐之處，著劉紹宗會同總兵官孫繼宗率兵前行，餘兵鎮守地方，布隆吉爾地周圍之處均可牢固，為此將所備一千兵調至布隆吉爾情形，謹奏以聞。

　　雍正二年二月初六日

　　硃批：如此辦理者甚妥，朕心內又踏實矣，惟永昌等處稍薄弱，想懼爾等西寧之兵有後衛，斷不敢前來，想爾必定盡謀而行，朕隨意繕寫寄之。

〔96〕川陝總督年羹堯奏報阿喇布坦鄂木布等呈送蒙文書摺（雍正二年二月初八日）[3]-1200

　　撫遠大將軍太保公川陝總督臣年羹堯謹奏，為奏聞事。

　　二月初五日貝勒阿喇布坦鄂木布、吹喇克諾木齊〔註289〕、巴勒珠爾喇布坦〔註290〕、盆蘇克汪札勒〔註291〕、羅卜藏察罕、車凌敦多布、貝子吉克吉札布、阿喇布坦、公達西敦多布、台吉多勒札布等遣派吉木巴台吉等十人呈送一蒙古文書。經略譯閱之，文書內開，撫遠大將軍太保公明鑒，貝勒阿喇布坦鄂木布、吹喇克諾木齊、巴勒珠爾喇布坦等呈稱，皇上陛下，札西巴圖爾親王為首顧實汗之子孫共同執掌黃教以來，一直安居未動，如今君主復施恩，仁愛我等，我等除從主外，無有異心，現羅卜藏丹津年少，而爾等飭交之語嚴屬，干係我等隨從羅卜藏丹津事，竊思有損皇上所封喇嘛吹卜藏諾門汗〔註292〕，我等雖身有歸內之意，

〔註288〕　本文檔前文作「劉紹宗」，「李紹宗」誤。

〔註289〕　此人為右翼盟長，顧實汗圖魯拜琥第七子瑚嚕木什之孫，《蒙古世系》表三十七失載，《如意寶樹史》載父旺欽，己名曲扎諾木齊台吉。

〔註290〕　顧實汗圖魯拜琥第二子鄂木布孫，父納木札勒。《蒙古世系》表三十六失載。

〔註291〕　《蒙古世系》表三十七作朋素克旺札勒，顧實汗圖魯拜琥第六子多爾濟曾孫，父額爾克巴勒珠爾，祖策旺喇布坦。

〔註292〕　《乾隆朝內府抄本《理藩院則例》》頁一二八載，青海親王羅卜藏丹晉，奏請郭隆廟垂卜藏呼圖克圖封號，授為黃教額爾德尼諾門汗，給以敕印，即此人。

但心存恐懼，爾等若不親出邊外，遣派親信大臣等於察罕托洛亥等處會盟，我等共辦是非，我等攜王羅卜藏丹津，派人明其是非等因，爾等會盟寬宥，照先皇大主仁愛，我等各往原牧場安居，如若不然我等將散去，於爾等名聲亦惡也，如此可乎，呈述誠意，商議會盟，祈鑒明相約之日等語。今既已遣派大軍，臣將伊等差派吉木巴台吉等十人留於西寧看護，為此將伊等所呈之蒙文書一併謹具奏聞。

雍正二年二月初八日

〔97〕川陝總督年羹堯奏報岳鍾琪率軍進剿事摺（雍正二年二月初八日）[3]-1201

撫遠大將軍太保公川陝總督臣年羹堯謹奏，為奏明事。

先臣奉旨，大軍進剿既以岳鍾琪為總統綠旗兵，不可無將軍印，朕揀選另一將軍印送往爾處，俟進剿之時以岳鍾琪為將軍率兵遣之，欽此欽遵。此進剿時理應候皇上頒發之印，惟機不可失，臣頒與提督岳鍾琪我之大將軍纛令箭，又著伊佩帶皇上賞我之腰刀於二月初八日啟程遣之（硃批：甚好），出邊之後諸行之例項均照征伐將軍而行之等因交付。復查得征伐將軍不可無參贊大臣，故著總兵官吳征阿、黃喜林參贊軍務。再邊外蒙古甚多，侍衛達鼐人果決，於事盡心，達鼐亦參贊軍務等情交付外，臣現於西寧又備一千兵，俟皇上頒賜之印到來時，隨此一千兵趕送提督岳鍾琪，為此謹奏明。

雍正二年二月初八日

硃批：知道了。

〔98〕川陝總督年羹堯奏報巴噶阿喇布坦歸服摺（雍正二年二月初八日）[3]-1202

撫遠大將軍太保公川陝總督臣年羹堯謹奏，為奏聞事。

據二月初五日到來之駐防赤金衛遊擊丁廣〔註293〕呈報內開，貝子巴噶阿喇布坦〔註294〕於今年五月二十五日來歸，抵至赤金衛。巴噶阿喇布坦告稱，我本人先來，著阿爾薩蘭台吉、敦多布台吉、我弟丹巴里色布騰〔註295〕率領我之家口駐於青頭山，有我三千人，婦孺一千五百餘口，俟准我駐於何處後我

〔註293〕《甘肅通志》卷二十九頁七十八作洪廣營遊擊丁廣。
〔註294〕顧實汗圖魯拜琥第二子鄂木布曾孫，父額琳沁達什，祖墨爾根台吉，《蒙古世系》表三十六失載。
〔註295〕顧實汗圖魯拜琥第二子鄂木布曾孫，父額琳沁達什，祖墨爾根台吉，《蒙古世系》表三十六失載。《松巴佛教史》頁五五〇表二作丹真色布騰，父仁欽達什。

再喬遷家口等情來報。本日抵達之阿喇布坦鄂木布等九家遣使等內亦有巴噶阿喇布坦之使臣都喇勒卡，問伊則告稱我貝子不在此處，往布隆吉爾是實，我等貝子往時要我等三人留下並交付，自此處若有往內地遣使之處爾等即稱遣我共同進之，雙方凡成一處，均相同也，故此我亦同此等眾人前來等語。由此觀之巴噶阿喇布坦等已到牧場破敗馬瘦力竭之地，方如此以狡詐之兩面手法尋求僥倖，俟長青草後復行叛亂不可料定，先由副將軍阿喇衲處呈報巴噶阿喇布坦來投之信，臣即咨飭阿喇衲，巴噶阿喇布坦若來投暫留爾處，俟伊妻貢格、伊之岳父阿爾薩蘭台吉均來投後再同遣我處等情，今除將由阿喇衲處將此等人送至之時問明另奏外，為此謹奏以聞。

雍正二年二月初八日

硃批：據阿保額駙稱此巴噶喇布坦甚誠意向內，感激朕，人可憐被迫行之，無論如何爾應知悉，爾必有稔知之處，或有忠心辦理之處也。

〔99〕川陝總督年羹堯奏報調兵進伐羅卜藏丹津摺（雍正二年二月初八日）[3]-1203

撫遠大將軍太保公川陝總督臣年羹堯謹奏，為恭謹奏聞大軍進伐事。

先盆蘇克汪札勒遣喇嘛阿旺札克巴來告之語業已奏聞，正月二十八日青海貝勒車凌敦多布〔註296〕遣人來告，我等貝勒欲遷此方來，周圍均有人駐之，此方不能遷，再先遣九家之使臣返回，正月十二日九家台吉等於烏蘭和碩會盟時我等貝勒、羅卜藏察罕二人向眾云，大將軍要我等解釋各自情由，去年所行之事乃羅卜藏丹津、阿喇布坦鄂木布為首行矣，我等可以身相保也，我等欲往大將軍處陳告情由，正言中吹喇克諾木齊、巴勒珠爾喇布坦等拒絕不准，伊等言無論如何要觀遣使於察漢托洛亥處會盟情形再行計議，若無相合之狀，則使臣往返行走，俟長青草時再定等語。再羅卜藏丹津常往吹喇克諾木齊、阿喇布坦鄂木布、巴勒珠爾喇布坦等處遣人，據聞所遣使臣言稱，爾等三家來時若有不來之眾爾等掠奪之，率馬駝前來等語，我等數家無策遂遣使，繼之羅卜藏察罕遣拜牙斯呼朗亦照此來告。二月初二日盆蘇克汪札勒、其弟伊希多勒札布〔註297〕復遣人呈一書，

〔註296〕《蒙古世系》表三十七作車凌敦多布，顧實汗圖魯拜琥第七子瑚嚕木什曾孫，父噶爾車木伯勒，祖達爾巴。

〔註297〕《蒙古世系》表三十七作伊什多勒札布，顧實汗圖魯拜琥第六子多爾濟曾孫，父額爾克巴勒珠爾，祖策旺喇布坦。《松巴佛教史》頁五五三表十作益西多勒扎布。

觀所譯呈文，書內稱據貝勒盆蘇克汪札勒、台吉多爾濟納木札勒〔註298〕、台吉伊希多爾札布〔註299〕等呈稱，我父王在時因同已故王札西巴圖爾為戰，身亡之後為滅絕孤兒我，掠取我僕役諸申，後蒙聖主仁愛，遣派大臣等收取大半歸還我等，復遣派大臣守護我等牧場，今年所行之罪者羅卜藏丹津居長為大，我等無計而隨行，今念主喬遷，周圍人居，並無策矣等語。再送文前來之巴噶寨桑面告，正月十二日會盟，二十八日九家使臣相約啟程前來，故我等人亦往，聞得前來之情由於察罕托羅海處會盟，故前來告之等語，十二日會盟後羅卜藏丹津備兵，乃傳示吹喇克諾木齊等發兵如此之遠者，想以兵力征掠我等，我等今窘迫已極等語。本月初五日貝勒羅卜藏察罕、貝子吉克吉札布、台吉貢布色卜騰〔註300〕、納罕伊希率羅卜藏察罕之母、伊等婦孺及車凌敦多布之姐隨進抵西寧，羅卜藏察罕等告稱，我本人、吉克吉札布、車凌敦多布我等三人執阿喇布坦鄂木布，祈歸大將軍等因商定，不料車凌敦多布標下〔註301〕二寨桑逃出，請歸吹喇克諾木齊，因陳報此情，吹喇克諾木齊即夜半遣人將車凌敦多布滅之，緝捕其母及其本人，屬下辦事四寨桑均斬之，聞之此情急速來尋大將軍，去年羅卜藏丹津肆意行亂車凌敦多布並未隨從，伊之馬駝臕尚好，今吹喇克諾木齊侵掠車凌敦多布，伊之馬畜之力甚強等語。

　　臣竊思青海民眾世代蒙受我朝之恩，安居樂業，去年羅卜藏丹津突起叛亂之心，率眾侵我等邊界，特自取滅亡，此亦前人，青海眾人蒙受我國恩甚重，斷不至作亂，沿邊地方未盡心辦理，厄魯特賊匪方如此侵邊，即能進入各口，由此觀之剿滅賊匪等尚易，明白辦理地方甚要，故此臣遵旨抵至西寧，仰賴君主威福，三次擊敗厄魯特賊匪時即可發兵剿滅賊匪，惟在西寧周圍之喇嘛番子等甚多，均屬隨從羅卜藏丹津作亂者，先不可不將其剿平，再伊等罪之輕重不同，若全部剿滅青海顧實汗之後裔亦辦不到，臣先牢固辦理地方，兵撤至西寧秣馬，觀伊等情形再行，今盆蘇克汪札勒等陸續遣人來告，伊等欲遷來則不得前來，羅卜藏丹津等又侵掠伊等，且觀羅卜藏察罕、吉克吉札布等親來所告之語，羅卜藏丹津等計窮，吞滅伊等內弱者以彌補自己之力，餘眾均被夾於雙方

〔註298〕顧實汗圖魯拜琥第六子多爾濟曾孫，父額爾克巴勒珠爾，祖策旺喇布坦，《蒙古世系》表三十七失載，《松巴佛教史》頁五五三表十作多爾濟南木扎勒。
〔註299〕即本文檔前文之伊希多勒札布。
〔註300〕《松巴佛教史》頁五五〇表二葉克阿喇布坦有子袞布熱傑，疑即此人。
〔註301〕「標下」譯作「屬下」較確。

顯而易見，此特天賜之良機，若不乘機遣派大軍，則不能保護欲來歸我等之眾，為首賊匪羅卜藏丹津等亦不得殲滅（硃批：甚是），況羅卜藏丹津等掠眾後益增力遠遁，以致事久，故此臣飭交提督岳鍾琪，著總兵官吳征阿、黃喜林、侍衛達鼐、副將王松、宋可進、紀成斌等共率六千兵以二路進發，將欲降我者收留，不降者則斬殺。再阿喇布坦鄂木布、吹喇克諾木齊、巴勒珠爾喇布坦等均係助羅卜藏丹津為首作亂之人，對此斷不可寬容等情（硃批：甚是），二月初八日自西寧啟程遣之。再我等出發之大軍既然於邊外行走良久，羅卜藏丹津斷然不得預先聽聞，務將伊抓獲，雖不能確保，然伊掠眾之前我等大軍至伊即逃矣，將伊之婦孺屬下部落斷不能全部攜帶，獲伊之牧場後羅卜藏丹津隻身無非率數人逃遁，亦不能出，伊若去藏，藏有我兵，若往巴爾喀木等處，亦有我軍駐防，即往尋策妄阿喇布坦處，無非成為伊之屬下諸申耳，羅卜藏丹津一人雖未得亦無干係（硃批：甚是），故此臣飭付提督岳鍾琪我兵抵至羅卜藏丹津處，羅卜藏丹津若逃之，爾挑選一千兵馬追至五日路程，大軍後進三日倘未追及則即回兵，將歸降我等及伊留後之部落後撤，切勿深追（硃批：甚是）等情。此次進攻大臣官員等均率兵出征，西寧周圍之邊關雖牢固鎮守，城內唯臣一人，亦不能顧全，前鋒統領蘇丹人精明，辦事謹慎，故此將蘇丹留於臣處辦事，為此並謹奏以聞。

雍正二年二月初八日

硃批：此際若能進兵，由此有好事乎，朕先前不急於進兵，想必準備不及，今清楚辦理，若能出兵，惟天仁愛，聞爾等喜訊矣。爾此効力之功，朕如何施恩均不得表心意，惟上天佑爾，誠心誠意禱祝。

〔100〕川陝總督年羹堯奏報嘉獎有功道員任按察使摺（雍正二年二月十二日）[3]-1208

撫遠大將軍太保公川陝總督臣年羹堯謹奏，為奏明事。

雍正二年正月十九日涼莊道員姜閌以謀殲滅在莊浪之阿崗一部番賊，執阿崗囊蘇正法，已具摺奏聞，奉硃批，知道了，涼莊道員姜閌以謀殲滅阿崗番賊等甚嘉，賜伊按察使，欽此欽遵，臣將聖主所頒旨傳諭道員姜閌，即命伊在按察使上行走，為此恭謹奏明。

雍正二年二月十二日

硃批：好，降旨於部。

〔101〕川陝總督年羹堯奏請准運判留任丁憂摺（雍正二年二月十二日）[3]-1209

太保公川陝總督臣年羹堯謹奏，為請將運判留任事。

先河東塩務積弊年久，商賈甚敗，諭臣兼理，臣任職後有意查訪，得知大概，今臣自辦理以來，毀塩引豐錢糧，事雖不誤，前舊積累之弊若非在任年久之官不能直接知曉，查得運判官王齡〔註302〕任此職甚久，稔知事之利弊，運使之缺著伊署理，半年之間事情概出，商賈敗致多年，因無力運塩，去年秋冬間陝西所屬地方食塩甚迫，臣遣咸寧縣知縣延世君〔註303〕至運城共同協理，能將塩運至各處，今因於雍正二年正月二十日王齡德聞伊母病故，按例丁憂應返回旗等情報來，惟運司庫錢糧均由其親承辦，不靠臣親自詳查，此積累之弊靖除前不可無在任久悉曉之人，伏乞聖主懷念靖除積弊，命王齡德留任丁憂，會同延世君辦理，可不至誤事，塩務關係重大，臣冒犯陳情謹奏請旨。

雍正二年二月十二日

硃批：知道了，諭部。

〔102〕川陝總督年羹堯奏請嘉獎地方有功官兵摺（雍正二年二月十二日）[3]-1210

撫遠大將軍太保公四川陝西總督臣年羹堯謹奏，為奏明事。

雍正二年正月十九日臣為剿滅郭隆寺地方叛亂番賊喇嘛情形已具摺奏聞，奉硃批，知道了，俟效力官兵事成時另議敘外，對此次卓著效力官員甚嘉之，以伊等現有官品均各加二級，爾將該旨諭伊等，欽此欽遵。臣將聖主諭旨宣諭官兵，查此次效力卓著官員，四川陝西總督標下後營遊擊馬中孝〔註304〕、前營遊擊蔣進路〔註305〕、松潘總兵官標下中營遊擊周凱捷〔註306〕現均為署理守備兼管遊擊事務，祈命伊等均為署理都司僉書銜，陝西提督標下前營守備竇東〔註307〕為守備，兼管守備事務，祈將此為都司僉書銜，四川提督標下中營原千總補放中軸〔註308〕營守備年岳，於今年正月二十七日頒給劄書，現署理守備兼管守

〔註302〕此人正確名為王令德。

〔註303〕此人正確名為嚴士俊。

〔註304〕《陝西通志》卷二十三頁五十三作督標後營遊擊馬忠孝。

〔註305〕《陝西通志》卷二十三頁五十一作督標前營遊擊江進祿。

〔註306〕《四川通志》卷三十二頁三十三作松潘鎮中營遊擊周開捷。

〔註307〕《甘肅通志》卷二十九頁八十二有興武營遊擊竇棟，應即此人陞任者。

〔註308〕此處衍一「軸」字，刪之。

備事務，祈將此為署理都司僉書，四川提督標下前營千總劉國佐〔註309〕、張拉營〔註310〕千總孟吉憲為守備銜，管理千總事務，祈將惠川營把總松宗章為署理守備銜管理把總事務，伏乞聖主諭部，以此等加級更頒劄文，為此謹奏明。

　　雍正二年二月十二日

　　硃批：已諭部。

〔103〕川陝總督年羹堯奏報分三路進剿羅卜藏丹津摺（雍正二年二月十四日）[3]-1218

　　撫遠大將軍太保公川陝總督臣年羹堯謹奏，為奏聞事。

　　青海人眾內叛亂，有掠奪弱者，增加兵力而遠遁之情形，機不可失，臣遣派大軍之處先業已奏聞，二月十四日將軍岳鍾琪稟報，我依大將軍令率綠旗土司官兵於二月初八日出邊急速行軍，本月十一日抵至巴爾齊老，獲悉巴勒珠爾喇布坦在烏蘭博爾克地方，其間相距者近，恐伊得訊而逃，即於深夜將兵分為三路緊急匯剿伊，我兵抵達彼處伊即敗逃，以此令侍衛達鼐率察哈爾兵三十追蹤，拿獲阿喇布坦鄂木布下步兵五人，審伊等據供，我等台吉阿喇布坦鄂木布同巴勒珠爾喇布坦暫移駐此處，當日晚據車凌敦多布告稱內地大軍即到，故我等台吉同巴勒珠爾喇布坦率婦孺而逃，不曉逃往何地等因。岳鍾琪我令總兵官吳征阿率一千五百兵士從北路進攻，令總兵官黃喜林副將宋可進率一千五百兵士從中路進攻，我親與侍衛達鼐率一千五百兵士從南路進攻，又對副將王松、紀成斌等各撥兵五百遣之搜山，餘兵護送糧馱，我自亥時追至卯時抵達伊克哈爾吉，阿喇布坦鄂木布知我等後追緊急，即躲進哈爾吉山內，我兵即進入山內執獲阿喇布坦鄂木布，黃喜林率兵追至三十里後執獲巴勒珠爾喇布坦及伊叔伊克喇布坦〔註311〕前來，吳征阿率兵追趕追及賊匪後賊匪等即進山彙集一處，向我等交戰，我兵奮戰斬賊五百餘，今已執獲阿喇布坦鄂木布、巴勒珠爾喇布坦、伊克喇布坦，而屬下部族均逃散，岳鍾琪我理應將現執獲之賊阿喇布坦鄂木布等即解送大將軍處，收服分散之部族，惟征剿賊首羅卜藏丹津事甚要，不可怠慢，故我親攜此三賊進剿，又令一千兵鎮守昌馬爾〔註312〕，收歸

〔註309〕《四川通志》卷三十二頁三十八有小河營守備劉國佐，應即此人。

〔註310〕「張拉營」為「漳臘營」之異譯。

〔註311〕《蒙古世系》表三十六作阿喇布坦，顧實汗圖魯拜琥第二子鄂木布之孫，父墨爾根台吉。

〔註312〕昌馬爾應即昌馬爾河，今作昌馬河，即疏勒河流經玉門市所名者。

分散之部族，俟剿滅羅卜藏丹津後我親將所俘之賊匪等交與大將軍等情報來，為此謹奏以聞。

雍正二年二月十四日

硃批：岳鍾琪爾等二人真正大將軍，真正將軍，朕惟作揖感激天恩，聖祖神靈保佑，嘉獎爾等効力外，忘了喜悅，朕覽此奏書雖然喜悅，而內心稍有不踏實，續俟覆奏，一併下旨，初一日聞吹喇諾木齊〔註313〕敗之，現心內甚為踏實，大喜，惟爾如此効力耗費心血共同効力，對爾等施以何恩，方能嘉獎爾等赤膽忠心，朕之喜悅實不能以筆敘述，惟屢聞喜報。

〔104〕川陝總督年羹堯奏報動用西安庫銀解送蘭州備用摺（雍正二年二月十九日）[3]-1222

撫遠大將軍太保公川陝總督臣年羹堯謹奏，為奏聞事。

去年十一月由諸處調遣之軍預備之口糧草料等項，臣取西安布政使司庫銀五十萬兩交蘭州布政使司庫以備用，業已奏聞，今此項銀兩餘者無多矣，嗣後既然復有用銀處，倘至用時再取銀而不及，故此臣飭行西安布政使胡期恒動撥庫銀三十萬兩，遣官解送蘭州布政使司庫以備用，事竣之時若有剩餘仍補償原項，祈將此諭部在案，為此謹具奏聞。

雍正二年二月十九日

〔105〕川陝總督年羹堯奏報派兵征伐莊浪附近番子等摺（雍正二年二月二十三日）[3]-1228

撫遠大將軍太保公川陝總督臣年羹堯謹奏，為奏明事。

居於莊浪附近之番子等連續數年出行劫掠，商賈民人承受其苦，臣於去年十月遣綠旗土司兵征伐，剿殺西山元兇謝勒蘇、鄂勒布二部番子，惟二百餘賊匪逃出躲進深山，東山各部之番子均已降剃髮，同我內地民人一樣耕田納貢，此數月間並無事端。臣念征伐西寧之事關係重大，自莊浪至涼州諸關口惟為保護商賈行人遣兵駐防，今年二月初二日古浪所屬西山堡民之畜被番子搶擄，正羌營之兵往追將賊匪等所擄攜之牛奪回，斬賊番四人，生擒番子男婦，獲牛羊等物甚多。又本月十一日由蘭州解送甘州汛地二十六馱鉛於岔口堡這邊十里間均由二百餘賊番劫取，再送文之馬牌子抵至岔口處其文書衣服乘馬均被番

〔註313〕 此人為右翼盟長，顧實汗圖魯拜琥第七子瑚嚕木什之孫，《蒙古世系》表三十七失載，《如意寶樹史》載父旺欽，己名曲扎諾木齊台吉。

子擄取，正羌營之兵民團焚燒門洞，集各處之兵追趕，賊番等均躲進山中，石門寺〔註314〕喇嘛番子共出千餘人截擊，我等以炮槍斬殺喇嘛賊番五六十，奪回掠去之鉛十一塊，此種情由該地方文武官員紛紛來報。臣即飭行涼莊道員，此何部番子何寺喇嘛行截路之事予以詳查，乘機征服之等因，今涼莊道員姜岡報來，據查此一陸續行擄之喇嘛番子均係石門寺喇嘛渾囊蘇，山丹等所轄多卜藏馬加等部番子等，表面歸降而暗與謝勒蘇、鄂勒布二部漏剿之二百餘人相通，以石門寺為棲身之地處處截路行擄，對此等斷不可寬容，沿古浪、正羌、岔口一帶均處於莊浪至甘州大路，現值軍機之際喇嘛番子等肆意截路行擄以致恐誤軍機，故姜岡我咨行參將韓良慶〔註315〕、遊擊王達勳、紀登第〔註316〕、守備趙成普、王世南、鞠有德、署莊浪同知事務王廷松、土司盧華齡等以綠旗土司民團共分為五路，相約於十五日聞號炮聲即進攻，五路兵共同進發，各路均遭遇喇嘛賊番，多則千餘人，少則七八百人，我兵各自奮勇，姜岡我親於石門峽口〔註317〕奮力放炮，五路兵均倚石門寺，斬喇嘛賊番六百餘，其餘喇嘛賊番負傷者甚多，均逃進深山，搜寺之時獲盔三十七頂甲五十四副槍腰刀撒袋等物甚多，賊等所居之寺焚毀，酉時即收兵返回，惟遊擊紀登第、把總王古弼負重傷身亡，俟將此役効力陣亡負傷之眾詳查後再造冊另報外，我等率兵於十八十九二日進山搜查，據云喇嘛賊番等均已遠逃。臣查得莊浪至涼州相距三四百里，西山番部不少，今喇嘛番子等眾集於一處，以寺廟為棲身之處肆行掠奪，且與大軍對戰看來，此等人若不殺則亦不懼，惟今青海事未竣，故臣先曉喻伊等此間伊等知罪誠意來降即准歸降免於剿殺，尚仍拒降俟青海事竣後另遣綠旗土司兵剿滅（硃批：均在於伊等所請，並無奈之事），為此謹具奏明。

雍正二年二月二十三日

硃批：將此著部記之，姜岡果然不易。

〔106〕川陝總督年羹堯奏報岳鍾琪進剿吹喇克諾木齊情形摺（雍正二年二月二十三日）[3]-1229

撫遠大將軍太保公川陝總督臣年羹堯謹奏，為奏聞事。

二月二十二日將軍岳鍾琪來報，本月十四日我率兵抵達西爾噶羅薩，率北

〔註314〕位於今甘肅省天祝縣石門鎮。
〔註315〕《甘肅通志》卷二十九頁五十作莊浪城守營參將韓良卿。
〔註316〕《甘肅通志》卷二十九頁七十二作秦州營遊擊姬登第。
〔註317〕原文作「狹口」，今改為「峽口」。

塔勒民團之遊擊馬中孝稟報內開，我擒一吹喇克諾木齊所差探訊之賊，問之據供，現吹喇克諾木齊駐於天城察罕哈達，命一寨桑率百人於四面山設卡倫，差我探取大軍訊息，當日我若得訊報伊等，伊等尚不逃遁，今日我若不返回則必被大軍所執，伊等即逃遁等情。岳鍾琪我獲此訊不可怠慢，於酉時即遣兵，十五日晨即到達天城哈達，據前鋒等來報，前有五六十餘蒙古包，後我即進兵剿殺，斬五十餘賊生擒七十餘男女，又速行軍渡一大河後，即抵吹喇克諾木齊〔註318〕，觀之有空蒙古包數百，而吹喇克諾木齊業已逃遁，復發兵追蹤，四面山搜尋，又斬賊三百餘，生擒之男人婦孺甚多，獲馬有三百餘牛羊不計其數，當即審問擒拏之賊，據供吹喇克諾木齊於十四日夜聞大軍到達之訊率三百餘人驅四群之馬夜半逃遁，我等未同逃之均被大軍拿獲，祈求饒命等語。故此我即令遊擊王有勳〔註319〕、守備張顯志率兵三百戍防天城察罕哈達地方，收駐散逃之部，我於當日即令兵速追，十六日午時抵達色爾科克，先遣之千總古松林、外委把總王國棟率盆蘇克汪札勒、噶爾丹戴青〔註320〕等台吉，會我告稱我等率六百兵士鎮守路口，於本日晨吹喇克諾木齊屬下都喇勒寨桑及札西敦多布〔註321〕之母，共率部一百四十餘戶攜馬三百餘往時我等拿獲伊等。審都喇勒寨桑，據供吹喇克諾木齊率家口沿噶斯路逃遁，我等均不願隨遁，欲逃往山內被爾等拿獲等語。吹喇克諾木齊率婦孺沿噶斯路往，觀之何能遠逃，故我賞給盆蘇克汪札勒等綢銀茶葉，令伊等率蒙古兵五百自噶斯路往追，務擒拿吹喇克諾木齊，不准逃遁等因交付之，又念盆蘇克汪札勒等蒙古本性不可靠，除令守備劉廷燕〔註322〕、李英龍率兵二百共同速伐外，探得訊息羅卜藏丹津現仍在原駐處，伐伊之事甚要，我率兵務於十九日抵達伊之駐處等情。臣竊思之吹喇克諾木齊今雖逃遁，而伊屬下之部族牧群牛羊均未能攜往，既又發兵追趕，伊即逃出，亦係一困迫至極之人，又能如何，故此臣咨飭將軍岳鍾琪，俟羅卜藏丹津事竣後，返回之時務將巴勒珠爾喇布坦、阿喇布坦鄂木布、吹喇克諾木齊屬下部族均收取之等情，為此謹具奏聞。

〔註318〕原文作「哈喇克諾木齊」，今改為「吹喇克諾木齊」。
〔註319〕《陝西通志》卷二十三頁六十七作舊縣關遊擊王友詢。
〔註320〕《蒙古世系》表三十七作噶爾丹岱青諾爾布，顧實汗圖魯拜琥第六子多爾濟之孫，父薩楚墨爾根台吉。
〔註321〕《蒙古世系》表三十七作達什敦多布，顧實汗圖魯拜琥第七子瑚嚕木什之孫，父哈坦巴圖爾。
〔註322〕此人正確名為劉廷琰。

雍正二年二月二十三日

硃批：大喜大喜，吹喇克諾木齊雖逃出惟往策妄阿喇布坦處為奴而已，此情拿獲羅卜藏丹津〔註323〕，雖如此均在天佑之。

〔107〕川陝總督年羹堯奏轉西安按察使王景灝謝恩摺（雍正二年二月二十九日）[3]-1265

撫遠大將軍太保公川陝總督臣年羹堯謹奏，為轉奏事。

據西安按察使王景灝呈稱，今年二月二十四日我子王永安寄信云，聖主施恩，將王永安解除柏唐阿人，遣我處讀書，又主親書福字，賞貂皮四張，聞此諭即恭設香案，望闕謝恩。伏思王景灝我係一介愚人，聖主逾格薦用臨洮〔註324〕府知府，又補授為西安按察使，正值為不能報答而憂思，主又施以如此殊恩，益加難以報答，卑職惟日夜惶悚盡能効力，以圖報答於萬一，伏祈大將軍轉奏等因，為此謹轉奏。

雍正二年二月二十九日

硃批：知道了。

〔108〕川陝總督年羹堯奏報巴里坤更人管理耕田摺（雍正二年二月二十九日）[3]-1266

撫遠大將軍太保公川陝總督臣年羹堯謹奏，為請旨事。

查得遵命遣原江西巡撫王企靖管理耕田事務，伊親於去年抵汛地，已管理一年，今年仍應遣伊至巴里坤管理耕田事務，現王企靖呈文致臣，已年邁且體病，臣視其病狀不能前往耕田處，將伊遣回原籍養病，恩自皇上出。再管理巴里坤耕田事務理應另奏請遣臣，現巴里坤軍內對年邁殘廢家有老者皇上特施恩，命下均撤，各回原籍，臣又調來吐魯番、巴里坤兵五千，彼處餘兵數額計較先年少，耕地亦無多矣，查得管理耕田之副都統雅圖〔註325〕現既在彼處，此耕田事務即責交雅圖總管，不必另遣人亦可，為此謹奏請旨。

雍正二年二月二十九日

硃批：王企靖効力者乃本分，既然年邁患病返回原籍，耕田事命雅圖總管理，免另遣臣，該部知道。

〔註323〕此句翻譯文意不通，意為「看此情形，羅卜藏丹津亦將為我拏獲也」。
〔註324〕原文作「監洮」，今改正為「臨洮」。
〔註325〕《欽定八旗通志》卷三百二十四作蒙古正紅旗副都統雅圖。

〔109〕川陝總督年羹堯奏報楚克賴納木札勒率子來投情形摺 （雍正二年二月二十九日）[3]-1267

撫遠大將軍太保公川陝總督臣年羹堯謹奏，為奏聞事。

今年二月二十五日楚克賴納木札勒〔註326〕率其子車凌敦多布〔註327〕來歸，問之，據楚克賴納木札勒供，我們母子欲與羅卜藏察罕、吉克吉札布等共同來歸，吹喇克諾木齊聞之於正月二十八日率五百餘兵突至，殺我弟車臣台吉〔註328〕及屬下八寨桑，執拿我母子，二月初二日我母子被分散看守在二處，本月十四日看守我等諸將四人告我，吹喇克諾木齊交待我等云，內地大軍將至我現逃去，爾等斬楚克賴納木札勒前來等因，我等不忍殺爾，我等共同投向內地，故看守我之十戶人棄伊等馬畜與我同沿山谷而行抵至畢留特依處，會我子車凌敦多布，告我二月十四日吹喇諾木齊遣三十人率我為使〔註329〕，謊稱伊親來投，初九日抵至克勒庫圖勒，見內地大軍形勢三十人率我返回告吹喇克諾木齊〔註330〕，伊往那邊逃去之際我率七人由此方來，吹喇克諾木齊又遣二百餘人追我，我棄其馱逃出，抵至畢留特依處，我母子聞提督將軍抵至西爾噶羅薩處，遣我之寨桑巴蘇陳述其由，提督將軍云爾等母子既然活命逃出，今即投往大將軍公，而侍衛達鼎轉告我等，我等即來投大將軍等語。楚克賴納木札勒下人原有三千餘戶，羅卜藏丹津強取五百餘戶人，後伊之母子欲來投我等，吹喇克諾木齊聞之掠取伊，又有千餘戶人叛逃，現僅餘千餘戶人，伊之牧群牛羊等物早已被掠。再自羅卜藏丹津反叛伊母子即數次差人歸降，惟迫於吹喇克諾木齊等未得身而來，由活命歸來觀之甚屬可憐，故此臣酌情賞給茶葉炒麵等物，仍遣返回伊等原籍伊克烏蘭和碩等處，收居伊之下人外，俟青海事完竣再辦理伊之事務，另行奏聞，為此謹奏。

雍正二年二月二十九日

〔註326〕 此處楚克賴納木札勒為車凌敦多布之母，《蒙古世系》表三十七有噶爾車木伯勒，顧實汗圖魯拜琥第七子瑚嚕木什孫，父達爾巴，楚克賴納木札勒即噶爾車木伯勒之妻。

〔註327〕 《蒙古世系》表三十七作車凌敦多布，顧實汗圖魯拜琥第七子瑚嚕木什曾孫，父噶爾車木伯勒，祖達爾巴。

〔註328〕 《蒙古世系》表三十七失載，《如意寶樹史》頁七九〇后表五，《安多政教史》頁四十七顧實汗第七子瑚嚕木什後裔之記載無名字相符者，或藏語名字非車臣台吉，待考。

〔註329〕 此句翻譯不確，意為「二月十四日吹喇諾木齊遣三十人挾持我為使」。

〔註330〕 此句翻譯不確，意為「見內地大軍形勢三十人挾持我返回告吹喇克諾木齊」。

硃批：天皆佑未叛朕等眾民，如此保全者，此恩惠殊屬奇重，朕實甚感澈。

〔110〕川陝總督年羹堯奏報送敕書摺（雍正二年三月初一日） [3]-1271

撫遠大將軍太保公川陝總督臣年羹堯謹奏，為奏明事。

雍正二年二月三十日兵部塘主事平安將奮威將軍之印敕書送至西寧，臣為解送印備兵一千，因送軍糧隨遣此一千兵，故此臣又遣三百兵隨敕書印於三月初一日啟程，趕送奮威將軍提督岳鍾琪處，為此謹奏明。

雍正二年三月初一日

硃批：甚好，知道了。

〔111〕川陝總督年羹堯奏報巴里坤送駝至甘州情形摺（雍正二年三月初一日） [3]-1272

撫遠大將軍太保公川陝總督臣年羹堯謹奏，為奏聞事。

為趕駝由巴里坤送至甘州，鄂爾多斯旗都統圖伯特〔註331〕、佐領額爾德尼遣派鄂爾多斯兵一百五十，趕駝送至甘州，此官兵之馬自巴里坤方抵至，均已羸瘦，令伊等即返回難於抵達巴里坤，倘留於甘州秣馬，徒耗錢糧，再巴里坤處兵士亦多，故此臣將此兵即交與自巴里坤率伊等前來之都統圖伯特、佐領額爾德尼，自甘州遣至鄂爾多斯，為此謹奏以聞。

雍正二年三月初一日

硃批：交該部。

〔112〕川陝總督年羹堯奏報岳鍾琪斬獲羅卜藏丹津屬下情形摺（雍正二年三月初一日） [3]-1273

撫遠大將軍太保公川陝總督臣年羹堯謹奏，為奏聞事。

二月三十日據奮威將軍提督岳鍾琪稟報內稱，卑職岳鍾琪率兵出，先已將拿獲羅卜藏丹津匪夥巴勒珠爾喇布坦、阿喇布坦鄂木布、伊克喇布坦之處均已報明，十八日抵至博爾哈屯地方，羅卜藏丹津屬下寨桑綽依率婦孺來投，問其賊羅卜藏丹津現在何處。據供羅卜藏丹津同台吉藏巴札布〔註332〕駐於額木訥

〔註331〕待考。

〔註332〕顧始汗第六子多爾濟之孫，父畢嚕咱納，《蒙古世系》表三十七失載，《如意寶樹史》頁七九○後表五作額爾德尼台吉策旺札布，父畢塔咱那。

布隆吉爾，聞大兵來移向彼方，為同內地軍而戰，均有備兵等因，卑職以為軍
機不可遲誤即急速而行，十九日晚抵至額木訥布隆吉爾，令侍衛達鼐、總兵官
黃喜林、副將王松、宋可進率兵一千，從北路先抵柴達木，堵截逃往噶斯之要
道，我親率官兵從南路乘夜急進，二十日卯時抵達畢留特，生擒二喇嘛問之，
供稱羅卜藏丹津已遷往烏蘭木虎地方，我又速令兵至彼處，賊匪又已逃往柴達
木，以此命參將馬吉勳〔註333〕、遊擊周凱捷、范世魯等共率一千兵分路追蹤，
我親率兵殿後趕行，沿途所遇賊匪欲歸降我等者均收留之，向我等動手而斬殺
者甚多，拿獲羅卜藏丹津之母阿勒泰卡屯、伊之二賊目格勒克濟濃、蒼巴加，
以及獲男丁婦孺無數牛羊數千，以此撥總兵官吳征阿兵一千留戍地方，我仍令
兵日夜兼行，二十二日抵達柴達木，參將馬吉勳遊擊周凱捷等報稱，我等追趕
賊匪執台吉藏巴札布，問之據供，羅卜藏丹津惟率二百餘人逃來柴達木，見有
守兵又逃往他處，不曉往何處等語。岳鍾琪我即責令總兵官黃喜林等跟蹤拿賊，
俟捉賊後除另報外，是日守備劉廷延〔註334〕、李英隆等來報，我等率兵與盆蘇
克汪札勒共同追趕吹喇克諾木齊，十九日午抵達烏蘭伯克地方將吹喇克諾木
齊、札西敦多布一併執獲，斬賊百餘，俘獲馬二千餘駝百餘，將伊等屬下男丁
婦孺均解送天場察罕哈達等情，今協從羅卜藏丹津反叛之八台吉均被我等拏
獲，斬殺賊匪甚多，收歸男女人口概計萬餘，獲馬牛羊軍械等物不計其數，羅
卜藏丹津雖逃，其賊羽均被執，今伊隻身亦甚孤單力乏已極，現將拿獲之羅卜
藏丹津之母阿勒泰卡屯、賊羽阿喇布坦鄂木布等八人及來投之盆蘇克汪札勒等
四人俟班兵時送交大將軍前等因。臣查得自二月初八日出兵，至二十二日十五
日間除投來之盆蘇克汪札勒、噶爾丹戴青、多爾濟納木札勒、達西車凌〔註335〕
等外，將同羅卜藏丹津叛亂之首犯阿喇布坦鄂木布、巴勒珠爾喇布坦、伊克喇
布坦、吹喇克諾木齊、藏巴札布、敦多布達西、札西敦多布、格勒克濟濃等人
拿獲，由平定青海地方看來，均仰聖主至厚之恩官兵感激，倚仗天威各自奮發
效力所致，羅卜藏丹津賊羽均被拿獲，其部屬我等均收取，今惟索羅木處仍有
伊屬之一部人居住，臣飭付奮威將軍岳鍾琪，命此一部人速降，羅卜藏丹津並
未獲藏身之處，僅率二百餘人逃之，雖逃遁想亦不能出，為此謹具奏聞。

〔註333〕《甘肅通志》卷二十九頁三十五作固原提標中營參將馬紀勳。
〔註334〕此人正確名為劉廷琰。
〔註335〕《蒙古世系》表三十七作達什車凌，顧實汗圖魯拜琥第六子多爾濟曾孫，父
　　　　噶爾丹岱青諾爾布，祖薩楚墨爾根台吉。

雍正二年三月初一日

〔113〕川陝總督年羹堯奏報擒獲羅卜藏丹津屬下人摺（雍正二年三月初三日）[3]-1276

撫遠大將軍太保公川陝總督臣年羹堯謹奏，為奏聞事。

前以阿爾加囊蘇羅卜藏班朱爾、民人王昌翰等為首率駐於年伯〔註336〕東南巴暖營之西番等攔路行劫，值羅卜藏丹津等叛亂率伊等番子向我軍對戰，我千總任斌〔註337〕斬兵十八〔註338〕，去年十一月交西寧總兵官黃喜林兵三千征伐，剿殺此類賊匪番子等，擒獲匪首王昌翰當即正法，阿爾加囊蘇羅卜藏班朱爾率五人逃奔羅卜藏丹津之處業已奏聞在案。三月初二日盆蘇克汪札勒屬人色特爾、伊西多勒札布〔註339〕屬人丹巴等執送阿爾加囊蘇羅卜藏班朱爾，告稱我等往盆蘇克汪札勒之牧場返回時抵哈套處，會阿爾加囊蘇羅卜藏班朱爾，問爾係何人，伊即稱我名車臣喇木札木巴，正欲究問間，遇來投大將軍之喀木布〔註340〕屬下人，問爾等認識此人乎，伊等云此即是阿爾加囊蘇羅卜藏班朱爾，我等即欲擒拿時伊抽刀刺我等，色特爾將阿爾加囊蘇羅卜藏班朱爾拉下馬執之等情。羅卜藏班朱爾乃諸處首惡行亂殺我千總兵士之人，斷不可留，惟其供內我乃達西敦多布屬人，去年羅卜藏丹津、達西敦多布、吹喇克諾木齊等遣都喇勒寨桑致我書稱我等向內反叛，爾率爾之屬下人逢內地人便斬，令劫掠等因，我即遵行，伊等致我之書現存我家中等語。故此臣即遣人往取此書，抵至後除審明正法外，對擒獲阿爾加囊蘇羅卜藏班朱爾等酌情賞綢銀盃茶葉遣之，為此將擒獲阿爾加囊蘇羅卜藏班朱爾情形謹具奏聞。

雍正二年三月初三日

硃批：所有〔註341〕背逆朕等之人，均如此誘擒，甚妙，此番天佑之恩我等君臣今生今世每時每刻無不感激，委實暢快，大禧。

〔註336〕常寫作碾伯，今青海省樂都市樂都區碾伯鎮地區。

〔註337〕本部分第七十五號文檔譯作巴暖營千總任賓。

〔註338〕翻譯不確，意為「我千總任斌及兵十八名被殺」。

〔註339〕《蒙古世系》表三十七作伊什多勒札布，顧實汗圖魯拜琥第六子多爾濟曾孫，父額爾克巴勒珠爾，祖策旺喇布坦。《松巴佛教史》頁五五三表十作益西多勒扎布。

〔註340〕疑即本書第二部分年羹堯第一八四號漢文摺之堪布堅參，青海有達賴喇嘛與班禪額爾德尼所屬住牧之牧場，此堪布即達賴喇嘛所派管理達賴喇嘛於青海牧場之堪布。

〔註341〕此處輯者補「有」字。

〔114〕川陝總督年羹堯奏報羅卜藏丹津屬下部落來投情形摺（雍正二年三月初八日）[3]-1294

撫遠大將軍太保公川陝總督臣年羹堯謹奏，為奏明事。

在巴爾喀木地方唐古特番子內有羅卜藏丹津所屬之納稅部落，去年羅卜藏丹津反叛被我兵大敗後，臣以為羅卜藏丹津窘困已極，向此等徵稅續力或避往伊等處不可料定，陸續咨行巴塘處辦事文武官員等及率兵駐守之副將張承龍〔註342〕等，宣諭羅卜藏丹津屬下唐古特番子等遵行，今副將張承龍來報，巴木、古樹南登，宗西、達喇、姜喀爾〔註343〕、納龍、石板溝、阿布喇塘、梨樹、鋪納，羅卜藏丹津所屬此等部落唐古特番子均來歸，伊等親殺牛臥刀盟告，羅卜藏丹津者乃大國所封之王，今伊既背主之恩反叛，我等嗣後惟向聖主納貢，羅卜藏丹津倘向我等遣人，人少我等即執之解送大臣處，人多則報與大臣等出兵拿之等情，盟誓遵行。再於官朱勒〔註344〕處羅卜藏丹津所屬一部落唐古特番子亦即來歸，伊等來歸後另作稟報等情。故此臣咨飭四川巡撫，查此等歸來之番子等戶口數繕明清冊稟報外。再雲南中甸地方所有唐古特番子內亦有羅卜藏丹津所屬部落，我兵現既住察木多，令伊等降亦易，故此臣咨飭雲南總督提督令在中甸地方之羅卜藏丹津之唐古特番子速降，為此謹奏明。

雍正二年三月初八日

硃批：甚妥也，高其卓〔註345〕、郝玉麟等亦圖之，萬萬番民喇嘛等已歸降，大約尚未報至爾。

〔115〕川陝總督年羹堯奏報岳鍾琪捉拿羅卜藏丹津情形摺（雍正二年三月初八日）[3]-1295

撫遠大將軍太保公川陝總督臣年羹堯謹奏，為奏聞事。

前同羅卜藏丹津為首反叛之厄魯特賊阿喇布坦鄂木布、吹喇克諾木齊、巴勒朱爾喇布坦〔註346〕等已執獲，又速遣兵追趕羅卜藏丹津情形，奮威將

〔註342〕《四川通志》卷三十二頁五十六作化林營副將張成隆。
〔註343〕《欽定理藩院則例》（道光）卷六十二作江卡宗，今西藏芒康縣。
〔註344〕《欽定理藩院則例》（道光）卷六十二作官覺宗，今西藏貢覺縣，宗址在今西藏貢覺縣哈加鄉曲卡村。
〔註345〕《清代職官年表》總督年表作雲貴總督高其倬。
〔註346〕顧實汗圖魯拜琥第二子鄂木布曾孫，父納木札勒。《蒙古世系》表三十六失載。《松巴佛教史》頁五五〇表七作青黃台吉覺丹，父仁欽堅贊額爾德尼黃台吉。

軍岳鍾琪三次來報皆業已奏聞在案。今三月初七日奮威將軍岳鍾琪來報，二月二十五日參將馬吉勳、遊擊周凱捷等稟報率兵自索洛木〔註347〕路追趕羅卜藏丹津，沿途斬賊一千一百餘，又生擒三蒙古人，嚴訊據供，羅卜藏丹津自柴達木路逃遁等語，因我等追趕之路距柴達木路遙，故率兵返回等語。二十九日侍衛達鼐、總兵官黃喜林稟報，二月十九日三更時我等照將軍交付即整兵追趕，至四更時抵達博木蘇處，聞羅卜藏丹津下屬賊匪在前面行，便令侍衛達鼐率察哈爾兵三十緊急追趕，沿途斬賊一百九十餘生擒二人獲馬三百餘，遊擊馬中孝率白塔兒民兵由右路追趕，斬賊一百八十餘，副將王松率川陝總督標下兵由左路追趕，斬賊一百六十餘，總兵官黃喜林、副將宋可進等各自率兵斬賊二百一十餘，五更收兵後經查共獲馬三百餘駝一百餘牛羊一千餘，婦孺甚多，因趕追羅卜藏丹津將少年壯漢斬七十餘，餘者均棄之，駝馬選臕壯可用者賜給諸軍士，餘者因均不可用亦棄之，繼續追趕，二十日午時抵達柴達木，此一晝夜行二百餘里，因四面均係沙地不得羅卜藏丹津之蹤跡，遣兵四面追之，擒四賊問之，據供羅卜藏丹津聞大軍抵至之訊十九日晨率五人均牽壯馬由山溝路逃往索洛木處，即率此等引路午夜追趕，二十一日巳時抵達山溝地方擒獲羅卜藏丹津屬下一百餘人，斬帶軍器年少悍匪九十餘，剩餘之老幼均棄之。又羅卜藏丹津之色卜滕恰等二十戶歸降，問伊等羅卜藏丹津逃往之路，據供羅卜藏丹津逃往柴達木西北山林內，即率色卜滕恰引路追趕，抵達西什之地，擒羅卜藏丹津屬下五十餘人，獲駝二十餘牛羊甚多，彼時即二更矣，急行一百五六十里（硃批：皆成飛虎將矣，真正可嘉），且因黑夜難行即令兵止於西溪〔註348〕地方，斬所擒獲少年頑匪二十餘，二十二日五更時啟程，日出後擒獲台吉色卜滕博碩克圖〔註349〕兄弟二人及伊屬部落二百餘戶，即率色卜滕博碩克圖引路追趕，抵達桑托羅海之地，令侍衛都嘿車、色勒圖率兵七十往遣尋蹤，擒四賊、二山西商人，問之據供，羅卜藏丹津喬妝女人模樣（硃批：千古未聞之奇醜），三日前率二人夜半由此處經過，向役均乘壯馬，行路甚急，翌日千名男婦牽駝馬牛亦由此處經過，行路稍緩等語。夜暗林又大歇馬間將此四蒙古均斬之，四更時追趕一百三十餘里，二十三日申時抵達巴哈諾木渾之地，二路官兵追及隨羅卜藏丹津逃之三百餘

〔註347〕三岔口之意，今青海省瑪多縣附近。
〔註348〕「西溪」似即本文檔前文之「西什」。
〔註349〕《蒙古世系》表三十七作色布騰博碩克圖，顧實汗圖魯拜琥第七子瑚嚕木什之孫，父秉圖。

男婦，斬一百餘男人，獲駝七十餘馬三百餘牛羊千餘，生擒四頭目，嚴詢據供，羅卜藏丹津三日前牽壯馬駝即過，伊在林內夜半而行，因岔路甚多我等不能追趕，不知伊往何處，斬此頭目及壯漢共一百四十餘，是日行軍一百二十里乃止兵，二十四日五更時啟程追趕，行一百十餘里抵達騰格里方獲羅卜藏丹津屬下六十餘口馬百餘，問伊等均稱羅卜藏丹津捨命遠逃，前面之四台吉，大軍抵至恐殺伊等故逃進戈壁內等語，以此斬強悍之徒三十餘，即整兵急追，二十五日日偏追及台吉楚魯木、班第達，均擒之。另台吉額爾德尼、巴勒丹因馬乏殿後，獲此四台吉屬下一百餘戶，羅卜藏丹津喪魂，牽乘壯馬，晝夜逃遁者遠矣，而我兵五日五夜追趕，行八百餘里（硃批：如此方是効力，朕實觀之不忍）均為沙鹼地，因於林內行水草甚缺，馬均瘦弱疲憊，騰格里西有三日戈壁路程，難以追趕，經會議班兵（硃批：完全如意，甚當之極，窮賊出盡醜，要生不如死，況雖暫寄偷生，逃往何處，真屬慶快），二十五日於薩里地方搜山，獲羅卜藏丹津屬下蒙古男丁八人婦女十餘人，將八名蒙古男丁均斬之，二十六日於鄂索勒吉地方搜山並無蒙古賊匪，共斬賊匪一千二百餘等情。

卑職岳鍾琪竊思羅卜藏丹津雖日夜逃遁，並無廩餼，隨者僅數人，斷不能遠去，竊查駐哈爾吉地方三十三家台吉均係顧實汗兄弟之子孫，前由達彥貝勒管轄伊等，去年迫於羅卜藏丹津無奈隨從，羅卜藏丹津甚窘迫往投此三十三戶不可料定，故繕蒙古書昭告伊等，羅卜藏丹津若往投爾等，爾等共擒送之，我必報大將軍具奏聖主，施恩晉封爾等，倘擅釋逆賊以至逃遁，或有隱匿（硃批：想及得好，即便收留隱匿，亦不過苟活數日耳），必遣大軍與布隆吉爾官兵從一路共征剿爾等等因咨飭。再索洛木處仍有羅卜藏丹津屬下部落，此間若不收服，又生變不可料定，故此令侍衛達鼐、副將紀成斌等率兵八百遣之收服伊等（硃批：是）。我等諸路官兵追趕羅卜藏丹津前後共斬羅卜藏丹津屬下人三千一百一十餘人，岳鍾琪我於三月初一日率兵返回柴達木，將此次生擒降服諸部之人口數及所獲武器馬駝牛羊數查核造冊稟報等情。

臣竊查逆賊羅卜藏丹津於去年被我大軍擊敗後，除陸續來歸之貝勒貝子公台吉等外，我等大軍出後被伊脅迫未得歸來之眾均往投奮威將軍歸降我等，從伊為首反叛之阿喇布坦鄂木布、吹喇克諾木齊、台吉桑巴札布〔註350〕、巴

〔註350〕顧始汗第六子多爾濟之孫，父畢嚕咱納，《蒙古世系》表三十七失載，《如意寶樹史》頁七九〇後表五作額爾德尼台吉策旺札布，父畢塔咱那。

勒朱爾喇布坦等均已擒之，伊屬下能戰者消滅之，羅卜藏丹津已窘迫至極，喬裝女人模樣惟率數人匿於林內沿山逃遁，今伊之羽翅均滅除，我等除將所餘之下屬部落均收取，前遣派噶斯路之部落亦被我軍擒斬，羅卜藏丹津身即活命出，惟僅存隻身，狼狽不堪，至何時被我等擒獲，未獲伊並無干係（硃批：原無干係，大事已十成，完全如意，朕惟感上蒼之賜佑，嘉爾等之勤勞外，實無可諭者也）。今青海事皆竣，或集青海諸王貝勒貝子公台吉等大會盟，若不指明各自牧場，及辨別伊等所行事之是非，罪之輕重，後日不定永遵行之例律，此等眾人亦不曉主之威嚴法度（硃批：是，妙不可言），今布隆吉爾之巴噶阿喇布坦、台吉阿爾薩蘭此數日內即抵至西寧，尚存之公丹津、台吉阿喇布坦、巴蘇泰、諾爾布、庫倫之喇嘛額爾克鄂木布均尚未擒，故此本月初二日咨行伊等牌文，現青海事均已定，爾等各攜戶口數速來西寧，今為爾等西寧民眾永享安居樂業會盟（硃批：是，好），此間伊等親來歸會盟，定辦青海諸事，倘有不來者，現已至布隆吉爾地方生長青草之時乘機遣兵剿滅伊等（硃批：相機而行），為此謹具奏聞。

雍正二年三月初八日

硃批：彼此除喜字外，實無另語，大喜。

〔116〕川陝總督年羹堯奏請補放陳世憲為同州知州摺（雍正二年三月十三日）[3]-1301

撫遠大將軍太保公川陝總督臣年羹堯謹奏，為遵旨請補放知州事。

切臣於雍正元年二月二十九日在京城奉旨，將陣亡之副將陳吉番〔註351〕之子蔭生陳世憲領至爾之任處習事，俟曉事時補用知州，欽此欽遵。臣即將陳世憲領至西安習事，後著任運肅州軍糧事務，依限均能運至，又領至西寧汛地差遣催徵軍糧之處均無耽擱，觀之人忠懇，辦事甚効力，今西安布政使胡期恒來報，西安府轄同州知州張本堅〔註352〕父故逝，案例〔註353〕丁憂離任，故請將此缺補放陳世憲，伏祈聖主施恩准行，降旨該部，為此謹奏。

雍正二年三月十三日

硃批：好，已諭該部。

〔註351〕《陝西通志》卷二十三頁五十五作西鳳協營副將陳紀範。
〔註352〕《陝西通志》卷二十三頁二十九作同州知州張本堅。
〔註353〕原文作「例假」，今改為「案例」。

〔117〕川陝總督年羹堯奏明內閣學士鄂賴來西寧辦理蒙古事摺（雍正二年三月十三日）[3]-1302

撫遠大將軍太保公川陝督臣年羹堯謹奏，為奏明事。

竊內閣學士鄂賴由藏經巴爾喀木路返回，將奏稿送至臣，今青海事雖已完竣，應辦之蒙古事仍多，現西寧無甚熟諳蒙古事之人，臣著鄂賴抵成都府後乘驛速來西寧辦理蒙古事務等情咨行，為此謹具奏明。

雍正二年三月十三日

硃批：又符朕之辦理，我等君臣不曉何緣分如此相合，不盡其數，實應喜悅，此處眾大臣官員等有何言，大將軍即與朕相合，朕軫念伊，使伊舒暢，相隔數千里，彼此如何得知，實屬奇之，特皇天保佑事順，故方致如此，不可看作一般。

〔118〕川陝總督年羹堯奏報阿喇布坦至西寧來投日期摺（雍正二年三月十三日）[3]-1303

撫遠大將軍太保公川陝總督臣年羹堯謹奏，為奏聞事。

貝子阿喇布坦〔註354〕、其妻貢格〔註355〕、弟達瑪林色布滕〔註356〕、台吉阿爾薩蘭自布隆吉爾經甘州路前來，三月十二日投至西寧，此等事臣經會盟，俟全青海事均平定後另奏聞外，將阿喇布坦等抵至西寧日期謹奏以聞。

雍正二年三月十三日

硃批：知道了，將阿喇布坦鄂木布、吹喇克諾木齊等為首數賊押解京城正法，或立即於盟地正法，據理議奏。

〔119〕川陝總督年羹堯奏轉岳鍾琪謝恩摺（雍正二年三月十八日）[3]-1312

撫遠大將軍太保公川陝總督臣年羹堯謹奏，為接領敕印日期及叩謝天恩轉奏事。

據雍正二年三月十五日奮威將軍四川提督岳鍾琪呈稱，三月十二日由撫

〔註354〕顧實汗圖魯拜琥第二子鄂木布曾孫，父額琳沁達什，祖墨爾根台吉，《蒙古世系》表三十六失載。

〔註355〕本書第二部分年羹堯漢文摺第七十九號文檔作工額。

〔註356〕《蒙古世系》表三十六作達瑪璘色布騰，顧實汗圖魯拜琥第二子鄂木布曾孫，父額琳沁達什，祖墨爾根台吉。

遠大將軍處遣陝西都司金建〔註357〕、四川提督下遊擊高潘貴〔註358〕將奮威將
軍之敕印送抵布喀，岳鍾琪我率官兵跪迎入營，望闕謝恩。伏思岳鍾琪世代蒙
受國恩，並無報效，且聖祖仁皇帝薦補用四川提督，今青海逆賊羅卜藏丹津侵
犯天征〔註359〕，岳鍾琪我遵旨率兵出征後日夜征剿逆賊，以圖盡微末報效之
心，聖主復施鴻恩，封為奮威將軍，頒給敕印，此付又重，益難報效，岳鍾琪
惟惶悚盡能效力，以圖報答於萬一，伏祈將接領敕印日期及叩謝天恩情形由大
將軍轉奏等語，為此恭謹轉奏。

　　雍正二年三月十八日

　　硃批：覽卿奏謝，知道了。

〔120〕川陝總督年羹堯奏報賞阿旺札布敕印摺（雍正二年三月 十八日）[3]-1313

　　撫遠大將軍太保公川陝總督臣年羹堯謹奏，為奏聞事。

　　去年頒與類烏齊處陳勒呼圖克圖阿旺扎布敕印，經四川巡撫蔡珽遣把總
王汝隆〔註360〕送達後，阿旺札布本人已故，照類烏齊處喇嘛，唐古特頭目民
人之請頒給阿旺胞弟札西朗吉之處已奏明，今札西朗吉為叩謝主恩呈送唐古
特文。經譯閱書內稱，我等原係類烏齊處末等喇嘛，聖主施鴻恩頒賞敕印，因
我兄無福，敕印抵達前即已逝世，主復施恩將此敕印轉頒札西朗吉，似此屢施
殊恩斷不能報，札西朗吉我謝恩，接領敕印，惟將我等抵達類烏齊處諸事盡能
效力辦理，妥管我屬眾不啟事端，為禱祝皇上萬萬歲誦經外，並未得報答之處
等語，為此謹具奏聞。

　　雍正二年三月十八日

　　硃批：知道了。

〔121〕川陝總督年羹堯奏報照察罕丹津所請准其子治病摺（雍正 二年三月十八日）[3]-1314

　　撫遠大將軍太保公川陝總督臣年羹堯謹奏，為奏聞事。

　　前據看護察罕丹津之少卿花部呈文內開，王察罕丹津呈稱，我子敦多布旺

〔註357〕《陝西通志》卷二十三頁四十九作陝西掌印都司金鑑。
〔註358〕《四川通志》卷三十二頁十四作提督標營右營遊擊高攀桂。
〔註359〕「侵犯天征」《年羹堯滿漢奏摺譯編》滿文第一○三號文檔譯作「觸犯天討」。
〔註360〕本部分第三十三號文檔作把總王如龍。

札勒〔註361〕病重，我妻納木札勒惟有此一子，今或我妻前去護養或將我子送至邊外拉布隆廟，水土相服醫治之處，祈大將軍明鑒等語。竊臣伏思察罕丹津去年被羅卜藏丹津侵掠來歸我等後，伊之屬眾陸續來歸伊，均留於邊外，因人多並無總管之人，故並不安靜，賊盜之事亦多，將納木札勒遣至邊外共同收管約束以來，今雖稍有好轉，伊親自入邊後伊屬眾復肇事端不可料定，故此臣咨飭少卿花鄯，察罕丹津欲請准將伊子敦多布旺札勒送拉布隆廟養病，照伊所請准敦多布旺札勒送往拉布隆廟治病，察罕丹津仍留蘭州，經會盟辦定青海之事後即遣使歸原牧場，爾明告察罕丹津等情。今少卿花鄯來報，花鄯按大將軍所飭明告察罕丹津，遣筆帖式曾福送敦多布旺札勒至拉布隆廟，乃於三月初十日自蘭州啟程，察罕丹津照常駐於蘭州等情，為此謹奏以聞。

雍正二年三月十八日

硃批：知道了，好。

〔122〕川陝總督年羹堯奏報勦殺劫路賊匪情形摺（雍正二年三月十八日）[3]-1315

撫遠大將軍太保公川陝總督臣年羹堯謹奏，為奏聞事。

據三月十七日副將軍阿喇衲來報，二月十六日駐於雙塔兒卡倫之兵士執送逃來一正番處民人李自培，經審問據供，去年二月我往沙州馱糧，蒙古賊拿住我，一名喚巴雜爾之人差使我，我逃來前不曉伊等從何處奪取之駝二頭煙茶袍等物，在此巴雜爾家四日，合夥向東而來，伊等啟程二日後我便逃出，我因不曉蒙古語，不知他情等語。本月十八日第三驛站筆帖式張國福、把總劉方雲呈文內稱，我等驛站為移作車道，十五日遣馬牌子張久看守地方，我等抵至吉吉坦遇五十餘蒙古賊，縛拿張久，問爾係何人，張久稱乃前來哈密之商人，方釋放之，蒙古人等稱復來五百兵等語。阿喇衲我伏思此等人必住於阿喇布坦、巴蘇泰等附近劫路行搶，若不清除此等道路不靖，遣滿蒙綠旗兵五百，選乘駝馬，以總兵官孫繼宗、喀爾喀札薩克佟莫克為首往蕩河〔註362〕下哈喇池〔註363〕堵截，若賊匪牧場近爾等酌情行之，若遠則率兵返回等情咨飭外，賊匪等經大路由橋彎之附近來不可料定，故復遣索倫、察哈爾、綠旗兵三百，委交索倫總管阿勒圖，爾等往橋彎防備，至擦窩泉探信等因遣之啟程，二月三十日副

〔註361〕《蒙古世系》表三十八作惇多布旺札勒。
〔註362〕應為流經甘肅省玉門市敦煌市之黨河。
〔註363〕原黨河與疏勒河合流處，又稱青鹽池。

將劉紹宗率兵來後，揀選伊兵二百同蒙古兵一併遣出，續遣孫繼宗等。三月初七日總兵官孫繼宗等返回告稱，我等於二月二十三日抵達哈喇池，前追蹤者告稱有百餘馬駝之新跡，再有三賊遠見我等而逃遁，我等即令兵急速追趕，前行之先鋒侍衛准扎布等執二賊送來，問伊等告稱，我等係巴蘇泰屬人，在庫勒、阿魯巴爾虎我等七十餘人劫路，獲駝五頭馬騾十匹，昨日抵至，今日聞大軍〔註364〕來，阿喇布坦、巴蘇泰等及庫勒〔註365〕數家人甚懼，向阿魯巴爾虎逃去後，我等斬所擒之二賊，即緊急令兵追趕一夜，翌日中午追至推莫爾圖，將五百賊之婦女遣至牧場前，殿後接收，我等整兵攻入，賊匪抵擋不住，將在搖車內之稚子牛羊均棄之，僅率駝馬婦女等逃去，我等馬駝原困乏，因傍晚天暗未深追，收兵返回，斬賊三十名，傷者甚多，我等兵內惟二名索倫兵一名察哈爾兵中槍彈，所獲厄魯特男孩一人女孩一人，駝馬牛羊騾驢共有萬頭，賜給官兵為廩餼，除去沿途倦棄者，現攜來之羊四千六百餘隻牛五百八十餘頭駝三頭馬騾驢百匹，現將攜來之畜厄魯特男孩女孩均分賜前往之大臣官員兵士外，將受傷擒賊勇戰之官兵姓名等另造清冊稟報等語。臣竊思我等大軍出，將隨同羅卜藏丹津反叛之眾均擒之，羅卜藏丹津窘迫至極敗逃（硃批：可謂愚而中化不醒者也），青海事均定，伊等無不聞之，故此臣於三月初二日咨行牌文，公丹津、台吉阿喇布坦、巴蘇泰、諾爾布、庫倫喇嘛額爾克鄂木布等前來會盟，蓋觀此情，伊等未必聽〔註366〕我等處置即來（硃批：隨他自作耳），臣咨飭副將軍阿喇衲，在布隆吉爾之滿洲蒙古綠旗軍馬速上膘以備外，均咨行率自山西大同調遣之綠旗兵前來之總兵官馬第伯〔註367〕、率自巴里坤調遣之兵前來之總兵官李堯，將伊等屬下軍馬速上膘亦防備之，公丹津等不來之消息至即遣此兵剿殺賊匪，為此謹具奏聞。

雍正二年三月十八日

硃批：甚是。

〔123〕川陝總督年羹堯奏報至西寧之鄂爾多斯兵丁返回摺（雍正二年三月二十二日）[3]-1326

撫遠大將軍太保公川陝總督臣年羹堯謹奏，為奏聞事。

〔註364〕原文作「大將軍」，今改為「大軍」。
〔註365〕即本文檔後文之庫倫喇嘛額爾克鄂木布。
〔註366〕原文作「觀」，今改為「聽」。
〔註367〕《山西通志》卷四十八頁二作大同總兵馬覿伯。

自巴里坤攜至甘州之駝內揀選駝七百五十五頭解送西寧，今年前來甘州之五百鄂爾多斯兵內遣派兵士三百，台吉丁藏喇錫〔註368〕率領驅駝，於三月十六日均抵至西寧，此等人前來西寧出痘者甚多，且蒙古人等甚懼此事，今既然青海之事均已定，此等人留於西寧徒耗錢糧，故此臣將此鄂爾多斯兵三百交付台吉丁藏喇錫等，於三月二十二日自西寧啟程出衡城〔註369〕邊遣返鄂爾多斯處，今甘州所餘之二百鄂爾多斯兵暫駐甘州，俟布隆吉爾周圍事竣後再遣返鄂爾多斯處，為此謹奏以聞。

雍正二年三月二十二日

硃批：知道了，已交部註冊。

〔124〕川陝總督年羹堯奏參允禵擅遣人往邊購草豆摺（雍正二年三月二十五日）[3]-1328

撫遠大將軍太保公川陝總督臣年羹堯謹奏，為參奏事。

今年正月二十七日署理河州副將事務遊擊岳朝龍、署理知州事務通判徐啟生〔註370〕等自河州執送三旗人，問之據供，我名烏雅圖，護軍兼九貝子委牧長，此人名巴勒，另一人名增壽，均屬御前披甲牧人，貝子遣我等購秣馬草豆，往查河州附近牧馬場，其供正值彼時出兵之際，且貝子允禵遣烏雅圖等往河州者實不知過，否行貝子允禵往查。貝子允禵覆文稱，爾若往大通附近購草豆難以購得，我遣烏雅圖、增壽、巴勒等往河州購買草豆是實。故此臣訊問貝子允禵之牧長烏雅圖，爾往河州貝子交付爾之何事，所遣之處如實招來。據供正月初六日辦理我貝子家務正白旗二等侍衛烏葉齊交付我，貝子云爾等往河州購買草豆，再察視河州周圍牧馬場，若無，往黃河彼岸察視，乃給我等銀八十兩，我等於初七日自大通啟程，初十日抵達河州後地方官員執我等，臣又以枷板迫問仍照此供之，並無他情。訊巴勒、增壽，據供我等均係牧人，辦理家務之侍衛烏葉齊將事均交付烏雅圖，我等二人隨烏雅圖往，凡事均不曉等語。竊查河州者係邊界處，蒙古番子等混居，且正值邊外有事之際，無證之人如此亂行，出事後事關甚大，貝子允禵存畜亦無多，西大通地方雖小，無不得伊之飼料草豆，貝子允禵理應遵旨靜居西大通，對屬下人嚴加收管，今未致我書，

〔註368〕 《蒙古世系》表十八有定咱喇什，父桑忠多爾濟，疑即此人。

〔註369〕 即橫城渡口，位於寧夏銀川市興慶區臨河鎮橫城村，為入寧夏黃河重要渡口之一。

〔註370〕 此人正確名為許啟盛。

借故擅遣此等小人至邊界者何意，甚為過矣。再侍衛烏葉齊者非貝子允裪所屬之人，既然辦理貝子家務，既允裪欲遣人前往河州時，伊理應制止，況伊親在西寧汛地之人，河州者乃邊界處，無不知不可隨意遣人，今任意遣烏雅圖者亦甚為過矣，護軍烏雅圖雖遵辦理家務之侍衛烏葉齊語前往，亦不可寬恕伊無理之罪，伏祈將貝子允裪、二等侍衛烏葉齊、護軍烏雅圖均交該部嚴加議罪，如此邊界處不至肇事，且人再不敢亂行，為此謹參奏。

　　雍正二年三月二十五日

〔125〕川陝總督年羹堯奏報追斬羅卜藏丹津屬下人摺（雍正二年三月二十九日）[3]-1341

　　撫遠大將軍太保公川陝總督臣年羹堯謹奏，為奏聞事。

　　奮威將軍岳鍾琪呈稱，今年三月十三日一等侍衛達鼎來報，我於三月初三日遵照將軍交付，令副將紀成斌等率兵八百自柴達木啟程，往搜索洛木等處羅卜藏丹津屬下部落，是日抵達錫西處，據得悉加木參堪布喇嘛〔註371〕隱匿於布袋山後，以此恐伊自西藏路逃遁，故即差察哈爾兵一名扎薩克阿喇布坦〔註372〕人一名，攜駐於烏蘭德西處之色布騰博碩克圖〔註373〕屬下寨桑等，及先由將軍處各自收遣屬下部落，令台吉津巴、寨桑鄂齊爾額爾克等遣蒙古兵一百堵截通往西藏之路，等情催遣後，我等即率兵夜半追趕，初三日加木參堪布喇嘛所留屬下部落及寨桑多爾濟加木參等四十餘戶歸來，詢問此等賊匪往處即追趕，初四日晨抵達索洛木地方，加木參堪布等率賊匪向我軍對戰，賊匪大敗，夜半逃遁，我等兵士尾追，津巴台吉等前截繞路進前，我等從後面兩面夾擊，將加木參堪布及與伊同逃之多尼爾〔註374〕吹札木蘇等三百三十餘人均斬之，將加木參堪布、吹札木蘇二人首級，兵部監生領催舒圖隆遣察哈爾兵一名効力回子一人解送軍營。查得除津巴台吉遷出色卜騰博碩克圖等一百一十餘戶，搜得羅卜藏丹津屬下楚呼爾等十一戶及加木參堪布遺留之四十餘戶外，索洛木之地〔註375〕

〔註371〕　本書第二部分年羹堯漢文摺第一八四號作堪布堅參。
〔註372〕　郡王察罕丹津之婿，《蒙古世系》表四十三作阿喇布坦，父納木奇札木禪，祖卓哩克圖和碩齊，曾祖巴圖爾渾台吉。
〔註373〕　《蒙古世系》表三十七作色布騰博碩克圖，顧實汗圖魯拜琥第七子瑚嚕木什之孫，父秉圖。
〔註374〕　多尼爾《欽定理藩部則例・西藏通制》作卓尼爾，藏傳佛教大喇嘛所設負責接待賓客，傳達命令之侍從，西藏噶廈設卓尼爾三名，六品。
〔註375〕　原文作「街道上」，輯者改為「之地」。

再無居住之人，我等同官兵率色卜騰博碩克圖等二百餘戶，視水草暢茂自克魯勒返回等情。

竊查加木參堪布者係達賴喇嘛屬下人，勾結羅卜藏丹津作惡多端，上天不允，伊本人與伊同逃之多尼爾吹札木蘇等眾，伊等屬下三百三十餘人均被我等斬之，一個亦未逃出，再加木參堪布屬下人前降我等者多，除由臣處咨行達賴喇嘛，另遣妥人管理此等人外，為此謹具奏聞。

雍正二年三月二十九日

硃批：不宜寬恕之所有該殺者均執者執之殺者殺之，此加木參堪布亦正法者實屬奇之，朕惟喜悅，除嘉獎爾等大將軍、將軍以至兵丁外，對爾實無可降之諭旨。

〔126〕川陝總督年羹堯奏報奮威將軍岳鍾琪班師摺（雍正二年三月二十九日）[3]-1342

撫遠大將軍太保公川陝總督臣年羹堯謹奏，為奏聞事。

奮威將軍岳鍾琪剿殺叛匪自柴達木班師，三月二十八日抵至西寧，副將王松率兵來搜南路餘留之部落二十九日抵至，令侍衛達鼎率兵搜尋索洛木等處羅卜藏丹津餘部、諸殿後之眾，四月初三四日抵至，為此謹奏以聞。

雍正二年三月二十九日

硃批：已暢覽，均問好，告各自太辛苦了。

〔127〕川陝總督年羹堯奏轉奮威將軍岳鍾琪官兵謝恩情形摺（雍正二年四月初四日）[3]-1353

撫遠大將軍太保公川陝總督臣年羹堯謹奏，為代奏叩謝天恩事。

雍正二年三月二十日奉旨，諭隨奮威將軍往征之官兵，爾等此次盡忠奮勇者，確係自古以來無有之大功，嘉獎爾等之意筆端難陳，爾等均好，確係盡力報効（硃批：爾等辛苦）[註376]，朕甚不忍，今大事均已定，爾等惟靜候朕恩，此天下均喜也，特諭，欽此欽遵。大軍返回之日臣親出西關廂，恭捧上諭，令官兵下跪，誦聞之後，官兵報告我等逢太平之世，享食俸祿，凡有調遣之事，若出邊塞，即將咸菜銀[註377]口糧等諸種均盡與我等，承蒙聖主恩甚重，邊

〔註376〕原文作「〔也〕（爾等辛苦）」，據《年羹堯滿漢奏摺譯編》滿文摺第一一二號文檔改。

〔註377〕原文如此，《年羹堯滿漢奏摺譯編》滿文摺第一一二號譯作「鹽菜銀」。

界之事雖捨命効力，甚在理者，主又憐愛眾軍士，撥出庫銀大賞，如此屢施鴻恩，今官兵微有辛勞即懸於心，特頒仁旨者自古以來實無似主如此仁愛官兵，伏祈將我小民感激之心大將軍代我具奏謝恩，歡呼之聲數里皆聞，故此臣將眾官兵誠意感激叩謝天恩情形，謹轉奏聞。

雍正二年四月初四日

硃批：已飭部註冊。

〔128〕川陝總督年羹堯等奏請萬安摺（雍正二年四月初四日）[3]-1354

撫遠大將軍太保公川陝總督臣年羹堯謹跪請聖主萬安（硃批：朕躬甚安，爾等均好麼）。

雍正二年四月初四日

撫遠大將軍太保公川陝總督臣年羹堯

議政公四川提督臣岳鍾琪

議政前鋒統領臣蘇丹

西安副都統臣覺羅伊禮布

一等侍衛臣達鼎

陝西興漢總兵官臣吳征阿

西寧總兵官臣黃喜林

江西贛州總兵官臣宋可進

西安按察使戶部翼長臣王景灝

副將臣王松

副將臣紀成斌

硃批：爾等此摺名單謄抄人內，人雖有幾名未見，名字均知，如此順序書寫，覽時正是一列可愛大臣等，確未見一名不符朕意之人，靠爾等此紙所書名字之紫氣，何功不能立，此次卓越大功，應是天保佑者，將爾等數名朕逐一誦之，太監等均交口稱讚，乘便將朕喜悅之情寄書，令爾等亦歡忻矣。

〔129〕川陝總督年羹堯奏報將賊首解至京城摺（雍正二年四月初四日）[3]-1355

撫遠大將軍太保公川陝總督臣年羹堯謹奏，為奏聞押解賊首等至京城事。

今仰聖主天威，官兵紛紛奮勇將青海逆賊等均滅之，查得去年羅卜藏丹津等擒索諾木達西，掠取常瑪爾併於阿喇布坦鄂木布，額爾德尼額爾克托克托鼐掠察罕丹津者〔註378〕，名義上以羅卜藏丹津為首行，而羅卜藏丹津乃屬一嗜酒〔註379〕昏人，雖原有此心亦不能獨行，均係吹喇克諾木齊、阿喇布坦鄂木布、藏巴札布此三人為首授意羅卜藏丹津，施計而行，此全青海皆稔知，確係另類為首賊匪，故此臣差旗官一名兵二十名綠旗官一員兵十名將吹喇克諾木齊、阿喇布坦鄂木布、藏巴札布縛以鐵索，於四月初四日自西寧啟程即解押兵部，抵達後由兵部具奏，聖主降旨將此等賊首等罪昭示，於京城正法，外藩諸部蒙古人聞之均可知懼。再似吹喇克等作惡多端者尚有數人，若將伊等不盡對質，即行正法，青海眾民亦不心服，故此臣將此等人攜至會盟處，明白質審，將伊等罪行昭示而有應斬者再示眾正法，如此嗣後眾蒙古人懼天威，且亦得知國法，為此謹具奏聞。

雍正二年四月初四日

硃批：此奏交付九卿議政，議今行道。

〔130〕川陝總督年羹堯奏報班禪使臣前來經過情形摺（雍正二年四月初八日）[3]-1368

撫遠大將軍太保公川陝總督臣年羹堯謹奏，為奏聞事。

切一等侍衛達鼐詢問自汛地攜來班禪之使者喇木札木巴伊西車類，據告去年聖主即位大吉，班禪額爾德尼遣喇木札木巴策騰札木參我等二人為使，策騰札木參因病留後，並未前來，我隻身攜獻主之貢物於九月渡索洛木由此前來，值羅卜藏丹津反叛未能前來，即駐於我等班禪所轄綽爾濟〔註380〕處，適逢翼長達鼐〔註381〕率兵由此來，我等便隨來等語。故此臣令喇木札木巴伊西車類於西寧歇息幾日，雇驛遣三等侍衛第桑阿解送，於四月十二日啟程遣之，為此謹奏以聞。

雍正二年四月初八日

〔註378〕此段《年羹堯滿漢奏摺譯編》滿文第一一三號文檔譯作「查得去年羅卜藏丹津等捉拿索諾木達什，劫掠常瑪爾，夥同阿喇布坦鄂木布，搶劫額爾德尼額爾克托克托奈、察罕丹津者」。

〔註379〕「酒」字輯者補。

〔註380〕青海有達賴喇嘛與班禪額爾德尼所屬住牧之人，此處似指班禪額爾德尼所屬住牧之人。

〔註381〕此翼長達鼐應即本文檔前文之一等侍衛達鼐。